"十四五"国家重点出版物出版规划项目
交通运输科技丛书·公路基础设施建设与养护
跨海交通集群工程智能化运维系列丛书

# 跨海集群工程新型基础设施建设规划与实践

景强 汪劲丰 闫禹 陈春雷 梁鹏 著

人民交通出版社
北京

## 内 容 提 要

本书依托国家重点研发计划项目"港珠澳大桥智能化运维技术集成应用"部分研究成果编写，是"跨海交通集群工程智能化运维系列丛书"中的一本。

本书针对港珠澳大桥及我国基础设施运维管理所共同面临的现实需求，立足大桥120年运维需求和实际情况，系统介绍了大桥运营、维护和管理过程中突破的技术难题，通过交通运输领域新型基础设施重点工程"数字港珠澳大桥工程"的实践应用，将北斗卫星导航系统、5G、大数据、人工智能、无人化运维装备等新技术融入大桥运维建设中，建立了跨海集群设施智能运维新基建技术方法体系，弥补了传统监测、检测、维养和运营的不足。

本书密切结合跨海集群工程新型基础设施的工程实践，内容丰富，条理清晰，实用性强，可供土木、水利、交通等基础设施智能化运维方向的技术人员和研究人员参阅。

**图书在版编目(CIP)数据**

跨海集群工程新型基础设施建设规划与实践/景强等著. — 北京：人民交通出版社股份有限公司，2024.5
（跨海交通集群工程智能化运维系列丛书）
ISBN 978-7-114-19289-0

Ⅰ.①跨… Ⅱ.①景… Ⅲ.①跨海峡桥—桥梁工程—基础设施建设—研究 Ⅳ.①U448.19

中国国家版本馆CIP数据核字(2024)第025034号

Kuahai Jiqun Gongcheng Xinxing Jichu Sheshi Jianshe Guihua yu Shijian

| | |
|---|---|
| 书　　名： | 跨海集群工程新型基础设施建设规划与实践 |
| 著 作 者： | 景　强　汪劲丰　闫　禹　陈春雷　梁　鹏 |
| 责任编辑： | 牛家鸣　杜　琛　周　宇 |
| 责任校对： | 赵媛媛　龙　雪 |
| 责任印制： | 刘高彤 |
| 出版发行： | 人民交通出版社 |
| 地　　址： | (100011)北京市朝阳区安定门外外馆斜街3号 |
| 网　　址： | http://www.ccpcl.com.cn |
| 销售电话： | (010)59757973 |
| 总 经 销： | 人民交通出版社发行部 |
| 经　　销： | 各地新华书店 |
| 印　　刷： | 北京市密东印刷有限公司 |
| 开　　本： | 787×1092　1/16 |
| 印　　张： | 17.75 |
| 字　　数： | 277千 |
| 版　　次： | 2024年5月　第1版 |
| 印　　次： | 2024年5月　第1次印刷 |
| 书　　号： | ISBN 978-7-114-19289-0 |
| 定　　价： | 105.00元 |

(有印刷、装订质量问题的图书，由本社负责调换)

# 交通运输科技丛书编审委员会

(委员排名不分先后)

顾　　问：王志清　汪　洋　姜明宝　李天碧

主　　任：庞　松

副 主 任：洪晓枫　林　强

委　　员：石宝林　张劲泉　赵之忠　关昌余　张华庆

　　　　　郑健龙　沙爱民　唐伯明　孙玉清　费维军

　　　　　王　炜　孙立军　蒋树屏　韩　敏　张喜刚

　　　　　吴　澎　刘怀汉　汪双杰　廖朝华　金　凌

　　　　　李爱民　曹　迪　田俊峰　苏权科　严云福

# 跨海交通集群工程智能化运维系列丛书
## 编审委员会

主　任：郑顺潮

副主任：（排名不分先后）

    陈　纯　　张建云　　岳清瑞　　叶嘉安

    滕锦光　　宋永华　　戴圣龙　　沙爱民

    方守恩　　张劲泉　　史　烈　　苏权科

    韦东庆　　张国辉　　莫垂道　　李　江

    段国钦　　景　强

委　员：（排名不分先后）

    汤智慧　　苗洪志　　黄平明　　潘军宁

    杨国锋　　蔡成果　　王　罡　　夏　勇

    区达光　　周万欢　　王俊骅　　廖军洪

    汪劲丰　　董　玮　　周　波

# 《跨海集群工程新型基础设施建设规划与实践》编写组

丛书总主编：景　强

主　　　编：景　强　汪劲丰　闫　禹　陈春雷
　　　　　　梁　鹏

参　　　编：（排名不分先后）
　　　　　　刘　坤　李书亮　夏子立　宋　樱
　　　　　　常　林　韩万水　王　鹏　赵晓琼
　　　　　　徐荣桥　张　阳　杨　干　矫成武
　　　　　　肖雪露

编　写　单　位：港珠澳大桥管理局
　　　　　　浙江大学
　　　　　　长安大学

# 总序 GENERAL FOREWORD

　　科技是国家强盛之基，创新是民族进步之魂。中华民族正处在全面建成小康社会的决胜阶段，比以往任何时候都更加需要强大的科技创新力量。党的十八大以来，以习近平同志为核心的党中央做出了实施创新驱动发展战略的重大部署。党的十八届五中全会提出必须牢固树立并切实贯彻创新、协调、绿色、开放、共享的发展理念，进一步发挥科技创新在全面创新中的引领作用。在最近召开的全国科技创新大会上，习近平总书记指出要在我国发展新的历史起点上，把科技创新摆在更加重要的位置，吹响了建设世界科技强国的号角。大会强调，实现"两个一百年"奋斗目标，实现中华民族伟大复兴的中国梦，必须坚持走中国特色自主创新道路，面向世界科技前沿、面向经济主战场、面向国家重大需求。这是党中央综合分析国内外大势、立足我国发展全局提出的重大战略目标和战略部署，为加快推进我国科技创新指明了战略方向。

　　科技创新为我国交通运输事业发展提供了不竭的动力。交通运输部党组坚决贯彻落实中央战略部署，将科技创新摆在交通运输现代化建设全局的突出位置，坚持面向需求、面向世界、面向未来，把智慧交通建设作为主战场，深入实施创新驱动发展战略，以科技创新引领交通运输的全面创新。通过全行业广大科研工作者长期不懈的努力，交通运输科技创新取得了重大进展与突出成效，在黄金水道能力提升、跨海集群工程建设、沥青路面新材料、智能化水面溢油处置、饱和潜水成套技术等方面取得了一系列具有国际领先水平的重大成果，培养了一批高素质的科技创新人才，支撑了行业持续快速发展。同时，通过科技示范工程、科技成果推广计划、专项行动计划、科技成果推广目录等，推广应用了千余项科研成果，有力促进了科研向现实生产力转化。组织出版"交通运输建设科技丛书"，是推进科技成果公开、加强科技成果推广应用的一项重要举措。"十二五"期间，该丛书共出版72册，全部列入"十二五"国家重点图书出版规划项目，其中12册获得国家出版基金支持，6册获中华优秀出版物奖图书提名奖，行业影响力和社会知名度不断扩大，逐渐成为交通运输高端学术交流和科技成果公开的重要平台。

"十三五"时期，交通运输改革发展任务更加艰巨繁重，政策制定、基础设施建设、运输管理等领域更加迫切需要科技创新提供有力支撑。为适应形势变化的需要，在以往工作的基础上，我们将组织出版"交通运输科技丛书"，其覆盖内容由建设技术扩展到交通运输科学技术各领域，汇集交通运输行业高水平的学术专著，及时集中展示交通运输重大科技成果，将对提升交通运输决策管理水平、促进高层次学术交流、技术传播和专业人才培养发挥积极作用。

当前，全党全国各族人民正在为全面建成小康社会、实现中华民族伟大复兴的中国梦而团结奋斗。交通运输肩负着经济社会发展先行官的政治使命和重大任务，并力争在第二个百年目标实现之前建成世界交通强国，我们迫切需要以科技创新推动转型升级。创新的事业呼唤创新的人才。希望广大科技工作者牢牢抓住科技创新的重要历史机遇，紧密结合交通运输发展的中心任务，锐意进取、锐意创新，以科技创新的丰硕成果为建设综合交通、智慧交通、绿色交通、平安交通贡献新的更大的力量！

2016年6月24日

# 序 FOREWORD

近年来，我国跨海交通工程建设取得了巨大的技术进步和成就，尤其以港珠澳大桥、深中通道等这些特大基础建设为代表。这些跨海交通基础多以集群设施的形态出现，它们与常规交通设施相比，具有所处自然环境恶劣、建设规模宏大、工程元素多样、结构形式复杂、维养的可到达性低等特点。常规的运维手段难以高效适用于跨海交通基础设施，需要引入5G、大数据、人工智能、无人化运维装备等新基建技术来提高跨海交通基础设施的运维效率。

本书以港珠澳大桥为依托工程，以跨海集群设施运维工作为重点，以运维需求为导向，系统梳理了跨海交通基础设施集群运维管理所面临的共性技术难题，分析了港珠澳大桥智能化运维的关键技术，归纳了跨海集群设施智能运维的九大建设内容，提出了港珠澳大桥智能运维的总体技术架构，总结了港珠澳大桥智能化运维的主要技术特色，初步形成了交通新型基础设施智能运维理论框架。这些理论或技术将有利于推动跨海集群工程运维工作的数字化转型和智能化升级，同时为交通新型基础设施的智能运维提供了新的思路。此外，在港珠澳大桥智能化运维的实践过程中，通过制定桥岛隧智能运维数据系列标准，有效保证了运维全链条数据在存储、交换等应用中的完整性和一致性，实现了智能化运维全过程的标准化实施。

本书是"跨海交通集群工程智能化运维系列丛书"中的一本，作者中既有从事理论研究的学者，也有从事工程实践的专家，本书是对当前交通新型基础设施建设规划和技术应用的系统总结，在新基建研究领域具有开创性。

相信本书的出版，对推动新型基础设施建设的理论研究和实践应用、促进交通基础设施智能运维新业态的形成、加快建设交通强国、推动交通运输行业高质量发展具有重要作用。

**2024 年 4 月 25 日**

# 前言 PREFACE

　　港珠澳大桥地处珠江口伶仃洋海域，是现今世界上建设规模最大、运营环境最复杂的跨海集群工程，代表了我国跨海集群工程建设的最高水平。为攻克跨海重大交通基础设施智能运维技术瓶颈，示范交通行业人工智能和新基建技术落地应用，港珠澳大桥管理局统领数十家参研单位，依托国家重点研发计划"港珠澳大桥智能化运维技术集成应用"、广东省重点领域研发计划"重大跨海交通集群工程智能安全监测与应急管控"、交通运输领域新型基础设施建设重点工程"数字港珠澳大桥"、交通强国建设试点任务"用好管好港珠澳大桥"等开展技术攻关，将港珠澳大桥在智能运维方面的积极探索以关键技术的方式进行提炼，共同撰写了"跨海交通集群工程智能化运维系列丛书"。丛书的出版，对促进传统产业与新一代信息技术融通创新具有重要意义，为国内外跨海集群工程智能化运维提供了丰富的借鉴和参考。

　　本书汇聚了跨海公路交通基础设施领域数字化、智能化运维的创新技术成果，有效解决了跨海集群工程运维过程中设施监测感知能力弱、服役状态及服役性能退化导致的评估不准确、检测维养作业风险和成本高、自动化程度低、运维数据管理粗放等刚需问题，克服交通基础设施运维的行业痛点，为粤港澳大湾区乃至全国交通基础设施新基建的发展提供技术支撑及实践经验。在提升基础设施运维自动化、智能化管理水平，延长基础设施服役年限、降低运行成本、提高运行效率、减少事故风险、提升服务品质等方面，具有巨大的社会与经济价值，并促进了交通基础设施智能运维新业态的形成和发展。

全书系统介绍了跨海集群工程智能运维技术体系，及其在"数字港珠澳大桥工程"中的实践经验与成果效益，共分为11章：第1章简要介绍了加快建设交通强国的具体要求、对交通数字化的推动和对构建新型基础设施体系的需求，以及目前交通行业新型基础设施建设（简称"新基建"）和港珠澳大桥工程的概况，并对大桥运维所需的各项技术和难题进行了总结；第2章阐述了数字港珠澳大桥的建设目标与建设思路，并列举了跨海集群设施的9个典型应用场景，明确了总体技术架构和方案；第3章系统介绍了新基建标准体系，包括数据标准体系制定目标、原则、方法、参考模型、结构层级和构成、六大类标准涵盖内容等；第4章阐述了融合多源异构数据的信息模型构建技术、信息模型交付和典型场景应用，重点研究了大体量、多类别、复杂构筑物的桥岛隧数据模型构建关键技术、研发模型能力服务系统；第5章阐述了5G+北斗系统建设背景、思路、拟解决的关键技术及数字港珠澳大桥的建设情况；第6章介绍了依托5G和大数据融合处理的智能维养装备及系统建设，建立以水下结构智能监测平台、无人机集群和巡检机器人为主的跨海桥隧抵近检测与维养系统；第7章阐述了桥岛隧一体化安全-耐久性实时在线评估、智能决策理论与方法，跨海集群工程长期服役性能数据库与智能决策系统，攻克了桥岛隧设施智能仿真评估预警及耐久性智能检测评估关键技术；第8章介绍了跨境交通行为的异常检测、监测、预警和管控技术及港珠澳大桥智慧出行服务技术，开发了一种交通运行智能预警与风险前置主动管控系统，实现对跨境交通运行的智能预警和风险前置主动管控；第9章介绍了运维一体化云平台的建设，衔接物联网，通过集成各类数据打造大桥数据中台，面向超级跨海集群工程需求，推动了跨海集群设施运维工作的自动化、数字化、智能化；第10章阐述了新基建运维管理的需求，包括配套支撑、资源共享平台、政企合作等；第11章总结了数字港珠澳大桥的主要建设成果和未来展望。

限于作者的水平和经验，书中错漏之处在所难免，恳请读者批评指正。

作　者

2024年1月

# 目录 CONTENTS

## 第1章 绪论

1.1 交通行业新基建发展概况 ·············· 002
1.2 港珠澳大桥工程概况 ·············· 005
1.3 数字港珠澳大桥建设需求 ·············· 006
 1.3.1 数字港珠澳大桥建设理念 ·············· 006
 1.3.2 基础设施运维管理的共性难题 ·············· 007
 1.3.3 数字港珠澳大桥工程的建设意义 ·············· 009

## 第2章 总体规划

2.1 建设目标与思路 ·············· 012
 2.1.1 建设目标 ·············· 012
 2.1.2 建设思路 ·············· 012
2.2 典型应用场景 ·············· 013
2.3 总体布局 ·············· 017
2.4 总体技术架构 ·············· 020
2.5 总体方案 ·············· 023
2.6 本章小结 ·············· 024

# 第 3 章　新基建标准体系

## 3.1 概述 ... 026
### 3.1.1 数据标准体系制定的目标 ... 026
### 3.1.2 数据标准体系遵循的原则 ... 027
### 3.1.3 数据标准体系建设方法 ... 027
## 3.2 标准体系参考模型 ... 028
### 3.2.1 技术参考模型 ... 028
### 3.2.2 标准参考模型 ... 029
## 3.3 标准体系结构与组成 ... 030
### 3.3.1 结构层级 ... 030
### 3.3.2 标准构成 ... 030
## 3.4 标准体系涵盖内容 ... 033
### 3.4.1 通用基础类 ... 033
### 3.4.2 交通基础设施结构类 ... 035
### 3.4.3 维养业务类 ... 039
### 3.4.4 运营业务类 ... 041
### 3.4.5 智能化支撑类 ... 042
### 3.4.6 信息模型类 ... 044
## 3.5 本章小结 ... 045

# 第 4 章　信息模型构建

## 4.1 建设概述 ... 048
## 4.2 技术思路 ... 049
### 4.2.1 信息模型建立 ... 049
### 4.2.2 模型服务平台 ... 051
## 4.3 建模技术 ... 052
### 4.3.1 模型轻量化技术 ... 053
### 4.3.2 多源异构数据融合技术 ... 055
## 4.4 信息模型 ... 058

4.4.1 命名规则·················································································058
4.4.2 模型单元划分·········································································059
4.4.3 模型精细度·············································································061
4.4.4 交付内容·················································································062
4.4.5 交付形式·················································································063
4.4.6 交付过程·················································································064
4.5 典型场景应用·······················································································065
4.5.1 信息模型交付·········································································065
4.5.2 信息模型应用·········································································071
4.6 本章小结·······························································································078

# 第5章 5G+北斗系统建设

5.1 概述·······································································································080
5.2 建设背景·······························································································080
5.2.1 基于全球导航卫星系统(GNSS)的定位··································080
5.2.2 基于UWB技术的隧道定位······················································082
5.2.3 基于5G+边缘计算的运维物联网建设····································083
5.3 建设思路·······························································································084
5.3.1 建设目标·················································································084
5.3.2 北斗系统部署·········································································085
5.3.3 沉管隧道精确定位系统建设··················································086
5.3.4 5G+边缘运维物联网建设························································087
5.4 关键技术·······························································································089
5.4.1 基于北斗系统的桥梁结构变形监测技术······························089
5.4.2 基于北斗系统的高精度变形监测技术··································091
5.4.3 面向长封闭隧道的定位系统··················································097
5.4.4 5G边缘计算板卡开发······························································100
5.5 港珠澳大桥5G+北斗系统建设·····························································104
5.5.1 桥梁北斗系统建设·································································104
5.5.2 沉管隧道北斗系统建设·························································106

    5.5.3　港珠澳大桥人工岛北斗系统建设 …… 107
    5.5.4　面向跨海集群设施智能化运维的边缘计算系统 …… 108
  5.6　本章小结 …… 112

# 第 6 章　智能维养装备及系统

  6.1　概述 …… 116
  6.2　水下结构智能监测平台与大数据融合处理系统 …… 117
    6.2.1　建设背景 …… 117
    6.2.2　技术思路 …… 118
    6.2.3　基于多检测设备集控功能的无人艇水下综合检测 …… 119
    6.2.4　基于水下机器人系统的水下结构检测 …… 121
  6.3　基于无人机的跨海桥隧巡查检测系统 …… 123
    6.3.1　建设背景 …… 123
    6.3.2　技术思路 …… 124
    6.3.3　基于无人机集控的巡查检测应用 …… 125
  6.4　基于巡检机器人的跨海桥隧抵近检测与维养系统 …… 127
    6.4.1　建设背景 …… 127
    6.4.2　技术思路 …… 128
    6.4.3　基于巡检机器人的跨海桥隧抵近检测与维养应用 …… 129
  6.5　结构健康监测系统 …… 135
    6.5.1　创新思路 …… 135
    6.5.2　基于流式计算的海量数据实时分析处理 …… 135
    6.5.3　基于边缘计算的数据采集与分析 …… 138
    6.5.4　港珠澳大桥结构健康监测系统应用 …… 139
  6.6　本章小结 …… 141

# 第 7 章　跨海集群设施服役环境数字化与全生命周期的智能化维养管理系统

  7.1　概述 …… 144

7.2 桥岛隧一体化评估技术思路 ·················· 145
7.3 跨海集群设施资产运维 ·················· 147
7.4 跨海集群设施病害知识库 ·················· 151
 7.4.1 跨海集群工程长期服役性能指标体系 ·················· 151
 7.4.2 跨海集群工程长期服役性能数据库 ·················· 153
 7.4.3 跨海集群工程维养领域知识图谱 ·················· 154
7.5 桥梁正反结合评估体系 ·················· 157
 7.5.1 基于自适应克里金代理模型的有限元模型修正技术 ·················· 159
 7.5.2 基于视频数据的桥梁动态交通流模拟 ·················· 159
 7.5.3 基于监测数据的全桥三维荷载场仿真 ·················· 160
 7.5.4 桥梁结构智能仿真及结构性能分析研究 ·················· 161
 7.5.5 桥梁性能综合评定 ·················· 161
7.6 人工岛综合评估体系 ·················· 163
 7.6.1 桥区海域水文预报模型系统 ·················· 163
 7.6.2 人工岛结构评定 ·················· 164
7.7 沉管隧道服役状态评估体系 ·················· 167
 7.7.1 基于检测、监测、物模和数模等多源数据的
   沉管隧道智能仿真分析 ·················· 167
 7.7.2 基于数字孪生的沉管隧道机电设施服役状态
   智能仿真分析 ·················· 168
 7.7.3 基于近景摄影的沉管隧道结构实时位移监测设备 ·················· 172
 7.7.4 沉管隧道技术状况评定 ·················· 173
 7.7.5 沉管隧道服役状态在线评估与故障预警 ·················· 175
7.8 跨海集群设施决策办法 ·················· 178
7.9 本章小结 ·················· 179

# 第8章 全时交通安全运行与快速应急处置系统建设

8.1 概述 ·················· 182
8.2 基于"雷视"融合技术的交通运行智能预警与风险管控 ·················· 184
 8.2.1 全域车辆行驶轨迹跟踪 ·················· 185

  8.2.2 跨境异常交通行为与个体交通运行状态辨识…………… 186
  8.2.3 跨境交通行为分类分级预警及系统应用……………… 188
  8.2.4 交通运行风险分类分级预警…………………………… 191
  8.2.5 交通运行平行仿真系统………………………………… 192
  8.2.6 交通运行风险前置主动管控…………………………… 194
 8.3 跨海交通基础设施作业区路段动态管控与装备…………………… 195
  8.3.1 维养作业区内的警戒区域……………………………… 196
  8.3.2 维养作业区风险评估…………………………………… 196
  8.3.3 维养作业区车辆闯入事件检测与预警………………… 197
  8.3.4 维养作业区过渡段汇合控制…………………………… 198
  8.3.5 维养作业区风险管控系统与装备研发………………… 200
  8.3.6 基于地理信息系统的作业区管理……………………… 202
 8.4 基于数字孪生的突发事件应急演练与处置一体化………………… 203
  8.4.1 基于 VR 技术的突发事件应急演练场景构建………… 205
  8.4.2 单体及多人动态交互应急技能与演练………………… 206
  8.4.3 基于定量分析与定性判断"双视角"的
     VR 应急演练评估模型………………………………… 208
  8.4.4 基于 VR 的应急演练系统……………………………… 209
  8.4.5 应急一体化通用基础数据库…………………………… 212
  8.4.6 应急处置知识库………………………………………… 213
  8.4.7 应急处置决策系统……………………………………… 214
 8.5 本章小结……………………………………………………………… 215

## 第 9 章 ｜ 运维一体化管控平台的构建

 9.1 概述…………………………………………………………………… 218
 9.2 业务集成与协同调度系统…………………………………………… 219
  9.2.1 统一权限服务框架……………………………………… 219
  9.2.2 统一 API 网关…………………………………………… 220
  9.2.3 服务治理容器云平台…………………………………… 221
  9.2.4 服务监控和运维………………………………………… 221

9.2.5 面向多负载类型的智能协同调度平台 ·············································· 222
　　9.2.6 系统应用 ······································································································ 222
9.3 运维一体化管控平台海量多元异构数据中枢系统 ················································ 225
　　9.3.1 统一数据接口 ································································································ 225
　　9.3.2 统一协调存储与计算资源的全分布式架构 ·················································· 225
　　9.3.3 高性能海量数据压缩 ···················································································· 226
　　9.3.4 统一管理内部数据流动的计算引擎编排管理体系 ······································ 226
　　9.3.5 系统应用 ······································································································ 227
9.4 分布式 AI 视频处理系统 ································································································· 227
　　9.4.1 基于嵌入式芯片的算法模型构建 ·································································· 229
　　9.4.2 分布式 AI 处理系统构建 ·············································································· 229
　　9.4.3 系统应用 ······································································································ 230
9.5 交互式虚拟辅助决策系统 ································································································ 231
　　9.5.1 超大规模 3D 沉浸交互式虚拟辅助决策系统基础
　　　　　软硬件平台构建 ···························································································· 231
　　9.5.2 维养多源异构数据可视化处理、转换和融合呈现 ······································ 234
　　9.5.3 维养和交通应急数字孪生 ············································································ 234
　　9.5.4 系统应用 ······································································································ 236
9.6 多技术融合可视化系统 ···································································································· 237
　　9.6.1 实时云渲染 ···································································································· 238
　　9.6.2 基于 Hlod 的海量模型加载 ·········································································· 238
　　9.6.3 可视化组件 ···································································································· 240
　　9.6.4 系统应用 ······································································································ 240
9.7 基于可信系统管控的整体安全防御系统 ········································································ 241
　　9.7.1 基于动态可信库的系统防御和阻断技术 ······················································ 242
　　9.7.2 轻量级虚拟化的容器安全技术 ···································································· 243
　　9.7.3 基于字节码探针的 RASP 技术 ···································································· 243
　　9.7.4 系统应用 ······································································································ 244
9.8 本章小结 ······································································································ 245

# 第 10 章  新基建的运行维护管理

10.1 新基建运行管理模式的新需求 …………………………… 248
10.2 运行管理主体 ……………………………………………… 249
10.3 运行管理配套支撑 ………………………………………… 250
10.4 运行管理迭代升级长效机制 ……………………………… 251
10.5 政企合作机制 ……………………………………………… 252
10.6 本章小结 …………………………………………………… 252

# 第 11 章  结论与展望

# 参考文献

# 索引

# CHAPTER 1 | 第 1 章

## 绪论

## 1.1　交通行业新基建发展概况

新型基础设施建设(简称"新基建")是智慧经济时代贯彻新发展理念,吸收新科技革命成果,实现国家生态化、数字化、智能化、高速化、新旧动能转换与经济结构对称态,建立现代化经济体系的国家基本建设与基础设施建设。新基建主要包括 5G(第五代移动通信技术)基站建设、特高压、城际高速铁路和城市轨道交通、新能源汽车充电桩、大数据中心、人工智能、工业互联网七大领域,涉及诸多产业链,是以新发展为理念,以技术创新为驱动,以信息网络为基础,面向高质量发展需要,提供数字转型、智能升级、融合创新等服务的基础设施体系。传统的基础设施主要指为社会生产和居民生活提供公共服务的工程设施,是用于保证国家或地区社会经济活动正常进行的公共服务系统,是社会赖以生存发展的物质基础条件。过去数十年里,基础设施作为我国经济社会发展的重要支撑,对提升生产效率、改善人民生活质量起到了巨大的促进作用。但随着社会生产生活模式的不断进化升级,原有基础设施开始难以满足社会高效运作的需求,新一代基础设施建设的呼声越来越高。

2018 年 12 月 19 日至 21 日,中央经济工作会议确定 2019 年重点工作任务时提出"加强人工智能、工业互联网、物联网等新型基础设施建设",这是新基建首次出现在中央层面的会议中。2019 年 7 月 30 日,中共中央政治局召开会议,提出"加快推进信息网络等新型基础设施建设"。2020 年 1 月 3 日,国务院常务会议确定促进制造业稳增长的措施时,提出"大力发展先进制造业,出台信息网络等新型基础设施投资支持政策,推进智能、绿色制造"。2020 年 2 月 14 日,中央全面深化改革委员会第十二次会议指出,"基础设施是经济社会发展的重要支撑,要以整体优化、协同融合为导向,统筹存量和增量、传统和新型基础设施发展,打造集约高效、经济适用、智能绿色、安全可靠的现代化基础设施体系"。2020 年 3 月 4 日,中共中央政治局常务委员会召开会议,强调"要加大公共卫生服务、应急物资保障领域投入,加快 5G 网络、数据中心等新型基础设施建设进度"。

2020年4月20日,国家发展改革委在新闻发布会上首次明确了新型基础设施建设的范围,主要包括三方面内容:一是信息基础设施,主要指基于新一代信息技术演化生成的基础设施,比如,以5G、物联网、工业互联网、卫星互联网为代表的通信网络基础设施,以人工智能、云计算、区块链等为代表的新技术基础设施,以数据中心、智能计算中心为代表的算力基础设施等。二是融合基础设施,主要指深度应用互联网、大数据、人工智能等技术,支撑传统基础设施转型升级,进而形成的融合基础设施,比如,智能交通基础设施、智慧能源基础设施等。三是创新基础设施,主要指支撑科学研究、技术开发、产品研制的具有公益属性的基础设施,比如,重大科技基础设施、科教基础设施、产业技术创新基础设施等。

2020年8月3日,为贯彻落实党中央、国务院决策部署,加快建设交通强国,推动交通运输领域新型基础设施建设,交通运输部发布了《交通运输部关于推动交通运输领域新型基础设施建设的指导意见》(交规划发〔2020〕75号),提出了三大主要任务:打造融合高效的智慧交通基础设施(智慧公路、智慧铁路、智慧航道、智慧港口、智慧民航、智慧邮政、智慧枢纽和新能源新材料行业应用);助力信息基础设施建设(5G等协同应用、北斗系统和遥感卫星行业应用、网络安全保护、数据中心和人工智能);完善行业创新基础设施(科技研发)。

2021年2月8日,党中央、国务院印发《国家综合立体交通网规划纲要》,提出了建设现代化高质量国家综合立体交通网的发展目标。在此基础上,交通运输部修订出台了2022年版标准体系,包括国家和行业标准92项,其中现行有效标准53项,规划标准39项,为加快建设交通强国和建设新型基础设施提供明确而有效的标准体系依靠。

2021年4月20日,《交通运输部办公厅关于组织报送交通运输新型基础设施重点工程建设建议的通知》(交办规划函〔2021〕624号),提出以国家综合立体交通网主骨架、国家综合交通枢纽系统等重大基础设施工程为依托,以交通运输提效能、扩功能、增动能为动力,围绕交通新基建各项任务,在"十四五"期组织推动一批具有规模化、一体化、创新型特征的交通新基建重点工程。通过打造有影响力的交通新基建样板,总结提炼可复制、可推广的先进经验,研究制定和完善相关标准规范指南,推进交通基础设施网与运输服务网、信息网、能源网融合发展,促进交通新基建系统化建设、联网化运行、常态化服务,为加快建设交通强国和建设国家综合立体交通网提供支撑。

2021年8月31日,交通运输部印发《交通运输领域新型基础设施建设行动方案(2021—2025年)》(交规划发〔2021〕82号),提出"推进港珠澳大桥等公路长大桥梁结构健康监测系统建设实施工作""动态掌握长大桥梁运行状况,防范化解公路长大桥梁运行重大安全风险""完善新基建标准规范体系框架,加快研究制定关键性、基础性国家和行业标准,完善通信网络、北斗系统、环境感知、交通诱导与管理、BIM、数据融合等标准规范"。

2021年12月,交通运输部印发《数字交通"十四五"发展规划》,明确了未来五年我国的数字交通发展目标。到2025年,"交通设施数字感知,信息网络广泛覆盖,运输服务便捷智能,行业治理在线协同,技术应用创新活跃,网络安全保障有力"的数字交通体系深入推进,"一脑、五网、两体系"的发展格局基本建成,交通新基建取得重要进展,行业数字化、网络化、智能化水平显著提升,有力支撑交通运输行业高质量发展和交通强国建设。实现交通数字化,需重点建设基础设施和装备、实现数字化的管理和服务,通过数字交通来全覆盖、全要素地展现交通新业态。构建交通新型融合基础设施网络,将人工智能、大数据、云计算、5G、物联网等先进技术引入传统交通基础设施建设和改造中,增加信息通道功能,在"云网端"一体化建设基础上实现相关数据信息的高度汇聚,通过优化交通资源流动速度和配置模式,提升交通运输安全和效率。将"交通"和"数字化"相结合,实现降本增效,实现工程品质、服务品质和安全水平提升,建设让人民满意的智能交通。

2022年9月27日,交通运输部印发《交通强国建设试点工作管理办法(试行)》,采取分步骤、试点推进的模式,实现试点任务各地区全覆盖、行业内外各类型单位全覆盖、重点任务全覆盖。各地各部门通过开展试点工作,不断完善国家综合立体交通网,推动交通运输高质量发展取得新成效。

交通运输是国民经济基础性、战略性、先导性产业,也是重要服务性行业,是服务构建新发展格局的重要支撑。自党的十九大报告首次明确提出要建设"交通强国"的发展战略以来,中央到地方各级政府围绕交通强国建设进行了积极实践,建设现代化产业体系,坚持把发展经济的着力点放在实体经济上,推进新型工业化,加快建设制造强国、质量强国、航天强国、交通强国、网络强国、数字中国。加快发展数字经济,促进数字经济和实体经济深度融合,打造具有国际竞争力的数字产业集群。优化基础设施布局、结构、功能和系统集成,构建现代化基础设施体系。

## 1.2 港珠澳大桥工程概况

港珠澳大桥地处珠江口伶仃洋海域,是在南海海洋环境下建造和运营的跨海集群工程,是连接香港特别行政区、广东省珠海市、澳门特别行政区的大型跨海通道,是列入《国家公路网规划》的重要交通建设项目。大桥全长约55km,覆盖整个珠江口,属于大型交通基础设施项目,其战略地位和通航要求高,主要功能是解决香港与内地(特别是珠江西岸地区)及澳门之间的陆路客货运输要求,建立跨越"港、珠、澳"三地、连接珠江东西两岸的陆路运输新通道。大桥的建成从根本上改变了珠江西岸地区与香港之间客货运输以水运为主、陆路绕行的状况,改善了广东省珠江三角洲西部地区的投资环境,并为香港的持续繁荣和稳定发展创造了条件。

项目建成后,改变了香港和澳门之间无陆路通道的局面,增强了粤港澳之间的联系,可为粤港澳大湾区建设提供交通基础服务。港珠澳大桥集桥岛隧于一体,桥隧主体工程长约29.6km,穿越伶仃航道和铜鼓西航道段约6.7km为隧道,东、西两端各设置一个海中人工岛,其余路段约22.9km为桥梁,分别设有寓意三地同心的"中国结"青州航道桥、人与自然和谐相处的"海豚塔"江海桥,以及扬帆起航的"风帆塔"九洲桥三座通航斜拉桥。青州航道桥是一座双塔双索面钢箱梁斜拉桥,为全线跨径最大的桥梁,为半漂浮体系,跨径布置为(110+236+458+236+110)m。江海直达船航道桥是一座中央单索面三塔钢箱梁斜拉桥,斜拉索采用空间扇形布置,为纵向半漂浮体系,跨径布置为(110+129+258+258+129+110)m;九洲航道桥是一座双塔单索面钢-混组合梁斜拉桥,斜拉索采用中央双索面竖琴形布置,为塔梁固结结构体系,跨径布置为(85+127.5+268+127.5+85)m。港珠澳大桥浅水区非通航孔连续梁式桥每跨85m,采用了单墩双幅梁。深水区非通航孔连续梁式桥每跨110m,采用了单墩整幅梁。海底隧道由33节巨型沉管和1个合龙段接头共同组成,海底隧道东西人工岛是水上桥梁与水下隧道的衔接部分,为全线路段的重点配套工程。海中主体桥梁结构涵盖钢箱梁斜拉桥、组合梁斜拉桥、大跨钢箱梁连续梁桥和组合钢箱梁连续梁桥等多种典型结构。沉管隧道为我国第一条在外海环境条件下施工的沉管隧道,是目前世界上唯一的深埋大回淤节段式沉管工程和世界上最长的公路沉管隧道工程,与国内外同类型工程相比,具有超长、深水、深埋等鲜明特点。东、西人工岛全长均为625m,是港珠澳大桥的桥梁与隧道衔接的关键部分,两个离岸人工岛面积均约100000m²,水深约10m,软土层厚度20~30m,采用直径22m钢圆筒插入不透水黏土层形成止水型岛壁结构。在工程建设规模、建设复杂程度、工程元素多样性等方面,港珠澳大桥作为跨海集群工程的典型代表,为交通运输新型基础设施工程的建设奠定了坚实基础。

## 1.3 数字港珠澳大桥建设需求

### 1.3.1 数字港珠澳大桥建设理念

港珠澳大桥是在"一国两制"框架下粤港澳三地首次合作共建共管的跨海集群工程,代表了我国交通建设最高水平。大桥在建设期即按照全生命周期设计理念,设置了必要的维养装备和系统,包括结构健康监测系统、机电集控系统、箱梁内外检查车、隧道内检修通道、运营维护辅助设施等,为后续的日常运营维护作业奠定了良好的基础。自2018年9月底开始试运营后,港珠澳大桥按照国家及行业规定,组织开展了一系列日常养护与定期检查工作,但经实际维养实践证明,传统运维手段尚存在综合成本高、效率低、可达性差,具有较大的外海作业安全风险等瓶颈性问题,"可达可维可养"目标实现难度大,难以优质高效地满足恶劣海洋服役环境下的跨海集群设施120年安全运行要求和高水准运维需求。其实,针对百年大桥运维技术刚需,为保障三地共建项目持续高水准运行的目标,港珠澳大桥项目团队早在2016年就开始构思推动运维管理数字化和智能化工作,探索新型基础设施工程的转型方向,并形成了框架性方案。2017年9月,为深入实施创新驱动发展战略,加快推进我国交通运输科技创新,科技部与交通运输部经充分协商,就推动科技发展与交通运输协同创新(简称"科交协同")达成合作协议,明确要"加大科研投入,支持研发、示范一批先进交通运输技术",并特别提出要"联合推动以港珠澳大桥工程为代表的国家重大交通基础设施管理纳入'中国人工智能专项'技术应用示范的典型领域",力争突破一批载运工具、基础设施、运营管理等关键技术与装备,并支持认定建设"长大桥梁建养一体化"和"公路网智能养护技术及系统"等国家产业技术创新战略联盟。

2019年初,为落实习近平总书记的重要指示"对港珠澳大桥这样的重大工程,既要高质量建设好,全力打造精品工程、样板工程、平安工程、廉洁工程,又要用好管好大桥,为粤港澳大湾区建设发挥重要作用",攻关解决港珠澳大桥的运维技术瓶颈,推动交通运输行业人工智能技术应用与发展,科技部与交通运输部经过联合论证会商后,于2019年底将港珠澳大桥智能化运维技术研发工作纳入国家重点研发计划"综合交通运输与智能交通"重点专项——交通基础设施智能化方向,启动实施。项目立足于港珠澳大桥的运营实际,以数字化为驱动,从信息感知、结构评估、维养决策、交通运行、安全管控等方面入手,引入物联网、大数据、人工智能等新技术,着力解决运维实际中监测感知能力弱、检测维养作业风险和成本高、自动化程度低等问题,全面提升港珠澳大桥的运维水平,降低大桥全生命周期维养成本,延长大桥使用寿命,为用好管好大桥提供坚实技术保障。

2019年底至2023年底,港珠澳大桥管理局全力攻关跨海集群设施智能维养关键技术,并以此为重大技术支撑,着力推进产学研用一体化,建设港珠澳大桥新型基础设施工程,赋能120年跨海集群设施安全高效运行,为粤港澳大湾区国家战略实施、交通行业智能化技术升级和交通运输新型基础设施工程的战略转型提供重要支撑和示范。

## 1.3.2 基础设施运维管理的共性难题

经过几十年的快速发展,我国基础设施建设取得了举世瞩目的成绩,尤其是在长大桥梁、长大隧道及填海人工岛等方面攻克了诸多工程建设难题。然而,我国交通基础设施运维仍处于初步发展阶段,行业目前的运维手段和技术水平仍存在诸多不足,在如何实现运维管理数字化及有效提升基础设施长期服役性能等方面面临诸多挑战。

(1) 服役状态感知能力低

现阶段交通基础设施检测主要采用人工巡检及装备辅助的方式，作业难度大、安全风险高、检测死角多、经济性差，特别是与涉海结构状况密切相关的海洋服役环境要素观测更是鲜有涉及。行业内普遍存在"看不见、检不到；看得见、检不到；成本高、效率低"等问题。以跨海大桥为例，由于检测手段落后，国内仅少数大桥开展了河床、海床冲刷等检测工作，其余大部分桥梁及水工的结构服役状态无法获知，存在极大的安全隐患。同时，在采用"人工巡检"时，存在劳动强度大、检测可达性差、安全隐患多、误漏判率高这四大缺陷。对于极少数采用了无人机或机器人进行自动化检测的项目，也存在装备功能单一封闭、可靠性差、接口繁杂等制约其高效稳定使用的瓶颈问题。

(2) 监测信息价值利用率低

目前交通基础设施运维行业内的资产养护管理体系尚处于初级阶段，监测评估数据利用率低，无法反映设施整体服役状态，与维养实际工作脱节。主要表现在病害时空定位不准确，无法实现靶向跟踪，长期服役性能得不到有效评估；监测设备故障率高，无效数据多，监测评估结论无法有效指导日常工作；资产信息化管理过程中存在系统与维养业务、流程不匹配的问题，无法动态反映实际维养业务及资产管理状态等问题。

(3) 交通风险主动管控效率低

在交通风险管控方面，由于预警分类不清晰，预警分级标准不统一，风险预控防范大量依赖人力及主观判断，对突发事件有效检测率低、误报率高，缺乏稳定和精准的技术措施，不能实现"减少重大特大事故、降低事故率、减少人员及财产损失"的营运安全管理目标。此外，在突发事件快速应急处置方面，缺乏演练和培训，导致处置人员对工作流程不熟悉；突发事件处置过程中也存在应急系统指挥调度程式化、应急指令传递层级多、无法根据不同状况动态调整等问题。

(4) 运维管理信息化程度低

在信息化建设方面，交通基础设施运维领域信息化程度低，部分项目甚至还未实现标准化、信息化，运维业务管理以人工为主，信息传递主要依靠纸质文件，可查阅、可追溯性差,从而导致日常运维效率低,突发情况应急处置能力弱。在数据治理及业务管理方面,由于未解决好海量多源异构运维数据标准统一、多业务协同调度的问题,多数实现信息化管理的项目数据利用率低、交互性差、信息孤岛多,难以实现数据交互和共享,至今未有项目实现运维数据集成,更谈不上数字化、智能化。

### 1.3.3 数字港珠澳大桥工程的建设意义

针对港珠澳大桥及我国基础设施运维管理所共同面临的现实需求,以港珠澳大桥为依托,立足于港珠澳大桥120年运维需求和运营实际,将北斗卫星导航系统、5G、大数据、人工智能、智能制造等新基建新技术融入大桥运维建设中,打造港珠澳大桥新型基础设施工程,不仅可以有效解决超长桥隧运维过程中发现的设施监测感知能力弱、服役状态及服役性能退化评估不准确、检测维养作业风险和成本高、自动化程度低、运维数据管理粗放、可追溯性低,难以支持科学决策等刚需问题,克服交通基础设施运维的行业痛点并解决智能运维的共性关键技术问题,而且可以有效支撑《交通强国建设纲要》中提出的2035年"智能、平安、绿色、共享交通发展水平明显提高"以及21世纪中叶"智能化与绿色化水平位居世界前列"的发展目标。

数字港珠澳大桥工程将引领运维技术的创新发展,为粤港澳大湾区乃至全国交通基础设施新基建的发展提供技术支撑及基础经验,赋予运营期基础设施新的生命力,在提升基础设施运维自动化、智能化管理水平,延长基础设施服役年限、降低运行成本、提高运行效率、减少事故风险、提升服务品质等方面有巨大的社会与经济价值,同时将促进交通基础设施智能运维新业态的形成和发展。

# CHAPTER 2 | 第 2 章

## 总体规划

## 2.1 建设目标与思路

### 2.1.1 建设目标

(1) 为用户提供优质服务,运营世界级品牌,创造社会和经济价值

通过打造数字大桥,突破百年大桥的运维技术瓶颈,推动跨海集群设施运维的可靠性、安全性和高效性,提高港珠澳大桥联网化运行能力和常态化服务能力。最大限度地发挥大桥的社会经济价值,带动三地社会经济大融合、大发展。

(2) 示范引领交通新基建,催生智能运维新业态

制定和完善相关标准规范,形成可移植、可复制、可推广的标准体系。实现科技成果输出和转化。打造粤港澳大湾区交通新基建样板工程,对交通新基建的发展起到示范和引领作用。进而,着力推动交通基础设施智能运维产业化发展,催生交通基础设施智能运维新业态。

### 2.1.2 建设思路

以跨海集群设施运维工作为重点,以运维需求为导向,借助信息化新技术攻克跨海集群设施运维关键技术难题,全面深入地赋能跨海集群设施的运维工作,实现跨海集群设施数字转型和智能升级,从而达到港珠澳大桥的安全、经济和高效运维的效果。

(1) 产学研用协同创新,科技成果市场运作

紧扣跨海集群设施运维方需求,依托工程技术研究中心、国家野外科学观测研究站、广东省博士工作站等科研平台,力促"港珠澳大桥智能化运维技术集成应用"和"重大跨海交通集群工程智能安全监测与应急管控"等港珠澳大桥科研项目成果的产出,确保科研成果的转化与应用;以三地政府支持建设实体化科研机构为契机,推动市场化运作,落实习近平总书记关于"既要高质量建设好,又要用好管好大桥"的重要指示。

(2) 先进技术全面赋能,运维工作智能升级

跨海集群设施运维包括设施评估、维修养护、交通运行、应急救援四大核心

业务,利用5G通信技术、云边端协同技术、自动化技术、人工智能技术等先进技术进行全面改造升级。通过布设5G设备、北斗设备和边缘计算设备等信息基础设施,为跨海集群设施智能运维提供通信和算力等通用能力。在通用能力的加持下,结合智能检测维养机器人、无人船和无人机等装备解决设施检测维养难抵近、巡查应急效率低等传统运维难题,实现跨海集群设施运维的无人化、自动化、智能化,打造融合型智能交通基础设施,为百年大桥的安全运营提供保障。

(3)纵向数据互联互通,横向业务协同调度

针对跨海集群设施运维数据多源异构特点和"数据孤岛"问题,采用云计算和云存储技术,建立数据中台,整合数据资源,提升数据治理能力,实现运维数据的互联互通,为跨海集群设施运维业务协同调度提供必要条件。针对港珠澳大桥设施种类多样、运维业务复杂分散的特点和运维决策难以研判的问题,采用平台化的先进设计理念,重构业务流,整合各系统;并依托云计算平台,建立各业务系统的运维一体化管控平台,实现业务的协同调度。

(4)标准化体系化实施,产业化专业化发展

在标准化实施方面,倡导标准先行。在数字大桥建设全过程,始终以标准化流程化实施为基调。无论是装备制造、系统开发还是平台搭建,都要求标准先行,成体系开展,在实施过程中不断总结经验,改进完善标准;为集群设施的数据治理、业务管理和智能运维提供可复制、可推广的经验。更进一步,将以标准化为抓手,通过数字大桥建设,形成一系列高质量、国际化的标准规范,借标准化之手推动智能交通基础设施产业化专业化发展,形成交通基础设施智能运维新业态。

## 2.2 典型应用场景

面对跨海集群设施高效、经济、安全运维的内生需求,设施监测感知能力弱、服役状态评估及服役性能退化机理不清、检测维养作业风险和成本高、自动化程度低、运维数据管理粗放、可追溯性低,难以支持科学决策的技术瓶颈,以及交通基础设施数字化转型、智能化升级的外部趋势,围绕跨海集群设施的智能运维全

业务，谋篇布局9大应用场景，以港珠澳大桥为依托工程，建设交通运输新型基础设施。

(1) 场景1：基于北斗的毫米级变形监测及封闭空间定位覆盖

基于隧道内无卫星信号，车辆无法定位，用户体验亟待提升；传统的桥梁沉降变形监测精度依赖于作业人员，不能实现全天候连续实时监测，工作效率低；目前国内没有数据共享开放服务平台，优质的北斗高精度定位算法只局限于少数科研院所，没有形成北斗高精度定位生态圈，制约了高精度北斗系统的广泛应用。本场景在港珠澳大桥沉管隧道封闭空间新建北斗定位信号覆盖系统，结合港珠澳大桥和广东省已有的北斗地基增强站（CORS）资源，实现港珠澳大桥沿线北斗信号全覆盖和高精度服务能力；提供基于北斗系统的桥梁毫米级变形监测和隧道内定位服务，提供开放共享式的桥岛隧北斗原始观测数据共享服务平台；使北斗系统服务港珠澳大桥的新基建，提供普遍、泛在、精准、安全、高效的定位、导航、授时、通信的时空服务，为桥岛隧的智能养护、智慧出行以及车辆、人员的监管提供保障。

(2) 场景2：基于5G的跨海交通基础设施运维物联网

基于5G网络技术高速率、大容量、低时延以及数据切片隔离的特性，为数字港珠澳大桥打造"万物智联"的物联网底座。针对桥面、桥下、隧道等5G物联应用场景，进行5G无线网络专项建设及优化，实现应用场景的5G精准覆盖，提供视联网、指挥网、控制网、物联网等多样化应用承载能力，突破传统有线网络、4G网络及其他接入网络的应用瓶颈；实现物联应用"由点到云"的一步接入，大幅简化应用侧网络结构；同时，通过5G与边缘计算的"云网融合"，实现智慧物联应用感知、分析、决策、执行的一体化，大幅降低智慧应用端到端时延，并将大桥物联数据与公网数据安全隔离，为核心物联系统及平台的安全运行提供可靠保障。

(3) 场景3：水下结构智能监测平台与大数据融合处理系统

目前水下监测资源极其匮乏，大多数水下结构的监测均采用"非专业船只+探测装备"的临时组合模式或潜水员探摸，达不到水下结构状态感知的基本精度要求，效率低、风险高、经济性差。国内仅少数跨海大桥开展了河床、海床冲刷等监测工作，大部分桥梁及水工结构服役状态无法获知，导致有安全风险的水下结构未及时采取应对措施，带来极大安全隐患。针对上述问题，综合利用智能化无人船平台集控技术,水下地形、地层以及水下结构立体感知技术,建设水下结构智能监测平台与大数据融合处理系统,实现港珠澳大桥桥墩周边冲刷、人工岛斜坡堤结构周边冲刷、隧道顶部回淤等水下状态监测,以及水下结构物表观缺陷信息监测。采用大数据融合处理及演化分析技术,直观展示综合智能感知结果,为跨海交通基础设施及海洋工程水下检测提供有效技术服务。

(4)场景4:基于无人机集控的巡查、检测、应急一体化系统

针对港珠澳大桥智能化运维中的无人路政巡查、典型设施结构表面病害日常巡检和应急工况快速响应需求,克服当前公路交通领域无人机应用体系化程度低、操作人员依赖性强、采集信息实时处理能力弱、多种业务机种作业协同性差等行业痛点,配置结构表观病害观测无人机、路政巡查无人机和应急处置无人机三类无人机装备集群及其作业保障设施,拓展无人机应用可达范围,建立基于现场指挥车及后台指挥控制中心的两级无人机集控体系,实现对不同业务、机种无人机的统一管理、统一调度、统一控制。建立结构完整、可演示核心功能的综合指挥中心系统,实现跨海集群设施巡检、路政巡查、应急处置过程、海上态势实时监控和显示,海洋信息互通,辅助作业行动开展,实现作业命令下达和作业信息反馈,作业过程整体协调和调度等交互功能。

(5)场景5:基于巡检机器人的跨海桥隧抵近检测与维养系统

港珠澳大桥工程体量大、结构复杂、易腐蚀区域多而分散,且长期处于高温、高湿、高盐、交变载荷等复杂苛刻服役环境下,其典型结构表面防护体系破坏、混凝土钢筋锈蚀、钢结构焊接部位及受力结构腐蚀损伤、沉管管节沉降变形、沉管隧道照明不足、排烟设施完好性受损等易发性病害难以被快速感知、识别,无法通过传统监(检)测手段满足高效管养需求。针对上述实际问题,克服当前检测与维养装备功能少、接口标准繁杂、系统封闭、功能单一、可靠性差、信息化智能化程度低等行业痛点,通过配置携带感知识别设备或简易快速修复设备的磁吸附式、负压吸附式、轨道式、轮式等各类巡检机器人集群及其综合指控系统,构建病害智能化识别专家决策系统,并结合5G通信系统,实现抵近式巡检与维养,提高跨海集群设施移动式巡检感知装备的智能化水平。

(6)场景6:跨海集群设施服役环境数字化与运行状态监测评估系统

针对行业内存在的跨海集群设施结构服役环境演化与性能退化机理研究不

足,仿真、评估和预警时效性差、可靠性低等问题,建立人工岛、桥梁、沉管隧道设施服役状态智能仿真、实时在线评估及分级预警系统与技术标准。服役环境方面,在港珠澳大桥结构健康监测系统基础上,建立海洋要素观测站,获取桥区海域波要素和水沙环境演变趋势,实现跨海集群设施服役环境数字化,构建海域波要素实时监测与台风浪预警系统;人工岛方面,构建基于人工岛、岛桥与岛隧接合段运行状态监测数据的在线评估预警系统;桥梁方面,构建基于荷载高效转译、"荷载-结构-环境"耦合计算分析、结构响应虚拟展示的跨海桥梁评估预警系统;隧道方面,融合在线监测、检测、物模试验、数值仿真等多源数据,构建沉管隧道主体结构及关键机电设施服役状态评估预警系统。

(7)场景7:基于全生命周期理论的跨海集群设施数字化维养管理系统

港珠澳大桥设施类型多样,维养工作任务繁重。目前的维养系统多是针对单体工程的养护管理业务,既难以辅助管理跨海集群设施的维养全过程,也难以实现全生命周期维养决策;需要以跨海集群设施全生命周期理论为指导,借助先进技术改造集群设施维养全过程,开发覆盖全设施、打通维养全业务的跨海集群设施数字化维养管理系统。借助三维信息化数字模型串联集群设施建设期和养护期的全过程信息,融合人工巡检、智能设备检测以及实时监测等多源数据,构成维养大数据;采用知识抽取与融合技术,建立大规模桥梁维养领域知识图谱,形成桥梁维养知识库;采用知识推理技术,突破经验决策的技术瓶颈,推动建立数据和知识双驱动的桥梁维养决策方法,实现维养全流程的自动化、数字化、智能化。借助"5G+北斗"技术实现对土建结构和设备的互联互通、精准定位,解决跨海集群设施自动检测和维养的工作痛点。

(8)场景8:全时交通安全运行与快速应急处置智能系统

跨海桥岛隧集群工程通道重要度高、交通运行环境复杂、交通组织条件受限,交通异常事件风险高、影响大,应急管理复杂、救援难度大;传统预警感知设施与技术落后,跨场景全时交通感知局限大、风险管控精细度和时效性受限,应急管理与处置精细化程度低,无法高效满足桥岛隧集群工程运行管理与应急处置要求。应用基于雷达感知的面向复杂场景与检测工况的全域交通轨迹连续、全时感知技术,精准、低延误交通数字孪生技术与平行仿真技术,异常交通行为动态智能识别干预技术,风险高效检测与动态预测预警方法,以及扁平化应急管理技术,构建交通异常事件预警感知系统、路面作业运行风险管控系统和智能化应急管理系统,进而打造敏捷预警感知、应急处置、交通干预的预警处置一体化技术平台,实现单车级交通运行监测、车道级交通安全智能管控、作业区路段风险动态管控、演练处置一体化应急管理,显著提高应急管理处置效率、降低事故率以及事故影响。

(9)场景9:跨海集群设施运维一体化管控平台

港珠澳大桥运维数据多源异构,业务复杂多样,存在大量针对特定运维业务开发的独立业务系统,在数据标准化、业务整合度、交互友好性等方面有较高的需求。然而,目前国内各运维业务系统缺乏平台化设计和支撑,分散式开发的业务系统形成大量数据孤岛,存在业务离散、交互复杂等缺陷,需要一体化平台建设。针对以上需求及技术现状,港珠澳大桥以融合各业务系统为目标,采用平台化集成设计理念,在网络云平台技术基础上,构建基于数据、服务、展示的三层业务架构的跨海集群设施运维一体化管控平台,在数据层提供基于数据标准的数据集成,在服务层提供基于业务流重构整合的业务集成,在展示层提供基于 VR(虚拟现实技术)、AR(增强现实技术)等多种技术的人机界面交互集成,提供分布式人工智能计算与管理能力及统一的多层次综合安全防护。

通过以上9个场景的实施,打通数据采集、分析、决策、处置的全链条,建立物理大桥与数字大桥之间的精准映射关系和实时反馈机制,通过实现物理大桥与数字大桥的互联、互通、互操作体系,构建基于模拟择优的新体系。

## 2.3 总体布局

为了实现港珠澳大桥跨海集群工程安全、可靠、高效、智能的运维,需要依托新技术、新装备,通过建设数字大桥赋能物理大桥。采用北斗定位、5G、机器人、无人机/车/船、大数据、云计算、人工智能等先进技术/装备有力推动传统交通基建的数字化转型和智能化升级,进而推动交通新基建的扎实落地。数字港珠澳大桥工程的总体布局如图 2.3-1 所示。

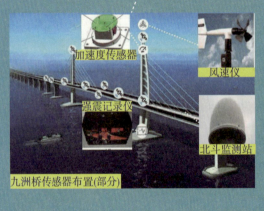
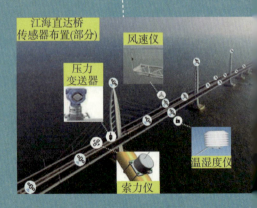

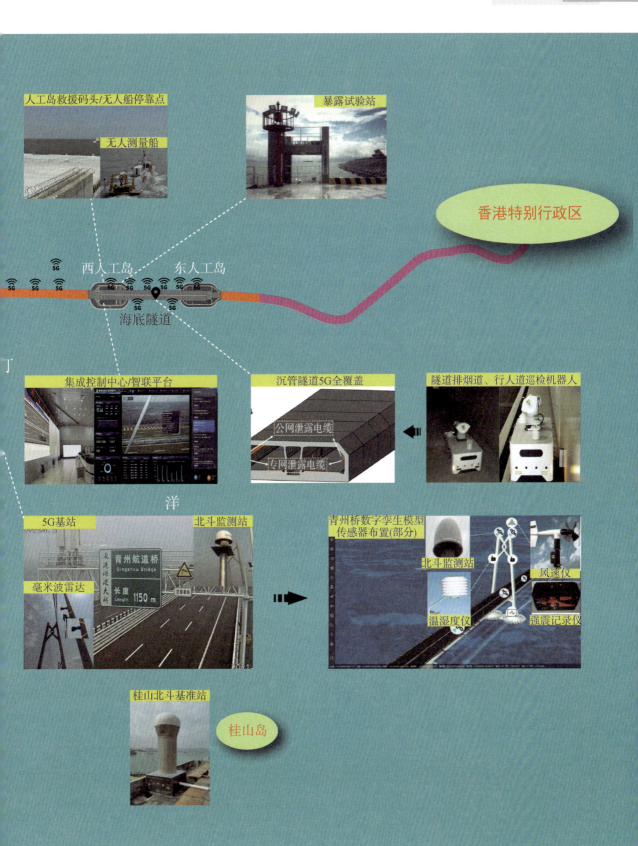

图 2.3-1 数字港珠澳大桥工程总体布局图

为实现北斗时空信息服务在交通运输行业广泛覆盖,利用广东省及港珠澳大桥已有的北斗地基增强站资源,实现基于北斗的毫米级变形监测及封闭空间定位覆盖,使北斗更好地服务港珠澳大桥的新基建。

建立固移结合、宽窄结合和公专结合的适用可靠、经济耐久的5G通信网络,打造跨海集群交通基础设施运维物联网。同时,通过5G与边缘计算的"云网融合",实现智慧物联应用感知、分析、决策、执行的一体化,并将大桥物联数据与公网数据安全隔离,为核心物联系统及平台的安全运行提供可靠保障。

为实现港珠澳大桥跨海集群设施的全方位监测,改变水下结构监测能力弱的现状,依靠包含水下机器人、无人船等先进装备的水下结构智能监测平台,对港珠澳大桥跨海集群设施的水下结构进行精准高效的监测。

针对港珠澳大桥跨海集群设施的无人化路政巡查、典型设施结构表面病害日常巡检和应急工况快速响应需求,依靠专项处置无人机群、无人机群集控平台以及综合指挥中心实现港珠澳大桥跨海集群设施的巡查、巡检以及应急处置能力的智能高效。

针对跨海集群关键设施表面典型病害,解决当前检测与维养装备功能少、接口标准繁杂、系统封闭、功能单一、可靠性差、信息化智能化程度低等痛点。开发智能机器人,构建病害智能化识别专家决策系统,并结合5G通信系统,实现抵近式巡检与维养,提高跨海集群设施移动式巡检感知装备的智能化水平。

上述新技术、新装备与传统健康监测系统结合,将为跨海集群设施服役环境数字化与运行状态监测评估系统、数字化维养管理系统、全时交通安全运行与快速应急处置智能系统以及跨海集群设施运维一体化管控平台提供有力支撑,进而完成数字港珠澳大桥的建设,为港珠澳大桥运维提能、增效、降本,最终打造出可复制、可移植和可扩展的交通新基建示范工程。

## 2.4 总体技术架构

整个系统架构由七个层级构成,从数据感知、汇聚、处理、治理到最终分析、展示、服务的全流程,主要包含设备感知层、传输层、基础资源层、数据支撑层、业务支撑层、业务应用层、用户交互层。

感知层,通过物联网感知设备、智能运维设备等渠道动态采集桥、岛、隧的实时状态信息。在健康监测设备方面,在现行健康监测系统及设备的基础上,增加北斗设备用于实现隧道内部等密闭空间的定位和位移监测,从而增强结构健康监测网。增设 5G 设备,增强桥下通信网。开发智能运维设备,实现跨海集群设施的自动化、智能化运维。建立全线信息模型,支撑基于信息模型的交互应用。

传输层,利用光纤环网、5G 通信网络、Wi-Fi 等多种方式实现设备感知层的数据传输。

基础资源层,提供信息基础设施的相关能力及服务,如计算资源、存储资源、网络资源、安全防御和资源调度能力,分布式数据库、缓存,容器服务,消息服务以及大数据基础平台、人工智能平台和物联网平台等。

数据支撑层,在数据传输到数字中台进行全量数据汇聚后,通过对数据接入、治理、管控、服务和安全等全链路的处理,建立各类基础库、主题库和专题库,实现对数据资产的可视、可管、可用和跨域数据整合并沉淀,同时提供丰富的数据模型、标准化的数据服务、个性化的开发平台与工具,满足业务支撑要求。借助运维一体化管控平台所提供的对数据层和持久化层的数据集成管理等通用能力,实现对集群工程、设备、人员和模型等基础静态数据以及检查(测)、监测、路政、交通、应急等各种业务所产生的动态数据进行管控,从而实现桥岛隧智能维养数据的全面资产化,打破数据烟囱,为复杂业务场景应用提供大数据支持。

业务支撑层,提供应用支撑、可视化构建、智能分析、数字空间构建及融合通信等多种数字化能力,对数据中台处理后的主题专题数据通过这几种能力将数据以多元化形式在业务协同平台中展示,作为数据与应用的中间桥梁工具。依据九大应用场景划分为十大业务板块,借助运维一体化管控平台所提供的业务集成与管理等通用能力,实现对跨海集群设施各种不同的运维业务进行业务流整合,用户可以方便地获取和使用高集成度的业务功能。

业务应用层,接入日常养护、健康监测、综合运输、安全应急、行政执法等业务数据进行分析应用。为各业务场景开发各业务系统,借助运维一体化管控平台提供的交互集成能力,为该项目提供完整统一的人机交互能力,从而大大提高该项目的可展示度和功能的可操作性。

用户交互层,通过大屏、计算机端与移动端等多种互动渠道构建面向各业务领域的数据展示窗口，主要反映重点业务场景，公众或管理层关心的业务场景，为管理层提供核心数据价值，实现业务需求的快速响应。

在上述七层之外，运维一体化管控平台为整个跨海集群设施智能运维提供全面的安全防护以及任务管理调度等功能，保障各业务系统的安全有序运行。标准体系将贯穿项目建设到结束的全过程，保证项目实施的标准化。总体技术架构图如图 2.4-1 所示。

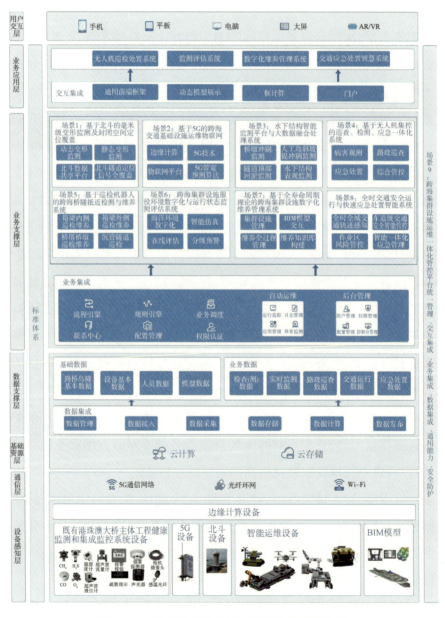

图 2.4-1　数字港珠澳大桥工程总体技术架构图

## 2.5 总体方案

"数字港珠澳大桥工程建设"是落实交通运输领域新型基础设施建设的具体体现,根据跨海集群工程新型基础设施建设各分项工程的特点,项目实施总体分为三个阶段。

第一阶段为支撑平台建设,该阶段的重点是各业务子系统和平台所依赖的基础设施和运行环境的建设,目标是为业务子系统构建一个完整的基础设施体系。

第二阶段为系统及能力建设,该阶段的重点是监测、检测、运营管理等各个子系统的系统研发和业务构建,目标是构建边界清晰、业务明确、功能完善的业务系统,满足数字港珠澳大桥运维需要;同时完成运维一体化管控平台数据集成、业务集成、交互集成的主要研发工作,提供数据互联业务协同的平台化支撑能力。

第三阶段为联调联试,该阶段主要开展各业务系统与平台的对接,以及相关的调试、调整、优化等工作,最终构建成边界清晰、业务完整、性能先进的一体化数字港珠澳大桥。

为了高质量完成新基建工程,由港珠澳大桥管理局牵头,集合科研院所及高校等优质资源,协调各部门通力配合,全力均衡推进工程建设组织管理工作。具体的工程建设组织流程如图 2.5-1 所示。

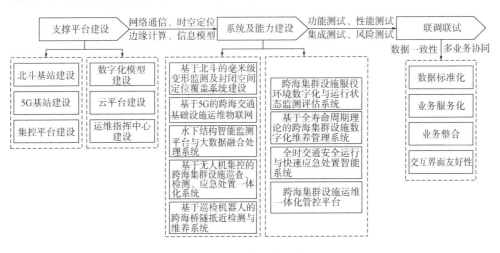

图 2.5-1 工程建设组织流程图

## 2.6 本章小结

在跨海集群工程新型基础设施运维方面,以先进技术、先进装备赋能跨海集群工程运维全过程,推动跨海集群设施运维工作的自动化、数字化、智能化;有效提升跨海集群设施运维工作质量、保障运营安全、延长服役寿命、提高运维效率和降低运维成本。

通过智能化维养技术装备制造、智联平台下设施状态及特殊交通环境的应急处置技术体系的集成,显著提高交通基础设施运营管理效率,减少跨海集群工程在设施状态保持方面的人力成本和管理资源投入,具有显著的经济效益。

数字港珠澳大桥的建设经验为交通新基建提供示范引领作用。所取得的科技成果不仅能为粤港澳大湾区建设发挥重要作用,而且辐射全国、影响世界,形成可推广的具备自主知识产权的重大交通基础设施智能化运维技术。首次将大数据智联平台及人工智能技术应用于传统交通基础设施运维之中,在实现学科交叉融合、行业优势互补的同时,培养和锻炼一支引领重大交通基础设施智能化运维的科技人才队伍,大幅提升我国交通基础设施运维水平。催生交通基础设施智能运维新业态,带动上下游产业发展。形成国际标准,强化对外输出,提高国际影响力。

# CHAPTER 3 | 第 3 章

## 新基建标准体系

## 3.1 概述

在交通基础设施领域的信息化、智能化变革中,健康监测系统、交通监管系统、应急指挥系统、资产管理系统等各类交通基础设施领域信息化系统平台的建设和应用愈发广泛。为了不同系统平台间信息交换共享,克服交通行业数据集成程度低、"信息孤岛"多、信息利用效率不高、数据流通困难等诸多问题,有序发展交通基础设施智能化运维,亟须制定统一的数据标准。

在人工智能赋能的大数据时代,数据是交通基础设施智能化运维的核心资产。跨海通道智能运维数据可分为四大类,包括跨海桥梁、沉管隧道、人工岛、交通工程设施等基础设施类信息要素;结构健康监测、养护维修、交通管控、应急管理、资产管理等运维业务类信息要素;无人机、无人艇、水下机器人、巡检机器人、爬壁机器人等智能化支撑类信息要素;桥岛隧基础设施、运行车辆、运维物资等实物对象的信息模型类信息要素。

数据标准体系以跨海桥梁、沉管隧道、人工岛等交通基础设施运维的数据互联及业务协同为目标,通过制定系列数据和相关技术标准,对上述多源、多维、异构信息要素进行科学化、标准化及模块化组织,注重无人机、无人艇、机器人、北斗及新一代无线通信等智能装备与技术在跨海交通基础设施维养领域的集成应用,解决桥岛隧交通基础设施及其运行状态的数字化映射和数据互联问题,为数字孪生和大数据驱动奠定基础,最终实现运维业务的高效协同与智能化。

### 3.1.1 数据标准体系制定的目标

编制桥岛隧智能运维数据标准体系的目标是为跨海集群运维业务数字化提供技术、流程及数据等的标准化支撑,奠定智能运维基础,提高相关标准制修订工作的计划性和有序性,减少标准之间的重复、矛盾,促进标准之间的协调、配套,保证标准组成全面、科学、合理,最终目标是提高跨海集群基础设施智能化运维水平,实现跨海集群运维全过程所涉及的对象和业务信息的标准化,保障全链条数据完整性、一致性,解决数据关联、流通与共享问题;实现静态数据与动态数据的标准化融合,为业务协同互联与可视化奠定基础,为设施服役性能演变过程预测及智能运维辅助决策等提供基础数据支撑;促进无人机、无人艇、机器人、北斗及新一代无线通信等智能装备与技术在跨海集群运维领域的集成应用,为跨海集群数字孪生的演进发展提前做好标准化布局。

### 3.1.2 数据标准体系遵循的原则

编制桥岛隧智能运维数据标准体系,在遵循《标准体系构建原则和要求》(GB/T 13016—2018)的基础上,还应遵循系统完整、兼容协调和先进实用的原则。为实现系统完整,应面向跨海集群智能运维,在基础设施对象、运维业务、智能化技术、信息模型技术等方面系统开展数据标准化工作,形成完整覆盖智能运维业务和技术的数据标准体系;基于兼容协调原则,需实现与国内外行业已有的监测、检测、运营、维护等相关技术规范对接融合,使各项标准与现行国家标准、行业标准兼容协调,保持一致性和符合性;以先进实用原则为基础,应在考虑目前的技术水平和行业现状的基础上,对未来的发展有所预见,积极推动智能装备与技术的标准化,使桥岛隧智能运维数据标准体系能适应数字化、智能化运维技术的发展,并与国际标准接轨。

### 3.1.3 数据标准体系建设方法

我国已制定了交通行业信息标准化的有关国家标准,交通运输部也提出了交通运输行业标准化建设的有关要求,这是新基建数据标准体系的主要依据。为达到标准体系制定目标,坚持制定原则,遵循标准制修订程序,既把握整个标准体系的有效性,又确保各个标准制定的质量。首先以交通基础设施智能化运维技术架构为基础,建立标准体系模型,明确标准体系的目标、边界、范围、结构关系及标准化发展规划。其次应确立新基建标准体系的主要结构与组成以及每个构成部分的具体标准,并制定相关标准的制定计划,协调各个相关标准的制定小组工作。最后是在每个具体标准制定工作过程中,加强标准化工作的规范化,按照标准制定一般流程开展标准制定工作。

## 3.2 标准体系参考模型

标准体系的参考模型包括技术参考模型和标准参考模型两部分。技术参考模型给出了桥岛隧全生命周期智能运维技术体系的基本组成、结构层次及各部分之间的逻辑关系等,标准参考模型给出了标准体系的标准模块划分与各模块之间的层次关系。

### 3.2.1 技术参考模型

技术参考模型依据智能运维系统的分层设计原则,分为基础设施、运维业务、智能化支撑、信息模型等组成部分,各组成部分的结构层次及逻辑关系如图 3.2-1 所示。

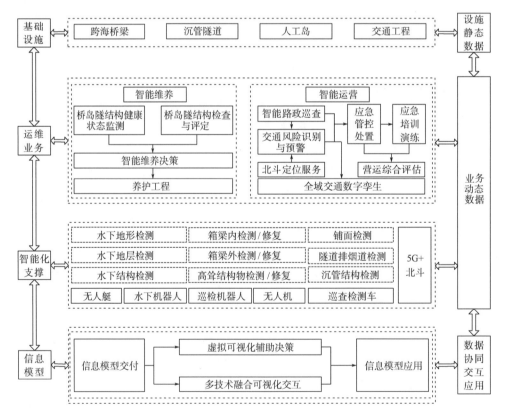

图 3.2-1 技术参考模型

## 3.2.2 标准参考模型

为了保障技术参考模型中各个部分工作的过程与结果的准确性、一致性,对其各部分的对象、过程或结果等进行相应的标准化,构建了标准参考模型,如图3.2-2所示。其中建设指南作为标准体系的总领部分,确立了标准体系结构、各项标准内容以及标准体系管理与维护要求;标准参考模型各模块内容完整覆盖了技术参考模型各层次,其内容范围如下:

图 3.2-2　标准参考模型

(1)通用基础类:对数据标准的通用基础内容提出规范要求,包括数据组织表达和分类编码等。

(2)交通基础设施结构类:对设施结构层级分解及各层级属性描述与组织等提出标准化要求,形成交通基础设施对象静态信息标准化数据集。

(3)维养业务类:对桥岛隧结构健康监测、结构检测与评估、维养决策、养护工程等环节的业务流程、全链条数据提出标准化要求,对结构评估、智能决策等新型技术方法进行规范。

(4)运营业务类:对路政巡查、交通监测与预警、运维应急、运维评估等环节的业务流程、全链条数据提出标准化要求,对交通监测预警、应急处置、运维评估等新型技术方法进行规范。

（5）智能化支撑类：对支撑跨海集群运维的智能化装备的作业流程及全链条数据提出标准化要求，对其功能性能、检验校准、技术方法等进行规范。

（6）信息模型类：对桥岛隧设施结构静态数据、运维业务动态数据、智能装备实体及作业数据提出信息模型构建规范要求，规定信息模型交付流程与交付结果；对信息模型在结构监测、结构检查、养护维修、运维应急等各类场景中交互应用数据输入输出和模型信息深度提出要求，为交通基础设施运维数字孪生提供数据展示和数据应用标准化技术支撑。

## 3.3 标准体系结构与组成

### 3.3.1 结构层级

基于标准体系参考模型，根据标准适用范围和边界，提取共性标准置于上层，将桥岛隧全生命周期智能运维数据标准体系分为三个层级。第一层为建设指南，明确标准体系定位，规定标准体系构建原则、体系结构、各项标准内容范围、标准编制和管理维护的总体要求；第二层为标准类别，按照专业门类、数据静动态属性等标准化活动性质不同，分为通用基础、交通基础设施结构、维养业务、运营业务、智能化支撑、信息模型等六个类别；第三层为具体各项标准，按照标准化的对象类别、内容范畴、技术特点等明确各项标准的适用范围和边界，确立标准名称、规范性要素的构成及其技术内容的选取。

### 3.3.2 标准构成

通用基础类标准规定了数据表达组织所遵循的共性要求，包括数据表达通用标准、桥岛隧工程信息分类和编码标准等，其他5类标准应在执行上述标准规定要求的基础上开展标准化工作。

交通基础设施结构类标准规范了跨海集群结构对象的分解及相应的静态属性，是数字化工程的基础，包括结构共用要素、桥梁结构、沉管隧道结构、人工岛结构、交通工程设施结构、交通土建工程材料等信息标准化描述与组织要求。

维养业务类标准按设施类型、业务类型等进行划分,包括结构健康监测、桥梁检测、沉管隧道检测、人工岛检测、桥梁评定、沉管隧道评定、人工岛评定、维养决策、桥梁养护工程、沉管隧道养护工程、人工岛养护工程等标准,规定监测、检测、评定、决策、养护等维养业务的技术方法、技术要求及相关数据的标准化。

运营业务类标准按业务类别和技术方法进行划分,包括面向公路数字化的智能巡查、交通行为风险分类分级与智能识别、基于雷达组群的道路全域交通数字孪生及风险预警、基于多元传感器的长封闭隧道内定位服务、基于人机协同的运维应急技术、安全营运数据汇聚与运维作业评价等标准,规定交通监测、风险识别、定位服务、运维应急、运维评价等运营业务的技术方法、技术要求及相关数据的标准化。

智能化支撑类标准按智能装备类型及技术能力进行划分,包括无人艇水下综合检测与后处理、基于水下机器人系统的水下结构检测与后处理、基于无人平台的桥梁钢结构外表面病害检测评估与维养、基于巡检机器人的钢箱梁内表面典型病害检测评估与维养、基于无人平台的桥梁混凝土结构表观病害检测评估与维养、基于巡检机器人的沉管隧道内典型病害检测评估与维养、基于北斗的结构变位监测、基于声学原理的铺面健康状况自动化巡检评估等标准,规定智能装备功能和性能、技术方法、作业过程及相关数据的标准化。

信息模型类标准按建模交付和模型应用两个阶段,划分为信息模型交付和信息模型应用等两项标准,对桥岛隧信息模型的标准化构建技术方法、交付内容、验收流程,以及对各类运维场景下各环节过程可视化交互的模型信息深度、数据流程等进行规定。

桥岛隧全生命周期智能运维数据标准体系结构如图 3.3-1 所示。

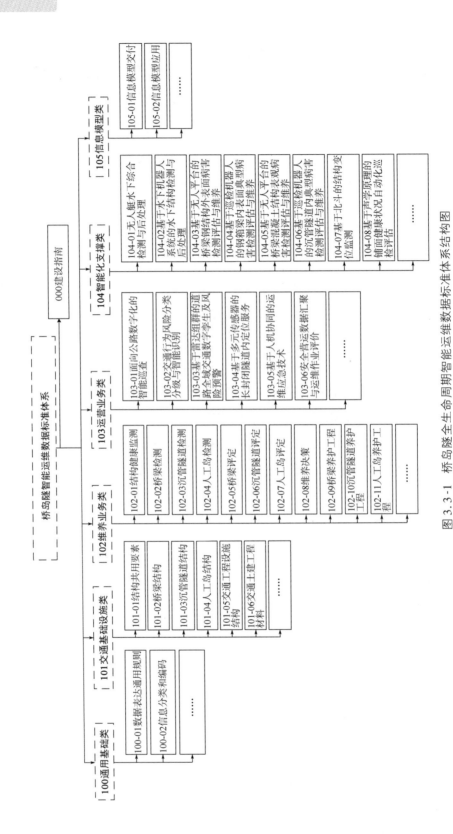

图 3.3-1 桥岛隧全生命周期智能运维数据标准体系结构图

## 3.4 标准体系涵盖内容

### 3.4.1 通用基础类

通用基础类标准规定桥岛隧全生命周期数据的表达与组织方法,为桥岛隧全生命周期智能运维数据标准体系下所涵盖的交通基础设施结构类、维养业务类、运营业务类以及智能化支撑类等数据的组织、表达与管理提供基础;提出桥梁、隧道、人工岛以及交通工程设施经层次分解后的各类结构对象以及对应工程属性的分类、编码规则、编码应用等要求,为桥岛隧全生命周期智能运维平台的业务与数据的互联互通提供支撑。

(1)数据表达通用标准

数据表达通用标准对交通基础设施全生命周期智能运维所涉及数据的通用结构化表达及组织方式等进行规定,包括桥岛隧全生命周期智能运维信息分解与标准化组织方式、元数据的分类与设计规则、数据元所包含的内容及要求等,以及表达元数据关系的元数据模型等。数据元示例如表 3.4-1 所示。

数据元示例    表 3.4-1

| 属性 | 内容 |
| --- | --- |
| 中文名称 | 桥梁结构类型 |
| 英文名称 | structureType |
| 数据类型 | 枚举型 |
| 表示格式 | n1 |
| 计量单位 | — |
| 约束条件 | M |
| 值域 | 1 梁式桥<br>2 拱式桥<br>3 斜拉桥<br>4 悬索桥<br>5 组合体系桥 |
| 定义 | 按结构体系进行划分的桥梁的类型 |
| 备注 | 例如:1 表示桥梁的结构类型为梁式桥 |

数据表达通用标准是整个数据标准体系数据质量控制的准则、数据模型设计以及信息系统设计的参考依据。本标准为统一桥岛隧智能运维数据标准的基础数据描述，对元数据模型、元数据、数据元等描述进行规范，为桥岛隧智能运维数据交换与共享奠定了基础，为桥岛隧智能运维数据标准体系建设提供数据表达通用规范支撑。桥岛隧智能运维元数据模型示意如图3.4-1所示。

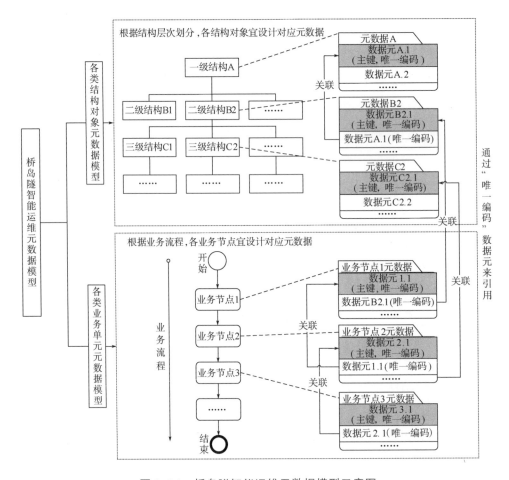

图3.4-1 桥岛隧智能运维元数据模型示意图

（2）信息分类和编码标准

信息分类和编码标准基于混合分类法对桥岛隧工程信息按结构及其层级分解、材料、标识、位置、类型、作用及参数指标属性等进行分类，对分类对象的编码结构、编码规则及编码应用进行规定，确定桥岛隧工程信息分类和编码表，为实现桥岛隧工程全生命周期运维信息数据建库的一致性、易维护性，解决数据交换和共享提供基础标准支撑。

编码结构包括表代码、一级类目代码、二级类目代码、三级类目代码、四级类目代码和五级类目代码,各级代码应用 2 位阿拉伯数字表示,编码基本组成结构应符合图 3.4-2 要求,具体编码示例如表 3.4-2 所示。

表代码 - 一级类目代码 . 二级类目代码 . 三级类目代码 . 四级类目代码 . 五级类目代码

图 3.4-2　编码结构

编码示例　　　　　　　　　　　　　表 3.4-2

| 编码 | 一级类目 | 二级类目 | 三级类目 | 四级类目 | 五级类目 |
| --- | --- | --- | --- | --- | --- |
| 81-01.00.00.00.00 | 桥梁 | | | | |
| 81-01.01.00.00.00 | | 上部结构 | | | |
| 81-01.01.01.00.00 | | | 主梁 | | |
| 81-01.01.01.01.00 | | | | 主梁梁体 | |
| 81-01.01.01.01.01 | | | | | 顶板 |
| 81-01.01.01.01.02 | | | | | 底板 |
| 81-02.00.00.00.00 | 隧道 | | | | |

### 3.4.2　交通基础设施结构类

交通基础设施结构类标准对桥梁、人工岛、沉管隧道及交通工程设施进行结构层级划分,对划分后的实体对象的标识、位置、几何、类型、材料、作用、参数指标及质量检验等属性进行描述,对实体对象间关系表达的规则与模型进行规定。交通基础设施结构类标准为运维业务类、智能化支撑类及信息模型类标准提供基础数据支撑。

(1)结构共用要素标准

结构共用要素标准对跨海桥梁、人工岛、沉管隧道及沿线交通工程等基础设施全生命周期运维涉及的同类型的信息要素内容进行整理归类,如行政识别、技术指标与参数、水文及气象等信息,并规定这些信息的统一组织和表达要求。

(2)桥梁结构数据标准

桥梁结构数据标准根据桥梁结构形式、施工工艺、受力特点、精细化养护需求等对桥梁结构层级进行划分,对划分后的各结构对象所涉及的标识、位置、几何、类型、材料、作用、参数指标及质量检验等属性进行描述,并采用元数据模型对结构对象间关系表达的规则进行定义。

本标准以港珠澳大桥的桥梁工程为背景,以全生命周期运营理念为指导,立足于桥梁智能运维的实际需求,以国家现行有关标准为依据,遵循保证性、稳定性、发展性和均衡性原则,对桥梁结构单元按上部结构、下部结构、桥面系、附属设施进行层次化解析到零件级,根据各层次解析单元的设计、施工、竣工等结构全生命周期信息内容提炼属性字段,并规定统一的数据组织和表达方式,形成桥梁结构数据标准(图 3.4-3)。可为其他类型桥梁结构数据标准化提供参考。

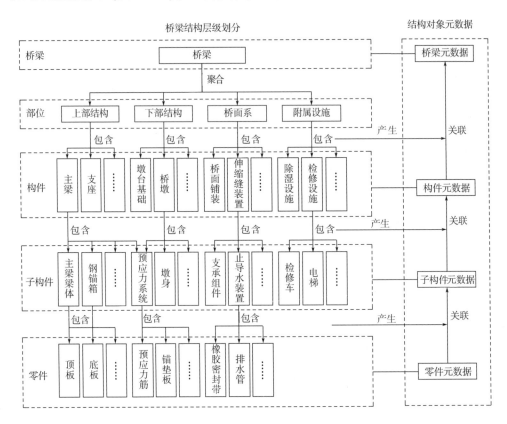

图 3.4-3　桥梁结构元数据模型

(3) 沉管隧道结构数据标准

沉管隧道结构数据标准根据沉管隧道的结构特点、施工工艺、精细化养护需求等对沉管隧道结构层级和机电设施层级进行划分,对划分后的各结构对象所涉及的标识、位置、几何、类型、材料、作用、参数指标及质量检验等属性进行描述,并采用元数据模型对结构对象间关系表达的规则进行定义(图 3.4-4)。

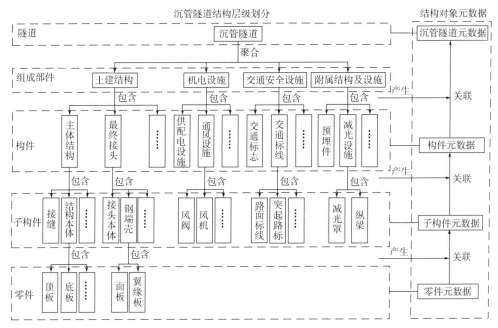

图 3.4-4 隧道结构元数据模型

(4) 人工岛结构数据标准

人工岛结构数据标准根据人工岛的结构组成、施工工艺、精细化养护需求等对人工岛结构层级进行划分,对划分后的各结构对象所涉及的标识、位置、几何、类型、材料、作用等参数指标及质量检验等属性进行描述,并采用元数据模型对结构对象间关系表达的规则进行定义(图 3.4-5)。

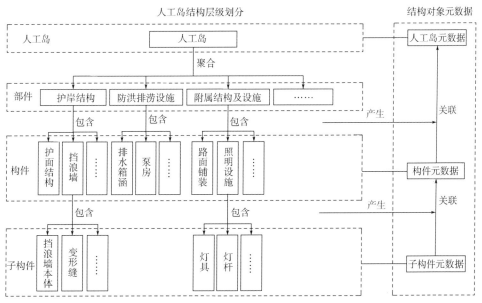

图 3.4-5 人工岛结构元数据模型

(5)交通工程设施结构数据标准

交通工程设施结构数据标准根据交通工程及沿线设施的结构特点、养护及应急救援需求等对交通工程设施结构层级进行划分,对划分后的各结构对象所涉及的标识、位置、几何、类型、材料、作用等参数指标及质量检验等属性进行描述,并采用元数据模型对结构对象间关系表达的规则进行定义(图3.4-6)。

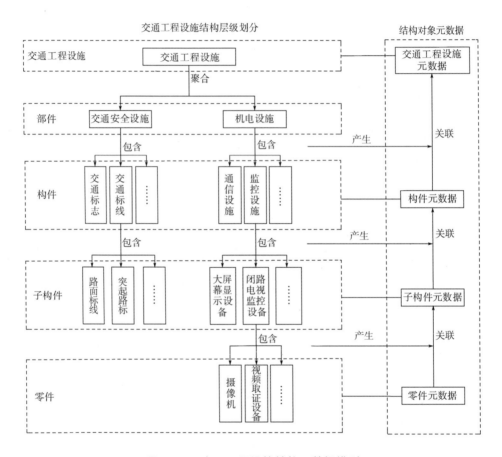

图3.4-6 交通工程设施结构元数据模型

(6)交通土建工程材料数据标准

交通土建工程材料数据标准对跨海桥梁、人工岛、沉管隧道及交通工程设施结构常用的材料类型和材料种类,以及结构材料的性能等级、弹性模量、强度设计值等特征属性的描述方式进行规定,并采用元数据模型对结构材料与结构对象间关系表达的规则进行定义(图3.4-7)。

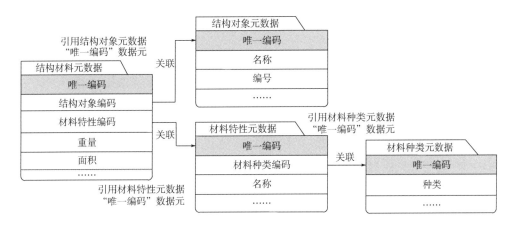

图 3.4-7 交通土建工程材料元数据模型

## 3.4.3 维养业务类

维养业务类标准针对桥岛隧设施维养业务涉及的结构监测、检测、评估、维养决策、养护等业务,综合考虑智能化装备及技术的集成应用,规范桥岛隧维养作业流程和相应技术方法,形成标准化的维养类业务数据集,以打通维养业务数据链路。

(1)结构健康监测数据标准

结构健康监测数据标准对桥岛隧结构监测指标、设备性能、数据采集与传输控制、数据分析处理方法、预警规则等进行规定,对结构健康监测所涉及的方案类、控制类、结果类等全流程数据规定统一的组织和表达方式。

(2)桥梁检测数据标准

桥梁检测数据标准对桥梁的检测业务按初始检查、经常检查、定期检查和特殊检查进行分类,规定各类检查内容、频率要求、检测方法、检测仪器设备及流程要求,并对检测过程和结果的数据内容以及格式进行规定。

(3)沉管隧道检测数据标准

沉管隧道检测数据标准对沉管隧道土建结构及机电设施的检测业务按初始检查、经常检查、定期检查、特殊检查进行分类,规定各类检查内容、频率要求、检测方法、检测仪器设备及流程要求,并对检测过程和结果的数据内容以及格式进行规定。

(4)人工岛检测数据标准

人工岛检测数据标准对人工岛的检测业务按初始检查、经常检查、定期检查、特殊检查进行分类,规定各类检查内容、频率要求、检测方法、检测仪器设备及流程要求,并对检测过程和结果的数据内容以及格式进行规定。

(5)桥梁评定数据标准

桥梁评定数据标准基于结构健康监测和检测采集的桥梁服役性能状态数据,并融合了仿真计算数据,对桥梁按技术状况、耐久性、适应性进行评定,规定评定的内容、方法、流程,评定各环节数据输入、输出以及评定指标结果数据的内容与格式要求。

(6)沉管隧道评定数据标准

沉管隧道评定数据标准对沉管隧道基于结构健康监测和检测采集的服役性能状态数据,对沉管隧道按技术状况、耐久性、适应性进行评定,规定评定的内容、方法、流程,对评定各环节数据输入、输出及评定指标结果数据的内容及格式要求进行规定。

(7)人工岛评定数据标准

人工岛评定数据标准基于结构健康监测和检测过程中采集的人工岛服役性能状态数据,对人工岛按技术状况、耐久性、适应性进行评定,规定评定的内容、方法、流程,对评定各环节数据输入、输出及评定指标结果数据的内容及格式要求进行规定。

(8)维养决策数据标准

维养决策数据标准规定以结构健康监测、检测、评定等业务数据为驱动的维养决策技术要求,遵循全生命周期综合效益最佳的理念,综合考虑安全、经济、环保、技术等因素,对桥岛隧结构服役状态和维养计划方案的综合评估方法、性能预测与维养决策的技术方法和决策流程、数据的输入输出内容及格式进行规定。

(9)桥梁养护工程数据标准

桥梁养护工程数据标准规定桥梁预防养护、修复养护、专项养护、应急养护等各类别养护工程的内容和实施流程,规定养护工程计划编制、工程设计、工程施工、工程验收等节点环节的交通组织、施工质量和安全管理要求,并对养护工程全链条数据流程和数据组织表达进行规定。

(10)沉管隧道养护工程数据标准

沉管隧道养护工程数据标准规定沉管隧道预防养护、修复养护、专项养护、应急养护等各类别养护工程的内容和实施流程,规定养护工程计划编制、工程设计、工程施工、工程验收等节点环节的交通组织、施工质量和安全管理要求,并对养护工程全链条数据流程和数据组织表达进行规定。

(11)人工岛养护工程数据标准

人工岛养护工程数据标准规定人工岛预防养护、修复养护、专项养护、应急养护等各类别养护工程的内容和实施流程,规定养护工程计划编制、工程设计、工程施工、工程验收等节点环节的交通组织、施工质量和安全管理要求,并对养护工程全链条数据流程和数据组织表达进行规定。

### 3.4.4 运营业务类

运营业务类标准针对运营业务的交通运行风险管控和应急智能化、标准化需求,从营运风险全过程、全链条管控角度确立了面向公路数字化的智能巡查、交通行为风险智能识别与预测、基于雷达的全域交通数字孪生及风险预警和监控、基于北斗的长封闭隧道内定位服务系统等标准;在应急智能化方面确立了基于人机协同的运维应急技术标准;在运营业务综合评价方面,确认了运维作业数据汇聚与评价要求标准。通过梳理提炼各类运营业务流程环节和全链条数据,形成运营业务数据统一组织和表达。

(1)面向公路数字化的智能巡查

面向跨海桥岛隧公路基础设施数字化的智能巡查的需求,提出了跨海桥岛隧公路基础设施数字化的智能巡查的基本要求,并规定了巡查任务与内容、巡查方法与装备、巡查结果数字化与应用等方面的技术要求。

(2)交通行为风险分类分级与智能识别

交通行为风险分类分级与智能识别数据标准从个体运行车辆角度出发,提出基于车辆轨迹数据的交通行为风险识别与等级划分要求,明确车辆异常交通行为的识别与预警技术指标,对风险智能识别预警工作流程、动态识别内容与方法,以及相关数据内容与格式等进行规定。

(3)基于雷达组群的道路全域交通数字孪生及风险预警

基于雷达组群的道路全域交通数字孪生及风险预警数据标准对雷达设备的功能和性能、安装布设、数据采集、全域拼接、全时监控、风险预警技术方法及相关数据标准化提出要求,规定全域交通数字孪生模型构建技术方法与要求。

(4)基于多元传感器的长封闭隧道内定位服务

基于多元传感器的长封闭隧道内定位服务数据标准提供北斗定位和其他技术相融合的长封闭隧道内定位技术方法,规定相关软硬件功能和性能参数要求、安装部署要求,以及业务流程、业务数据内容及数据格式要求。

(5)基于人机协同的运维应急技术

基于人机协同的运维应急技术数据标准针对运维应急所涉及的全灾种风险与各类突发事件,规定基于人机协同的事故情景构建、应急演练全景仿真、事件处置平行推演、沉浸式培训等信息化技术要求及相关技术方法,规定业务流程各环节协同交互要求,以及全链条数据标准化要求。

(6)安全营运数据汇聚与运维作业评价

安全营运数据汇聚与运维作业评价数据标准规定涵盖营运业务相关动态、静态数据采集、归类、标注的技术方法,规定基于营运数据的公路运维作业评价体系,明确相应的评价指标、评价流程、评价方法等要求,并对评价过程所需的数据内容、数据分析处理进行规定。

### 3.4.5 智能化支撑类

智能化支撑类标准以智能装备取代人工操作,在信息采集、维养作业等方面为交通基础设施运维提供智能化技术支撑,主要内容包括无人机、无人艇、水下机器人、爬壁机器人等无人平台的功能性能技术指标、作业规程、信息从采集处理到成果提交的全链条数据组织表达的标准化。

(1)无人艇水下综合检测与后处理

无人艇水下综合检测与后处理数据标准规定无人艇集控多波束测深系统、浅地层剖面仪、侧扫声呐、水下机器人等设备进行综合作业的技术要求和作业流程;规定检测数据采集与记录、后处理等环节的数据内容和格式要求,以及多源数据融合及可视化处理流程与要求。

(2)基于水下机器人系统的水下结构检测与后处理

基于水下机器人系统的水下结构检测与后处理数据标准规定水下机器人平台进行水下结构物及其周边水沙环境抵近检测的技术要求和作业流程;规定所搭载光学和声学传感器的操作程序,以及检测数据采集记录、融合后处理等环节的数据内容和格式要求。

(3)基于无人平台的桥梁钢结构外表面病害检测评估与维养

基于无人平台的桥梁钢结构外表面病害检测评估与维养数据标准,首先对钢结构外表面服役状态检测维养机器人及巡检无人机的装备指标、作业规程、状态评估、病害修复等提出技术要求;然后,对搭载高清图像传感器、高光谱仪、X射线衍射仪等设备的磁吸附巡检机器人装备构成、技术指标要求、巡检路线、数据采集及传输精度、巡检数据等提出技术标准及规范,对基于机器视觉及深度学习技术的外表面涂层病害识别算法、软件相关数据标准提出技术标准及规范,对基于专家经验及层次分析法模型的外表面服役状态检测评估模型优化、评价规则、维养建议等提出技术标准及规范;最后对任务准备、执行、后处理等检测、维养作业全过程所涉及的数据内容和格式进行规定。

(4)基于巡检机器人的钢箱梁内表面典型病害检测评估与维养

基于巡检机器人的钢箱梁内表面典型病害检测评估与维养数据标准规定钢箱梁内检测机器人的装备性能、作业流程,规定典型病害识别、评估等技术方法和要求,针对检测出的病害明确维养建议策略,并对任务准备、执行、后处理等检测作业全过程所涉及的数据内容和格式进行规定。

(5)基于无人平台的桥梁混凝土结构表观病害检测评估与维养

基于无人平台的桥梁混凝土结构表观病害检测评估与维养数据标准规定巡检无人机及混凝土表面检测维养机器人的装备性能、作业流程,规定典型病害识别、评估与修复等技术方法和要求,并对任务准备、执行、后处理等检测、维养作业全过程所涉及的数据内容和格式进行规定。

(6)基于巡检机器人的沉管隧道内典型病害检测评估与维养

基于巡检机器人的沉管隧道内典型病害检测评估与维养数据标准规定沉管隧道内巡检机器人的装备性能、作业流程,规定典型病害识别、评估等技术方法和要求,针对检测出的病害明确维养建议策略,并对任务准备、执行、后处理等检测作业全过程所涉及的数据内容和格式进行规定。

（7）基于北斗的结构变位监测

基于北斗的结构变位监测数据标准规定北斗高精度监测接收机的性能参数、测点布置、安装测试、测点周围的定位基准站和5G基准站的运行服务能力等要求；对定位解算涉及的卫星轨道、卫星钟、对流层、电离等数据指标，以及解算的方法、速度、精度等进行规定，并对结构变位监测系统运行的全链条数据提出标准化要求。

（8）基于声学原理的铺面健康状况自动化巡检评估

基于声学原理的铺面健康状况自动化巡检评估数据标准规定利用行车舒适度指标评价铺面健康状况的方法，规定用于铺面自动化巡检的设备适用范围和性能参数要求、铺面巡检的作业要求，以及数据采集分析、成果提交的技术标准和要求。

### 3.4.6 信息模型类

信息模型类标准是基于信息模型技术将桥岛隧设施结构静态数据和运维业务动态数据进行融合应用，从桥岛隧跨海工程信息模型的扩展、分享与交付等方面出发，对业务运维数据信息的应用和共享作出规定，包括交付内容、交付形式、交付方案制定、模型精度、信息深度、模型应用方法、应用场景等方面的要求，同时对智能化支撑装备作业及各类运维业务数据的协同互联和交互可视化应用进行规定。

（1）信息模型交付标准

信息模型交付数据标准对模型交付过程中的命名规则、建模要求、交付内容、交付形式等进行详细规定，指导各专业的模型交付，使不同参与单位对于模型的要求和内容保持一致；同时，对协同平台的业务与功能提出要求，实现整个模型交付的规范化、标准化，保证全生命期信息有效传递到运维阶段，更好地服务于工程的运维管理。

（2）信息模型应用标准

信息模型应用数据标准面向多场景信息模型数据协同互联、交互可视化应用，对信息模型体系与模型架构进行规定，对运维业务场景和业务流程进行梳理,对运维业务流转过程中各个环节的数据协同互联方式与内容、信息模型的使用与拓展、典型应用场景及模型应用提出要求,实现提高模型与维养数据的共享利用,更好地服务于智能维养。

## 3.5 本章小结

桥岛隧智能运维数据标准体系建设是一项规模庞大、技术含量高、结构复杂、功能强大、涉及面广的大型动态系统工程,它是跨海集群工程新型基础设施数字化与智能化建设的前提和基础保障。随着桥岛隧智能运维数据标准整体框架和内容的确立,将使跨海集群工程基础设施数字化与智能化结构更加合理,既适应跨海集群基础设施数字化与智能化近期发展的需要,又能为长远发展提供必要的超前性的数据标准,同时又能指导交通行业各专业系统数字化与智能化标准的编制和修订,明确跨海集群基础设施数字化与智能化标准建设的发展方向,为交通行业各信息网络的整体开发和信息资源共享提供基础性前提保障。

# CHAPTER 4 | 第 4 章

## 信息模型构建

## 4.1 建设概述

"信息模型"作为项目全生命周期信息管理的先进数字化智能手段,具有可视化、协同、共享、可调等显著优点,能够高效管理全生命周期范围内的静、动态业务数据,为工程领域的数字化战略提供技术支撑。同时,运维技术人员可通过信息模型的数字化反应完成决策分析,达到跨海集群管养数字化与智能化的目的,为跨海集群运维技术开辟了全新道路。近年来,我国建筑业发展迅速。为推动建筑工业化和信息技术的融合,我国住房和城乡建设部将BIM(Building Information Modeling,建筑信息模型)技术纳入国家"十二五""十三五""十四五"规划中,相继发布了《建筑信息模型应用统一标准》(GB/T 51212—2016)、《建筑信息模型施工应用标准》(GB/T 51235—2017)、《建筑信息模型设计交付标准》(GB/T 51301—2018)等一系列BIM国家标准。之后,国务院于2019年印发的《交通强国建设纲要》强调了大力发展智慧交通、推进精细管理、提高养护信息水平的重要性;2020年以来,国务院常务会议、中央政治局会议多次强调了新型基础设施建设发展的重要意义。当前,信息化技术已成为行业数字化转型的关键驱动力,其具备的战略意义也逐渐被国家所重视,这极大推进了BIM技术在交通工程领域的应用活力,加快了BIM、大数据等新兴技术的集成和应用,一定程度上解决了传统交通行业数据共享困难和信息传递断层等问题。因此,信息模型的应用促进了交通基础设施全产业链的变革,也为跨海集群工程建设全生命周期的信息化管理带来了可能,是交通行业发展的必然趋势。

目前,交通工程基础设施的种类、数量、长度、结构形式都已经达到前所未有的程度,且随着设计理念与施工技术的不断积累与更迭,设施结构运维管养问题也愈加突出。信息模型能否成功作为交通工程基础设施的数字映射并成功在运维阶段得到使用,取决于信息模型构建的准确程度与模型标准化交付与应用技术。众所周知,工程建设所涉及的专业领域相当广泛,包含的数据往往也呈现出大体量、低关联、多源异构等特性。因此,将交通工程基础设施结构静态数据和运维业务动态数据进行融合应用,是信息模型搭建及投入使用的关键一环。

随着国家数字化政策的引导,交通基础设施领域的信息化、智能化发展逐步壮大,各类资产管理系统、运维管理系统、应急指挥系统等智能化系统逐步应用到基础设施建设与管理中。信息模型作为平台应用的数据基础也迎来了其技术发展的机遇,同时也面临众多要解决的问题。对于运维模型生产方面,目前还没有相应的交付与应用标准可以参考;行业内对大体量、高精度、多场景的运维模型生产与应用的管理方式仍处于探索阶段;不同平台、不同格式、不同标准的模型数据融合等问题还需要深入研究解决。对于运维模型管理方面,跨海集群设施中包括各级构件、子构件、零件等对象,数量众多,且模型精度不同,模型单元数量可达到千万级别,对模型的生产与管理都是极大的考验。对于运维模型应用方面,模型建完之后如何满足养护运维的应用,仍缺少成功的案例与配套的体系标准,用户对模型的应用需求也无法快速锁定,需要在模型交付与应用的过程中渐进明晰,这也导致模型的生产需要不断迭代完善,如何满足各应用场景的需求也成为信息模型构建的技术难点。

为了适应现代化的跨海集群工程设计理念与建设需求,同时实现高效专业的运维管理,提高跨海集群工程运维数据的感知精度与效率,打通维养业务的全流程数据链,充分挖掘数据价值,推动管养向"资产化管理"的方向发展,将信息模型技术应用于跨海集群工程,是迈向"智能运维"的关键一环,可对跨海集群工程的物理特性和功能特性进行数字化表达,实现跨海集群工程信息的集成管理,以及信息的连续、实时应用和协同工作。

## 4.2 技术思路

### 4.2.1 信息模型建立

桥岛隧跨海集群工程涉及专业多,具有模型复杂、空间小、构件数量巨大等特点,通过相关建模软件及参数化技术开展研究,采用 Bentley、Revit API 二次开发及国产图形平台实现跨海集群工程快速建模工具集,提供如桥梁、隧道、人工岛等复杂模型的快速建模和模型检查,可提高模型创建的质量与效率。

1) 建模阶段工作

根据跨海集群工程建设的特点,将信息模型建立分为创建、检查、修改和提交四个阶段。各阶段主要工作为:

(1) 创建模型

在设计图纸基础上,通过手工、族/单元库和自动化三种方式创建工程的BIM模型,同时基于大桥的特点在建模中建立特有的模型大桥信息。

(2) 检查模型

开发相应插件,对创建的模型进行自动检查。检查的内容可包括族/单元及模型的规范性检查、模型干涉分析及修改建议、合理性分析等。

(3) 修改模型

针对检查出的错误,通过手工和插件两种方式,对模型进行修改、优化直至通过检查。

(4) 提交模型

通过以上步骤,得到族库、各类模板、大桥信息模型的各类规范要求、几何模型及属性齐备准确的信息模型,提交至以 Vault Server 为资料管理核心、以分布式 Web 系统为平台的集成系统中进行管理和利用。

2) 建模工具开发

为提供信息模型与其他系统集成的接口模块,实现模型的重复利用及各系统的无缝连接。针对上述四个阶段的划分,可开展相应的工具包开发,包括:

(1) 建模/修改工具包

①创建模型:族/单元库创建;快捷创建(如护栏等);图纸拾取等。

②修改模型:批量、按规则进行模型的修改。

③基于自研插件进行编码工作,以及后期编码维护更新工作,从而进一步提高建模的效率。

(2) 检查工具包

①构件、模型命名检查,构件设计参数检查,标准规范等检查。

②净空、管道/管线干涉及避让等检查。

③初始化信息属性检查。

信息模型构建技术如图 4.2-1 所示。

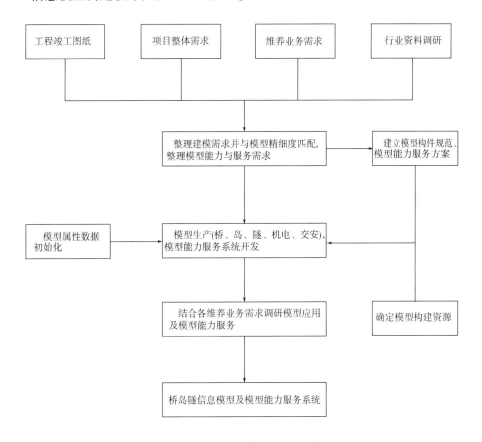

图 4.2-1　信息模型构建技术路线图

## 4.2.2　模型服务平台

目前,大型交通基础设施数字化维养技术研究如火如荼,其核心要义均涉及数据的多源感知方式、异构数据的处理及数据实时共享等技术。数字化维养系统一般由很多能够独立运作的子系统组成,如果这些子系统各自为政,就不能算作一个有机的整体,也无法发挥出最大的作用。因此需要数据平台来支撑各个子系统,根据数据交互标准妥善管理所有的数字化资产,高效提供给应用所需的数据,并且支持不同数字资产之间的信息流通、转换以及应用,结合统一的用户认证和统一的安全保障体系,将所有应用的后台置于受控的统一管理之下。此外,大部分建模平台都会对外开放 VB 开发、C#开发、MDL 开发接口。针对大量重复性工作,如构件编码排序需求,可开发对应的工具插件,通过程序算法解决编码排序问题;如构件数量非常多的焊缝,可利用建模平台开放的接口,开发辅助建模工具,以缩短建模时间。

为了能使创建后的信息模型支撑各业务系统的业务开展,需针对多源异构数据的统一数据接口、三维可视化构件库、多专业跨平台协同等技术进行研究与突破,最终构建能融合多源异构数据、具有"真、准、全"特征的三维可视化运维模型,同时通过搭建模型服务能力平台,使多源异构数据模型能够达到协同处理与应用的目的,为运维一体化平台的业务应用提供数据层面上的基础支撑。因此,为解决跨海集群工程全生命周期运维数据种类多、结构复杂、动态性强而导致数据融合难的问题,实现信息模型在 VR、运行维养、应急保障、资产管理等多应用场景下的可视化交互及综合展示应用,模型服务能力系统技术路线如图 4.2-2 所示。

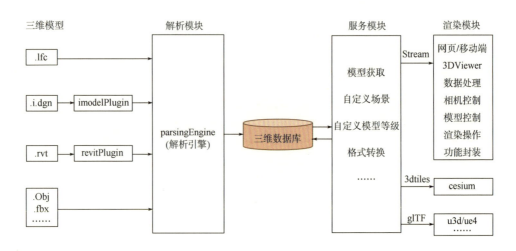

图 4.2-2　模型服务能力系统技术路线图

## 4.3　建模技术

通过矢量导线加轮廓放样,在不损伤模型几何信息的基础上减小模型体量。同时,采用共享单元机制处理三维建模过程中结构类似的构件,推广使用参数化共享单元缩减文件体量。针对模型生产的技术路线与工作流进行不断地改进与调整,在实际生产过程中不断进行需求收集与反馈,针对生产过程中的需求进行定制化开发,采用 VB、C#等软件语言以及 C、C++等高自由度开发语言进行建模插件的开发,通过定制化的插件来赋能生产,可显著提高建模工作的生产效率,同时积累了大量不同业务需求下的插件工具。通过协同平台整合多源异构数据、进行模型的可视化展示并支持数据的维护、导出以及数据接口等数据服务。另外,在平台中可以融合不同的业务场景,例如 VR 应用、运行维养、应急保障、资产管理等,切实做到多部门、多业务、多人员协同开展应用,推进信息模型应用的同时,可为大型交通基础设施的管养赋能,并提高大型交通基础设施在管养方面的效率。

### 4.3.1 模型轻量化技术

目前,模型轻量化主要从删除相关顶点、对面片进行折叠、模型精度等出发,采用深度简化,即将内层模型删除只显示外层模型,这种简化方式将难以查询内部构件信息,不能体现模型信息化的价值。模型轻量化技术可以从几何模型与信息数据两个方面着手,对信息模型体量进行缩减,并将信息数据在各业务平台进行存储与交换,一定程度上减少模型的体量,同时增加了信息数据的流通。模型轻量化路线如图 4.3-1 所示。

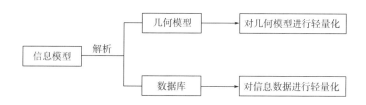

图 4.3-1　模型轻量化路线图

(1) 几何模型简化

对几何体的轻量化表现在对顶点、面等删除操作,减少三角面片,但是减少的三角面片不能影响构件的完整性。如边折叠算法,其核心思路是通过计算每条边进行折叠时所需的代价,并对其进行排序,从代价最小的边开始折叠,直至所有边不能折叠为止,如图 4.3-2 所示。

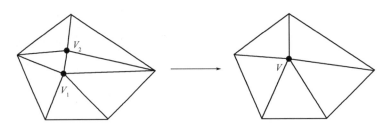

图 4.3-2　边折叠算法

基于以上方法进行简化的程度仍然不能满足要求,还需对模型进行实例化处理,即相同的模型只留一个模型,其他的只留一个镜像,并对几何模型的拓扑结构进行重组,去掉重复点、面等,从而使模型体量进一步减小,如图 4.3-3 所示。

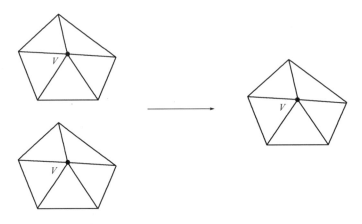

图 4.3-3　模型实例化

此外,在模型构建的过程中,共享单元的数据信息统一存储调用于同一份库文件。可充分发挥建模软件的共享单元机制,处理三维建模过程中结构类似的构件。对大量重复性构件建立构件库,使用共享单元、共享实例的方式来缩减模型体量,供建模工程师集中管理使用。

(2) 信息数据简化

信息数据的轻量化,可采取以下方式:

①数据信息拆解:将信息模型数据根据各应用阶段应用场景的不同进行分解,对信息数据进行分类,减少不同模型的数据量,从而达到数据简化的目的。

②属性数据线上化:将大量数据在各业务平台中进行存储与交付,模型仅搭载少量必要属性,例如编码,通过编码与信息模型进行关联,实现模型数据的

简化。

③数据压缩:根据相关算法对数据库中存储的数据进行压缩,从而减少数据量,只是在读取时需要解压,同时开发高效的解压算法与之配套,为了保护数据的安全,还需进行数据加密等操作。

④清除过程文件:针对信息建模时工程师在模型构建过程中做的辅助元素、修改步骤和删除等操作,在一个单独文件中软件系统不会因为操作者删除了构件就清除构件信息,通常软件会记录操作者的所有过程操作信息。因此建模结束后就需要采取系统压缩工具删除过程记录信息,此时应同时清理参考文件。

### 4.3.2 多源异构数据融合技术

多源异构数据融合旨在数据平台接入各种静态及动态异构数据,实现对所有数据的资产化、加工和管理高效化的目的。数据平台统一处理外部数据接入、数据存储、数据清洗、数据治理、存档备份,同时提供直接数据访问(即针对存储引擎,不含业务逻辑)接口,充分利用统一数据接口来降低不同系统间交互的成本,使得平台的数据共享和能力共享变得更为简单。

模型能力服务平台具备统一的空间数据解析和转换能力、信息模型数据管理和服务能力、多源异构空间数据融合渲染能力,可实现对各类模型文件,包括倾斜摄影、三维点云、二维矢量、卫星影像、全景影像、数字高程模型数据等的解析和转换;可实现各类模型数据的集中存储、统一管理和实时服务;可实现以模型为锚点,叠加各类业务、实时感知数据,并以三维的方式展示。首先,将原始格式解析转换为自定义的三维空间数据格式;之后,将空间几何数据和属性数据存入到数据库,实现对海量数据的存储、修改、更新和索引。随后,基于北斗时空网格技术对三维空间数据进行网格划分,实现高效的空间计算和海量空间数据的按需加载,并在数据发布时对数据进行轻量化处理。提供统一的空间数据服务接口,取代传统的通过文件复制进行数据交换的方式,保证数据的一致性和数据共享的安全性和便利性。支持通过使用三维场景定义功能对多个模型数据进行组装,并打包为一个整体对外提供服务。三维空间数据的具体流转过程如图 4.3-4 所示。

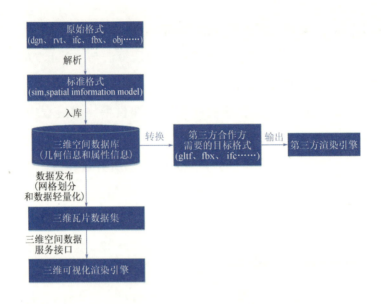

图 4.3-4　三维空间数据流转过程

(1) 多源异构数据的解析与转换

目前国内交通行业信息化仍处于上升期,信息化平台层出不穷、百花齐放,有众多主流信息化平台如 Bentley、AUTODESK、达索、广联达等,导致信息化数据的格式繁杂,且很多存在相互不兼容的情况。由于对多源异构数据转换的处理能力决定了交通行业的智能化程度,为保证工程全生命周期数据传递的完整性,多源异构数据转换处理技术显得非常必要。现阶段多源异构数据转换处理存在多个技术难点:

①将不同来源、格式、特点、性质的地理空间数据进行逻辑上或物理上的有机集中。

②考虑数据的属性、时间和空间特征、数据自身及其表达的地理特征和过程的正确性。

③数据转换处理需要的是屏蔽系统的异构性和数据表示方法的差异性,将不同系统中的不同类型数据通过技术手段进行无缝连接,并实现统一的访问。

因此,需要对多源异构的数据进行转换及处理,使数据得以集成与共享,最终实现多源数据在同一地图窗口中可视化展示并进行基本的分析操作。通过对数据交换过程中的格式及内容进行明确定义,确保数据交换过程中几何属性及非几何属性的完整性,在平台中实现数据解析与转换。平台成果可支持输入 ifc、dgn、fbx、rvt、obj、osg、osgb、shp、dxf 等数据格式,支持输出 3dtiles、gltf、obj、fbx 等格式,数据处理流程示意如图 4.3-5 所示。

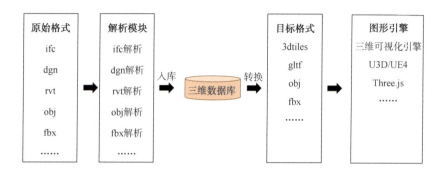

图 4.3-5　数据解析与转换

（2）多源异构数据的存储与管理

跨海集群工程涉及的结构形式多样,结构层级复杂,业务应用场景多,数据采集手段多样,基础数据和动态数据种类繁多。众多不同类型数据由于其结构、存取、形式的不同,往往被存储在异构分布式数据库中,这样的存储方式为数据管理带来了一定局限性,具体体现在以下方面:

①多源异构三维模型数据访问的不便。对于分散存储在不同建模环境中的三维模型数据,用户需要以不同的方式来访问,造成了模型数据相互割裂。

②多源异构三维模型数据维护成本高。由于三维建模技术方法和软件工具尚无统一规范,不同建模软件生成的模型数据的存储格式差异较大,建模成果无法在不同部门间相互交换和共享,导致管理部门需要投入较大成本来维护不同格式的数据。

不同数据格式从各种专业软件中产生,数据进入不同空间的各类管理平台,通常会造成部分信息传递缺失甚至导入失败。通过建立统一格式,其中包括用于检索的文本格式与用于传输的二进制格式,并针对不同格式数据使用不同转换方式,实现对信息模型、激光点云数据等各类主流多源异构数据进行统一的管理,通过发布数据服务,满足不同业务人员对数据管理的不同需求,实现对各类数据文档的目录结构模板自定义,确保各阶段、各类型的数据完整,如图 4.3-6 所示。

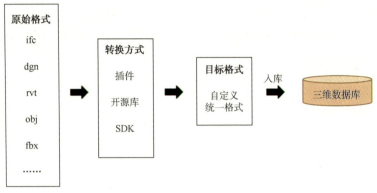

图 4.3-6　数据转换方式

（3）多源异构三维空间数据的融合展示

由于跨海集群工程空间数据的复杂性和多样性形成了大量的几何结构、纹理材质及相关的属性信息等数据，传统空间数据展示浏览的方式极大地影响了空间数据的可视化效果和数据信息获取的效率。可采用先进的图形算法，对数据的加载能力进行优化，使大模型进行分步加载处理，提高平台在使用时对模型的加载速度；其次基于图形渲染引擎进行二次开发，实现在平台中进行可视化场景配置，快速满足各类数据融合展示需求，快速实现业务应用。

①通过边缘服务解决大场景加载渲染：边缘服务可以用于缓存大体量的云端信息模型和地理信息数据，同时可以支持复杂三维计算（如遮挡剔除计算）的本地化，降低对网络和云端服务器资源的依赖，大大提高并发场景下的响应时间。快速加载大体量高精度模型，实现高性能渲染。

②模型坐标转换：提供工程坐标与2000国家大地坐标系等坐标系间的转换算法，实现多源坐标系模型的统一定位。

③场景环境设置：为使三维场景与现实更加贴近，使用后期着色器设计场景，不断优化显示效果，实现不同天气、不同时间之间的场景切换。

## 4.4　信息模型

### 4.4.1　命名规则

信息模型交付物的命名应简明且易于辨识，并应满足快速检索、获取的要求。模型单元命名应能够支持快速检索、定位与获取的要求,并具备信息可读性;模型文件命名可由项目简称、专业类型、模型精细度、区间名称、单元名称和顺序号等字段组成;非几何信息文件命名可依据非几何信息内容组织形式确定,主要包括项目简称、区间名称、工程实体类型名称;文档命名通常包括项目简称、文档类型、顺序号以及文档描述;项目文件夹的名称一般由项目简称、文件夹类型、专业类型、区间名称和交付物类型组成,具体命名规则可参考《桥岛隧智能运维数据 信息模型交付》(T/GBAS 53—2023)。

### 4.4.2 模型单元划分

模型单位是信息模型中承载信息的实体及其相关属性的集合,是针对几何模型进行信息输入、交付和管理的基本对象。对于桥岛隧跨海集群工程,结构对象类型多样,结构层级复杂,可综合结构空间组成、施工工艺、受力特点、精细化养护需求等因素对结构层级进行划分。桥梁结构和沉管隧道结构层级划分示例如表4.4-1和表4.4-2所示。对于沉管隧道结构层级划分,考虑沉管隧道接头的重要性,将最终接头、管节接头和节段接头进行单独拆分,同时将管节接头(构件)拆分为剪力键、剪力键垫层、钢端壳、止水系统、连接零件和锚具(子构件),再将子构件中的止水系统拆分为 GINA 止水带、OMEGA 止水带、中埋式止水带和止水钢板等。

**桥梁结构层级划分示例** 表4.4-1

| 对象 | 部件 | 构件 | 子构件 | 零件 |
|---|---|---|---|---|
| 桥梁 | | | | |
| | 上部结构 | | | |
| | | 主梁 | | |
| | | | 主梁梁体 | |
| | | | | 顶板 |
| | | | | 底板 |
| | | | | 腹板 |
| | | | | 横肋板 |
| | | | | 横隔板 |
| | | | | 加劲肋 |

续上表

| 对象 | 部件 | 构件 | 子构件 | 零件 |
|---|---|---|---|---|
| | | | | 连接杆件 |
| | | | 桥面板 | |
| | | | 预应力系统 | |
| | | | …… | |
| | | | 支座 | |
| | | | 支座本体 | |
| | | | 支座垫石 | |
| | | | 限位装置 | |
| | | | 密封防尘装置 | |
| | | | 防落梁装置 | |
| | | | 支座组件 | |
| | | | | 钢件 |
| | | | | 铅芯 |
| | | | | 聚四氟乙烯板 |
| | | | 锚固组件 | |
| | | | …… | |
| | | | …… | |

**沉管隧道结构层级划分示例**　　　　　　　　　　表 4.4-2

| 对象 | 部件 | 构件 | 子构件 | 零件 |
|---|---|---|---|---|
| 沉管隧道 | | | | |
| | 土建结构 | | | |
| | | 主体结构 | | |
| | | | 结构本体 | |
| | | | | 顶板 |
| | | | | 底板 |
| | | | | 隔板 |
| | | | | 侧墙 |
| | | | | 隔墙 |
| | | | | 牛腿 |
| | | | | 端封墙 |

续上表

| 对象 | 部件 | 构件 | 子构件 | 零件 |
|---|---|---|---|---|
| | | | | 二次止水墙 |
| | | | 接缝 | |
| | | | 预应力系统 | |
| | | | …… | |
| | | 最终接头 | | |
| | | | 接头本体 | |
| | | | 剪力键 | |
| | | | 剪力键垫层 | |
| | | | 钢端壳 | |
| | | | | 面板 |
| | | | | 翼缘板 |
| | | | 止水系统 | |
| | | | | GINA 止水带 |
| | | | | OMEGA 止水带 |
| | | | | 中埋式止水带 |
| | | | | 止水钢板 |
| | | | …… | |
| | | …… | | |

## 4.4.3 模型精细度

模型精细度是信息模型中所容纳的模型单元丰富程度的衡量指标,为明确运维阶段与信息模型精细度等级之间的关系,需要对跨海集群工程运维阶段模型精细度等级、运维模型几何表达精度和非几何信息深度等级进行规定,具体如表 4.4-3 ~ 表 4.4-5 所示。

运维模型精细度等级及要求　　　　表 4.4-3

| 模型精细度等级 | 精细度要求 |
|---|---|
| L6.1 | 满足检测、运维作业规划的应用及展示需要,宜到部位或部件级 |
| L6.2 | 满足人工或半自动化运维任务中应用及展示需要,宜到构件或子构件级 |
| L6.3 | 满足半自动化或自动化运维任务应用及展示需要,宜到子构件或零件级 |

**运维模型几何表达精度等级** 表 4.4-4

| 运维模型几何表达等级 | 几何要求 |
|---|---|
| G1 | 包括基本占位轮廓、尺寸、方位等,应满足二维化或者符号化识别需求的几何表达精度 |
| G2 | 具备关键的轮廓控制尺寸,包含少量细节,应满足空间占位、主要颜色等粗略识别需求的几何表达精度 |
| G3 | 具有确定的尺寸、位置、颜色、纹理,应满足建设、维养或其他业务等精细化管理应用需求的几何表达精度 |
| G4 | 具有确定的尺寸、位置、造型细节、颜色、纹理,应满足高精度渲染展示、细节造型展示、零件制造加工等高精度识别需求的几何表达精度 |

**运维模型非几何信息深度等级** 表 4.4-5

| 信息深度等级 | 等级要求 |
|---|---|
| N1 | 宜包含模型单元的唯一编码、名称、所属上级对象编码等标识信息 |
| N2 | 宜包含和补充 N1 等级信息,增加位置、桩号等位置信息 |
| N3 | 宜包含和补充 N2 等级信息,增加长度、宽度、材料类型等几何与设计信息 |
| N4 | 宜包含和补充 N3 等级信息,增加施工情况、竣工验收指标等施工信息 |

### 4.4.4 交付内容

信息模型交付应采用统一坐标系,宜采用 2000 国家大地坐标系统,结合项目的应用场景和需求,确有必要时可采用依法批准的独立坐标系。高程系统应采用正常高系统,高程基准宜采用 1985 国家高程基准,结合项目的应用场景和需求,确有必要时可采用与 1985 国家高程基准建立联系的独立高程系。各专业模型建立前可根据项目特点合理确定相对参考坐标原点,模型交付时应根据业务需要提供统一坐标系与其他坐标系间的转换关系。

信息模型交付可分阶段分批次根据交付流程进行,即多次交付,也可一次性交付所有交付物,即单次交付,具体交付方式可根据项目要求进行选择。交付模型交付内容应满足完整性、准确性和一致性的质量要求,并与竣工图等竣工资料保持一致,对于具体项目及应用场景的不同要求而导致最终交付成果与竣工图等建模依据存在差异时,应配备对应的交付说明。交付物内容主要包括几何模型、非几何信息和相关文档。

几何模型交付的范围和精细度要求应与交付方案中约定的内容保持一致;不同模型单元的几何表达精度应满足要求;模型的几何表达尺寸与非几何信息中的尺寸数据应保持一致;几何模型索引其他交付物时,应一同交付,并确保索引路径有效。几何模型交付的格式应由各相关方协商制定,对于同类文件格式应统一。模型文件宜采用 IFC、FBX、STP 等通用交换格式。此外,应采取必要措施确保模型交付审核时信息不被编辑篡改,或在编辑时记录留痕。

运维模型交付的非几何信息应包括静态数据,宜包括支持运维阶段业务开展的动态数据,非几何信息主要包括中文名称、英文名称、数据类型、表示格式、计量单位、值域、约束条件、信息分类等。非几何信息单独提交时宜采用 Json、XML、CSV 等开放数据格式进行提交。对于未进行建模的工程实体或业务应用需要使用的非结构单元,应以非几何信息的形式进行交付。

文档主要包含模型说明文档、需求说明文档、信息模型执行计划以及建模依据文件等。模型说明文档通常以单次提交的成果为说明对象,主要包含各子项、各专业的模型成果内容,说明内容一般包含项目的基本信息、模型文件的组织方式、模型文件的视图说明以及模型参数设置说明等。信息模型创建前应先制定需求说明文档,需求说明文档应随着项目的进行逐步完善并进行版本管理;其次根据需求说明文档制订信息模型执行计划,最后依据执行计划收集、编制、完善建模依据资料,其中建模依据主要包括竣工图纸、建模指南、参考标准、设计变更说明、施工质量记录、影音资料等。

## 4.4.5 交付形式

交付物宜采用协同平台环境进行交付、存储、分享,不宜采用移动介质或其他方式分发交付。信息模型交付形式应符合信息交付方案约定的交付物组织、存储要求。对于未采用协同平台环境交付的项目应确保数据的安全性,应确保数据流通完整、透明、可追溯,以及各个环节的责任主体。交付物应做好信息安全保护措施,建立对应的数据安全管理办法。

各相关方宜基于统一的协同平台环境进行业务协同,支持项目各相关方基于协同环境开展信息模型的管理、应用、审核与交付等业务。采用协同平台环境进行业务协同时,需要根据业务和安全要求,建立权限控制措施及审计措施,确保访问、编辑、新增、删除等记录能追溯。协同平台环境宜具备处理大型工程项目及其相关数据的能力,支持IFC等开放数据交换标准的导入和导出,支持协作与权限管理,支持模型的渲染与可视化,支持多版本多阶段模型的管理与关联,支持多源数据融合和数据分级管理等功能。

### 4.4.6 交付过程

信息模型建模工作开展前宜选取标准生产试验段,并按照制定的交付方案开展交付工作,交付方案应明确信息模型交付目标、交付范围、交付验收标准、交付流程和交付物的整合方式和整合要求。

建模工作开展前应制定针对不同交付物完整性、准确性、一致性的质量审核规则,质量审核应包括明确、清晰、可量化的质量维度指标,同时质量审核规则应明确可评价的质量等级以及评价标准,包括不同交付物的针对性质量检查要求及信息模型整合的整体审核要求。质量审核规则与质量维度指标在项目周期内应保持不变,若要进行调整,则应取得各相关方确认后进行变更。

信息模型整合阶段应将通过质量检查的几何模型、非几何信息及文档按照信息交付方案整理、转换并建立关联关系。信息模型整合通常在交付前完成,可采用协同平台进行交付物整合。信息模型质量审核可由第三方测试机构进行,测试完成后应出具带资质的质量审核报告。

信息模型移交应按照交付方案约定的交付形式及进度计划执行,若出现变更应提前与相关方进行沟通确认并走变更程序,在移交时应附加变更说明。移交时应提供交付物的移交清单,主要包括文件名称、文件类型、文件格式和必要的描述等。同一项目可分阶段分批次开展移交与验收工作。交付验收应验证质量审核报告的结论、范围以及与交付物的一致性,并依据交付物清单与交付方案采用抽检的方式验收交付物的完整性、准确性和一致性。交付验收应形成验收报告,验收报告主要包括项目简述、验收范围、各相关方验收意见等信息。

## 4.5 典型场景应用

### 4.5.1 信息模型交付

在港珠澳大桥三维可视化模型数据创建的过程中,依据数据标准进行数据生产,力求实现信息模型全覆盖,完成了全桥 L6.1/6.2/6.3 的模型创建工作。现将桥梁、沉管隧道、人工岛不同模型精细度等级下的信息模型创建结果展示如图 4.5-1 ~ 图 4.5-17 所示。

图 4.5-1　青州航道桥 LOD100 模型(索塔)

图 4.5-2　青州航道桥 LOD100 模型(主梁)

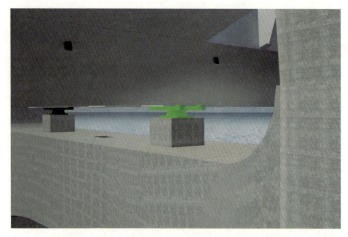

图 4.5-3 青州航道桥 LOD100 模型（支座）

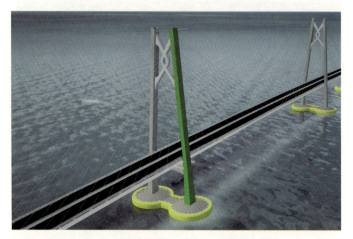

图 4.5-4 青州航道桥 LOD300 模型（塔柱）

图 4.5-5 青州航道桥 LOD300 模型（主梁梁体）

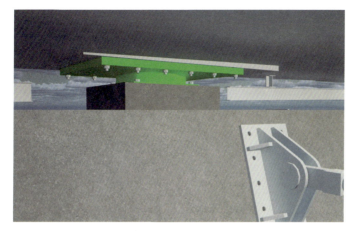

图 4.5-6　青州航道桥 LOD300 模型（支座本体）

图 4.5-7　青州航道桥 LOD500 模型（结形撑-螺栓连接件）

图 4.5-8　青州航道桥 LOD500 模型（结形撑-壁板）

图 4.5-9　青州航道桥 LOD500 模型（焊缝）

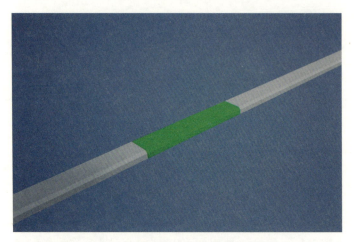

图 4.5-10　沉管隧道 LOD100 模型（管节）

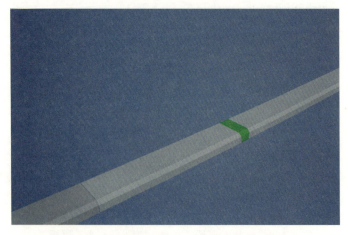

图 4.5-11　沉管隧道 LOD100 模型（最终接头）

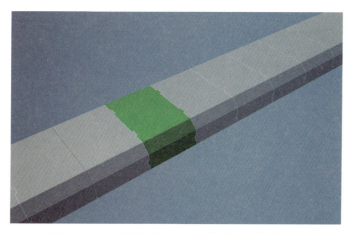

图 4.5-12　沉管隧道 LOD300 模型（管节节段）

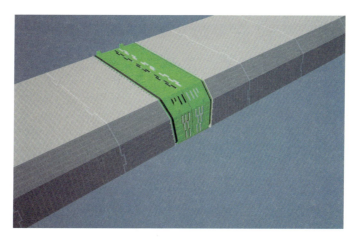

图 4.5-13　沉管隧道 LOD300 模型（接头本体）

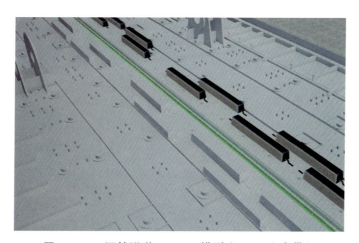

图 4.5-14　沉管隧道 LOD500 模型（GINA 止水带）

图 4.5-15　东人工岛 LOD100 模型（护岸结构）

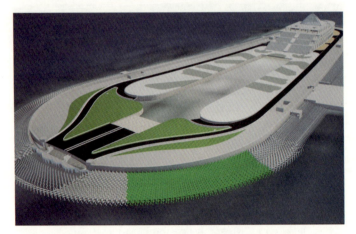

图 4.5-16　东人工岛 LOD300 模型（扭工字块）

图 4.5-17　东人工岛 LOD500 模型（救援码头-胸墙）

## 4.5.2 信息模型应用

信息模型的应用包括模型的创建、使用和管理。在模型创造与使用前应结合工程需求、信息模型的应用环境以及已有模型来选择模型的创建与应用方式。运维模型应用前,宜对运维阶段各个业务模块、各专业或任务的业务流程进行调整和优化,以符合三维可视化应用的要求,同时根据各个环节、各项任务的需求和实际的应用场景,选择适合的模型精细度、子模型组合方式以及模型应用方式。

信息模型应根据全生命周期的不同阶段划分为不同的具体应用场景,不同阶段的应用应选用不同几何精度与信息深度的信息模型。信息模型运维阶段应用场景包括结构健康监测应用、结构检测与维养应用、应急救援管理应用以及VR可视化虚拟决策应用四大类,通过建立各类业务系统与信息模型的接口,实现对桥梁结构、隧道结构、人工岛结构等设施业务信息的四维时空管理。信息模型的应用应具有扩展性,面对未知的应用场景,信息模型应能更具包容性,并允许添加新的应用场景。

(1)结构健康监测应用

结构健康监测内容应根据监测目的、结构重要性、环境复杂性、力学特征、运营管理和养护的需求以及系统建造成本综合确定。监测内容主要包括作用与环境、结构响应和耐久性,其中作用与环境监测宜包括车辆荷载、环境温度、环境湿度、风荷载、地震动等;结构响应监测宜包括构件的振动、变形、位移、应力、索力、倾角、冲刷和结构温度等;耐久性监测宜包括混凝土构件的裂缝、氯离子含量、钢制构件的锈蚀和涂层脱落等。信息模型对桥岛隧结构健康监测的应用主要包括对监测项目的实时监测,危险状态识别预警、损伤诊断等。基于监测对象和监测内容的不同,结构健康监测信息模型应用要求也有所差异,具体应用要求如表4.5-1所示,模型应用效果如图4.5-18和图4.5-19所示。

结构健康监测信息模型应用要求　　　　表4.5-1

| 应用场景 | 对象 | 几何表达精度 | 信息深度 | 几何模型扩展 | 非几何信息扩展 |
| --- | --- | --- | --- | --- | --- |
| 健康监测 | 设施 | G2 | N3 |  | 监测信息 |
|  | 部位 | G2 | N1 |  | 监测信息 |

续上表

| 应用场景 | 对象 | 几何表达精度 | 信息深度 | 几何模型扩展 | 非几何信息扩展 |
|---|---|---|---|---|---|
| 健康监测 | 构件 | G3 | N3 | | 监测信息 |
| | 子构件 | G2 | N3 | | 监测信息 |
| | 零件 | G3/G4 | N3/N4 | | 监测信息 |
| | 设备 | G1/G3/G4 | N3/N4 | 扩展 | 静态及监测信息 |
| | 监测测点 | G1 | N3 | 扩展 | 静态及监测信息 |

图 4.5-18　结构健康监测信息模型应用（风速风向监测）

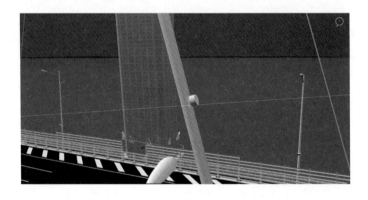

图 4.5-19　结构健康监测信息模型应用（索力监测）

(2) 结构检测评定应用

结构检测通常采用人工方式和智能设备进行检测，检测过程中应对发现病害进行描述。信息模型对结构检测和评定的应用主要是对检测过程和结果进行静动态信息管理，同时基于信息模型实现业务协同及作业过程的可视化。具体应用要求如表 4.5-2 所示。

**结构检测评定信息模型应用要求** 表 4.5-2

| 应用场景 | 对象 | 几何表达精度 | 信息深度 | 几何模型扩展 | 非几何信息扩展 |
|---|---|---|---|---|---|
| 初始检查 | 设施 | G2 | N3 | | |
| | 部位 | G2 | N1 | | |
| | 构件 | G3 | N3 | | |
| | 子构件 | G3/G4 | N3/N4 | | |
| | 零件 | G3/G4 | N3/N4 | | |
| 日常巡查 | 设施 | G2 | N3 | | 日常巡查信息 |
| | 部位 | G2 | N1 | | 日常巡查信息 |
| | 构件 | G3 | N3 | | 日常巡查信息 |
| | 子构件 | G3 | N3 | | 日常巡查信息 |
| | 零件 | G3/G4 | N3/N4 | | 日常巡查信息 |
| | 设备 | G3/G4 | N3/N4 | 扩展 | 静态及日常巡查信息 |
| | 人员 | G1 | N3 | 扩展 | 静态及日常巡查信息 |
| | 机房 | G1 | N3 | 扩展 | 静态及日常巡查信息 |
| 经常检查 | 设施 | G2 | N3 | | 经常检查信息 |
| | 部位 | G2 | N1 | | 经常检查信息 |
| | 构件 | G3 | N3 | | 经常检查信息 |
| | 子构件 | G3 | N3 | | 经常检查信息 |
| | 零件 | G3/G4 | N3/N4 | | 经常检查信息 |
| | 设备 | G3/G4 | N3/N4 | 扩展 | 静态及经常检查信息 |
| | 人员 | G1 | N3 | 扩展 | 静态及经常检查信息 |
| | 机房 | G1 | N3 | 扩展 | 静态及经常检查信息 |
| 定期检查 | 设施 | G2 | N3 | | 定期检查信息 |
| | 部位 | G2 | N1 | | 定期检查信息 |
| | 构件 | G3 | N3 | | 定期检查信息 |
| | 子构件 | G3 | N3 | | 定期检查信息 |
| | 零件 | G3/G4 | N3/N4 | | 定期检查信息 |
| | 设备 | G3/G4 | N3/N4 | 扩展 | 静态及定期检查信息 |
| | 人员 | G1 | N3 | 扩展 | 静态及定期检查信息 |
| | 机房 | G1 | N3 | 扩展 | 静态及定期检查信息 |
| 特殊检查 | 设施 | G2 | N3 | | 特殊检查信息 |
| | 部位 | G2 | N1 | | 特殊检查信息 |

续上表

| 应用场景 | 对象 | 几何表达精度 | 信息深度 | 几何模型扩展 | 非几何信息扩展 |
| --- | --- | --- | --- | --- | --- |
| 特殊检查 | 构件 | G3 | N3 | | 特殊检查信息 |
| | 子构件 | G3 | N3 | | 特殊检查信息 |
| | 零件 | G3/G4 | N3/N4 | | 特殊检查信息 |
| | 设备 | G3/G4 | N3/N4 | 扩展 | 静态及特殊检查信息 |
| | 人员 | G1 | N3 | 扩展 | 静态及特殊检查信息 |
| | 机房 | G1 | N3 | | 静态及特殊检查信息 |
| 综合评定 | 设施集群 | G2 | N1 | 扩展 | 静态及综合评定信息 |
| | 设施 | G2 | N3 | | 综合评定信息 |
| | 部位 | G2 | N1 | | 综合评定信息 |
| | 构件 | G3 | N3 | | 综合评定信息 |
| 技术状况评定 | 设施 | G2 | N3 | | 技术状况信息 |
| | 部位 | G2 | N1 | | 技术状况信息 |
| | 构件 | G3 | N3 | | 技术状况信息 |
| 适应性评定 | 设施 | G2 | N3 | | 适应性评定信息 |
| | 部位 | G2 | N1 | | 适应性评定信息 |
| | 构件 | G3 | N3 | | 适应性评定信息 |

桥岛隧结构病害缺陷描述主要包括点状缺陷、线状缺陷、平面缺陷和体积缺陷,针对不同的病害缺陷信息,可分别根据"点坐标+半径""控制点序列"坐标、"平面范围边界点序列"的位置及范围、三维几何曲面各控制点坐标等信息,自动构建缺陷几何体模型并贴图,同时在虚拟现实环境中进行可视化展现,以使决策者直观、全面了解缺陷情况(图4.5-20~图4.5-23),每一个病害缺陷的几何描述信息应在智联平台数据库中形成一条单独的记录,并以一个单独的单元对象进行管理。

图4.5-20 点状缺陷可视化

图 4.5-21　线状缺陷可视化

图 4.5-22　平面缺陷可视化

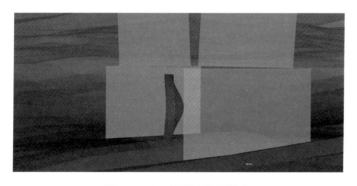

图 4.5-23　体积缺陷可视化

(3)交通运营应用

交通运营包括运行监测、应急管理等细分场景,宜基于运维协同平台进行数据交换与业务流程协同。运行监测应形成对应场景及任务的子模型,运行监测子模型宜与传感器、雷达、摄像机、通信设备、卫星定位等感知、通信及定位数据进行集成,支持实时数据的可视化展示;应急管理应形成对应场景及任务的子模型,宜包含风险管控、应急预案、应急响应、应急演练及突发事件处置等内容,应与监测数据、运行监测数据以及相关部门的预报和预警数据关联,宜根据应急响应需求增加应急物资、车辆设备以及救援力量等信息模型对象,信息模型应用示例如图4.5-24和图4.5-25所示,具体应用要求如表4.5-3所示。

图 4.5-24　追尾事故

图 4.5-25　火灾事故

交通运营模型应用要求　　　　表4.5-3

| 应用场景 | 对象 | 几何表达精度 | 信息深度 | 几何模型扩展 | 非几何信息扩展 |
|---|---|---|---|---|---|
| 运行监测 | 设施 | G2 | N3 |  | 运行监测信息 |
|  | 部位 | G2 | N1 |  | 运行监测信息 |
|  | 构件 | G3 | N3 |  | 运行监测信息 |
|  | 子构件 | G3 | N3 |  | 运行监测信息 |
|  | 车辆 | G3 | N3 | 扩展 | 静态及运行监测信息 |

续上表

| 应用场景 | 对象 | 几何表达精度 | 信息深度 | 几何模型扩展 | 非几何信息扩展 |
|---|---|---|---|---|---|
| 应急管理 | 设施 | G2 | N3 | | 应急管理信息 |
| | 部位 | G2 | N1 | | 应急管理信息 |
| | 构件 | G3 | N3 | | 应急管理信息 |
| | 子构件 | G3 | N3 | | 应急管理信息 |
| | 车辆 | G3 | N3 | 扩展 | 静态及应急管理信息 |
| | 设备 | G3/G4 | N3/N4 | 扩展 | 静态及应急管理信息 |
| | 人员 | G1 | N3 | 扩展 | 静态及应急管理信息 |
| | 应急资源 | G2 | N3 | 扩展 | 静态及应急管理信息 |

(4) VR 可视化虚拟决策应用

信息模型应支持桥岛隧设施结构在 VR 设备上的三维可视化,为桥岛隧维养和应急管理提供交通、环境等状况信息,提供 VR 设备上的实时可视化。模型单元属性信息深度应达到 N4 等级,包含工程基本信息、材料信息、建设/维养日期、维养单位、维养设备等。信息模型应支持智能检测和维养装备作业位置的动态加载,实现检测养护作业的全程 VR 可视化,如图 4.5-26 所示。

图 4.5-26 影响范围缺陷在虚拟现实环境中的呈现形式

信息模型轻量化应满足应急现场实景快速还原,数据畅通交互要求。自然灾害如台风、地震、暴雨、霜冻等场景下,基于信息模型的 VR 应急管理应能够实时显示交通流量、行程车速、占有率、交通状态等路面交通状态和交通管制信息,以及应急作业车辆、人员的位置状态信息。

## 4.6 本章小结

信息模型作为新兴的数字化智能手段,能够为工程领域的数字化战略提供重要技术支撑。本章详细阐述了信息模型在跨海集群工程运维阶段所涉及的关键技术,包括高覆盖率、高迁移性、多场景的运维阶段三维可视化数据模型的构建技术、模型轻量化技术、多源异构数据融合技术、信息模型交付及应用技术等,基于信息模型技术可解决跨海集群工程全生命周期运维数据种类多、结构复杂、动态性强而导致数据融合难的问题,实现在信息模型运行维养、应急保障、资产管理等多应用场景下的可视化交互及综合展示应用,达到了跨海集群工程运维管养数字化、智能化的目的,为跨海集群工程智能维养系统的研发提供了顶层设计与技术支撑,同时为其他基于信息模型的数字化维养项目提供参考。

# 5G+北斗系统建设

CHAPTER 5 | 第 5 章

## 5.1 概述

5G网络技术具有高速率、大容量、低时延以及数据切片隔离的特性,能够针对性地克服4G通信网络在速度、带宽、延迟和连接密度等方面存在的短板,为跨海集群工程打造"万物智联"的物联网底座。实现5G全覆盖,能够突破原有的4G应用瓶颈、突破有线网络的限制,提高传输效率、扩宽数据通路,为基于北斗系统的定位、监测服务提供有力保障。

目前针对沉管隧道的定位服务发展尚不充分、性能尚不完善,隧道内的应急救援、"两危一化"车辆管制及车辆行为监控等重要功能尚不能完成;传统的桥梁沉降变形监测精度依赖于作业人员,多需要设置不动点作为基准点,或是通过间接测量获得,难以实现全天候连续实时监测,工作效率低;目前国内没有数据共享开放服务平台,优质的北斗高精度定位算法只局限于少数科研院所,没有形成北斗高精度定位生态圈,制约了北斗高精度的广泛应用。本章节针对隧道封闭空间新建北斗定位信号覆盖系统,在实际建设中依托港珠澳大桥和广东省已有的北斗地基增强站资源,实现跨海集群工程沿线北斗信号全覆盖和高精度服务能力;提供基于北斗系统的桥梁毫米级变形监测和隧道内定位服务,提供开放共享式的桥岛隧北斗原始观测量数据共享服务平台;使北斗成为跨海集群工程重要的新基建设施,提供普遍、泛在、精准、安全、高效的定位、导航、授时、通信的时空服务,为桥岛隧的智能养护、智慧出行、车辆、人员的监管提供保障。

## 5.2 建设背景

### 5.2.1 基于全球导航卫星系统(GNSS)的定位

GNSS技术的实现主要依赖于太空中导航卫星组成的定位网络。卫星不间断地向地面播报调制了卫星轨道参数与各类修正数据的导航电文,地面上的接收机实时接收导航电文,通过计算可得到当前时刻对应卫星的坐标信息、时钟偏差。一般而言,以接收机的三维坐标和接收机与 GNSS 系统的时钟偏差作为未知量,以代数方程进行求解,当观测到的卫星数量充足即观测方程数量充足时,即可求解接收机的当前坐标,以及纠正接收机与标准系统时钟之间的时间差(即授时过程)。

GNSS 基于光在真空中的传播速度建立其解算方程,从而将求解卫星-接收机间距问题转化为求解信号发射-接收的时差问题;然而,由于卫星至接收机的路径并非真空空间,信号的传播路径也必须经过各类参数的修正。首先,由电离层造成的影响最大,所产生的定位误差严重时可达百米以上,而且随着时间和地点的不同发生急剧变化;即使在一天之内对固定台站而言,电离层误差的变化也可达到一个数量级。其次,为近地面的对流层误差和潮汐误差,接收机所在区域的温度、相对湿度和经纬度等因素同样会影响定位精度,严重时误差可达米级。各卫星的电文信息中虽调制了各类修正信息,但由于带宽限制和电文准确率要求,基于卫星广播差分数据进行修正,定位精度仍然较低。

单点定位方法(即使用卫星广播的测距码直接进行定位的方法)现如今广泛应用于民用领域和消费级终端定位,其优点为计算量小,各类解算信息由接收机实时读取、实时计算,因此外部依赖度小,稳定精度在米级,达不到结构变形监测对于定位的要求。由于误差的实时性变化较大且依赖于传播路径,高精度定位应用中,往往在接收机近点处不动点设置一基准站,由基准站与移动站间建立数据传输链路,实时将基准站数据传输向移动站,形成差分定位(又称相对定位),帮助移动站进行误差消除。对相对定位方式而言,基于伪距/测距码层级的差分解算称为码差分(又称 DGPS)方法,可将米级误差显著提高至亚米级。另一方面,多用于低成本 GNSS 终端的 A-GNSS(Assited GNSS)技术是一种网络辅助的卫星定位技术,由 4G/5G 基站和用户端共同确定区域 GNSS 卫星数量,缩小搜星范围、缩短搜索时间,终端在获取自身位置后返还给网络的定位服务中心可以计算出更加精确的位置。

相对于测距码,卫星电文中还包含了频率更低的广播导航电文,用以播发导航系统解算必要信息;频率更高的载波,用以调制卫星信号减少其路径衰减。而载波相位差分技术(Real Time Kinematic,RTK),是建立在实时处理两个测站的载波相位基础上的。载波相位差分技术能实时提供观测点的三维坐标,由位置已知的基站实时提供差分定位修正信息时,从而抵消或削弱相对定位中的大部分公共误差,能够达到实时厘米级的高精度。而通过记录原始观测数据,综合各类事后精密定位产品(精密星历、精密钟差、电离层网格地图、全球潮汐模型等),可以实现水平 2.5mm+0.5ppm、高程 5.0mm+1ppm 的定位精度(ppm:part per million,百万分之一,换算为每千米基线累积误差 1mm),即定位精度十分依赖于基站与接收站的距离。

目前随着 GNSS 技术的进步与普及,它在城市测量中的作用已越来越重要。当前,利用多基站网络 RTK 技术建立的连续运行参考站(Continuously Operating Reference Stations,CORS)是城市 GNSS 应用的发展热点之一。CORS 系统由基准站网、数据处理中心、数据传输系统、定位导航数据播发系统、用户应用系统五个部分组成,使用 CORS 网络进行定位的用户可由 CORS 网络于邻近位置虚拟一个基站,为测点的位置解算提供差分信息。

### 5.2.2 基于 UWB 技术的隧道定位

由于卫星信号无法穿透混凝土层,隧道内的定位实现多依赖于自建地基增强系统。近几年来,蓝牙、Wi-Fi(Wireless Fidelity)和超宽带(Ultra WideBand,UWB)等多种室内定位技术不断涌现,为隧道定位提供了建设参考。其中蓝牙和 Wi-Fi 隧道定位技术的定位原理均基于信号衰减与传播距离模型,利用无线信号强度和位置信息的映射关系实现定位需求。这两类技术的定位原理和实现方式较为简单,主要依靠隧道内的信号基站播报信号,接收端可根据所接收到信号的强度实现隧道内的相对定位;但由于蓝牙信号和 Wi-Fi 信号受环境干扰明显,信号在隧道传播时多径效应显著,定位精度均较低,难以实现快速行驶车辆对于隧道内定位的精度要求。

目前隧道内定位较为成熟的技术主要为惯性导航(里程计、陀螺仪、加速度计等)和卫星导航组合的导航方案,在车辆进入隧道前就利用 GNSS 定位完成惯导设备的初始精确位置,获取相关初始参数,在进入隧道后利用惯导传感器提供的姿态变化率、加速度等信息,确定车辆在隧道内的精确位置。此种组合导航技术短时间能够实现较高精度,但精度随时间下降很快,难以在长隧道内进行稳定覆盖;同时 GNSS 模块在此种组合导航系统中只承担了参数初始化的作用,在隧道内就无法进行进一步的速度修正、位置标定,模块利用率低。

另一种隧道定位方案基于 UWB 技术赋能的电文转播来实现。UWB 是一种无载波通信技术,采用时间间隔在纳秒级的脉冲进行通信,射频发射在 3.1~10.6GHz 的范围内,具备较强的抗干扰性能,多径效应较弱且易于分离,在某种程度上还可以渗透建筑材料;高频信号也利于在时域上分离原始信号与多径反射误差信号。超宽带隧道定位技术使用超窄脉冲实时接收信号电文,读取电文时间戳并计算传播时间,通过位置解算方程完成室内定位。

## 5.2.3 基于5G+边缘计算的运维物联网建设

5G 是全球信息技术发展的最新成果,具有超高带宽、海量连接和超低延时特点,将彻底重构万物互联的核心基础,赋能桥梁智能化监测。本小节中,5G 核心网络作为服务于物联网的使能输入端,其服务化架构的技术包括:

(1)控制与转发分离技术,实现了网络功能模块化以及控制功能与转发功能的完全分离;控制面可以集中部署,对转发资源进行全局调度;用户面则可按需集中或分布式灵活部署,当用户面下沉靠近网络边缘部署时,可实现本地流量分流,支持端到端毫秒级时延。

(2)基于服务设计的控制面网络与接口交互技术,服务模块可自主注册、发布、发现,规避了传统模块间紧耦合带来的繁复互操作,提高功能的可重用性,简化业务流程。

(3)能力开放服务环境技术,以网络开放功能(NEF)作为能力开放的基本网络功能,开放基于网络功能虚拟化(NFV)的编排能力,可由客户定制 5G 创新业务模式。

而运维物联网技术主要包括 Wi-Fi、窄带物联网(Narrow Band Internet of Things, NB-IoT)和 4G 网络。Wi-Fi 是一种短距离无线技术,无法支持移动切换;难以支持大量用户进行连接,难以如移动通信基站那样智能地对每个用户进行有效管理,确保用户体验;使用的公共开放频段,干扰大;Wi-Fi 几乎将用户的信息完全暴露,存在安全问题。NB-IoT 构建于蜂窝网络,支持低功耗设备在广域网的蜂窝数据连接,数据传输带宽小;为满足低功耗要求,数据传输间隔长,时效性低。4G 网络即第四代移动通信技术,速率是 5G 的十分之一,空口时延是 5G 的 5 倍,连接数密度是 5G 的十分之一,网络架构封闭,不具备开放能力,软硬件耦合度高,不具备切片能力;物联网在通信技术端融合时应当考虑以 5G 通信手段为融合基准。

当前,相对于云计算领域已经具备成熟的计算管理软件平台,边缘、物端计算平台在国内外尚没有成熟稳定的对应技术;同时由于缺乏足够的安全防护措施,平台算力不足,传统云计算环境下的数据安全和隐私保护机制不再适用,这给边缘计算带来了新的数据安全和隐私保护挑战。工业界现有的物联网云平台如阿里云物联网、微软 Azure IoT 等虽然提供了云管边端的中间件,但缺乏对跨海交通基础设施运维场景的考虑,难以适应数据量大、数据来源多、业务实时性要求高等实际问题。

另一方面,桥梁传感器采集的监测数据量大,大规模的节点并发传输监测数据时会在基站产生数据包冲突,导致数据传输的可靠性降低;此外,跨海桥岛隧集群基础设施的复杂地形、水文及气象情况也将影响数据传输的稳定性。网络带宽动态性能预测模型可依据所预测的链路带宽推断网络传输的性能和延迟,优化网络传输参数,有效提高数据传输的可靠性及稳定性。现有的网络带宽动态性能预测机制基于传统的 3G、4G 移动网络,极少涉及 5G 新型传输技术,而 5G 与前代在数据传输速率、信号强度、部署规模等均有较大不同,现有的网络带宽动态性能预测模型难以直接应用到 5G 场景中。

## 5.3 建设思路

### 5.3.1 建设目标

基于自主的北斗卫星导航系统和 5G 移动通信技术,解决跨海交通基础设施集群工程的大跨度桥梁变形监测、长大隧道内定位、基础沉降监测等难题,其目标如下:

(1)5G+北斗建设需实现毫米级精度的桥梁变形监测:实时动态平面精度 1cm、实时动态高程精度 3cm、事后静态平面精度 2mm、事后静态高程精度 4mm。

(2)隧道内的高精度定位:隧道内高精度终端实现 1m 定位精度、普通精度终端实现 10~12m 定位精度,系统时间同步精度<30ns、隧道内外切换时间<2s,用户接收信号功率>-128dBm。

(3)建立开放式数据共享平台,为各高校、科研机构提供数据支撑。

(4)5G 物联网应用部署区域覆盖:全网覆盖率(覆盖:区域内同步信号参考信号接收功率>-93dBm,且信号信噪比和干扰比>-3dB)>90%、覆盖有效区域端到端时延小于 50ms、覆盖有效区域内上行速率不低于 20Mbit/s、下行速率不低于 150Mbit/s、秒级的网络带宽动态性能预测精度达到 90%。

### 5.3.2 北斗系统部署

1)北斗系统基准站建设

GNSS 基准站为 GNSS 定位提供重要的基准参考点,向各监测点提供稳定可靠的相对定位信息;为保证参考站定位基准度的要求,基站位置选择要满足地基长期稳定无下沉、周围空旷无遮挡无反射无射频强干扰的地点,其建设条件如下:

(1)站址选在基础坚实稳定,易于长期保存,并有利于安全作业的地方,年平均下沉和位移小于 3mm;

(2)与周围大功率无线电发射源(如电视台、电台、微波站、通信基站、变电所等)的距离大于 200m;

(3)与高压输电线、微波通道的距离大于 100m;

(4)避免附近有强烈干扰接收卫星信号的物体,如大型建筑物、玻璃幕墙及大面积水域等;

(5)站址视场内高度角大于 10°的障碍物遮挡角累积不超过 30°;

(6)选址时避开地质构造不稳定区域,如断层破碎带,易于发生滑坡、沉陷等局部变形的地点(如采矿区、油气开采区、地下水漏斗沉降区等),地下水位变化较大的地点;

(7)选址处便于架设市电线路或具有可靠的电力供应,同时便于接入公共通信网络或专用通信网络;若在屋顶设置基准站,其观测墩在坚固稳定的建筑物上为佳,建筑物高度不宜超过 30m。

在按要求选定了参考站位置后,可采用场强仪进行实地场强测试,在 L1、L2 中心频点上的噪声场强宜分别低于 -180db/mv 和 -160db/mv;布设点位在连续进行 24 小时的 GNSS 建站条件测试和数据分析后,其中数据有效率要求高于 90%,多路径影响 MP1 < 0.35,MP2 < 0.4。

2) 北斗系统测点建设思路

综合工程结构特点、所处区域及运维需求等因素进行北斗系统测点布置。桥梁上布置的北斗测点可遵循以下原则:

(1) 均匀分布:测点均匀分布在桥梁上,以保证能够全面监测桥梁的变形情况,并由此确定测点大致间距。

(2) 重点部位加强监测:在桥梁的关键部位,如桥墩、主梁等,重点增加测点的密度,以加强监测。

(3) 考虑环境因素:测点的布置需要考虑环境因素的影响,如避免靠近干扰源、考虑信号遮挡等。

(4) 符合规范标准:测点的布置宜符合相关的规范和标准,如《公路勘测规范》(JTG C10—2007)等。

以港珠澳大桥为例,桥梁监测对象主要为通航孔桥、跨越崖管线桥、深水区非通航孔桥和浅水区非通航孔桥,并在桥上进行多测点布设,选取桥梁主梁跨中截面、四分点截面、固定支座桥墩顶部桥面处及通航孔桥梁桥塔顶部作为主要观测截面;此外对东西人工岛、桥岛结合处、岛隧结合处也进行北斗测点布设;由于沉管隧道内部信号较差,选取沉管隧道敞开段处管节的 1/2 截面位置进行测点布设。

### 5.3.3 沉管隧道精确定位系统建设

1) 软硬件平台模块化

传统的模拟设备价格昂贵,对成本敏感,因此需要突破低成本软硬件平台技术,采用统一的硬件框架和信号生成板卡,使硬件平台具备可重构能力;构建与信号类型无关的通用软件框架结构并定义数据交互准则和接口,将每个独立的功能模块按约定的接口协议封装成模块,从而实现软件框架与功能模块的灵活组合。

2）时间同步

与真实卫星的时间同步技术是实现室内外无缝定位的关键，涉及时频基准同步、导航信息同步、信号生成同步三方面。为接收室外卫星定位信息并向室内进行播发，需要构建一套虚拟卫星信号模拟设备，包含有北斗时间驯服模块，该模块内置北斗接收机和恒温晶振，能够实时接收北斗卫星导航信号，并对恒温晶振生成的时频基准信号进行驯服，保证生成的时频基准信号[10MHz 和 1pps（每秒脉冲数）]与真实卫星系统的时间同步，通过时频传递，保证虚拟卫星信号模拟设备在信号层与实际卫星信号同步。虚拟卫星信号模拟设备中配置有即时信号接收单元，能够接收真实的北斗导航信号，并输出解算得到的实际卫星的星历、钟差、电离层等信息，传送给相应的数学仿真软件；数学仿真软件依据提供的北斗实际信号的卫星星历信息、钟差信息、电离层信息等加工生成北斗虚拟卫星的导航电文和观测数据信息，从而保证生成的虚拟的北斗卫星信号与实际卫星信号导航信息的同步性。

3）高仿真度信道环境特性建模

信道环境是指射频信号由信号发射端天线发送至接收机天线过程中所经历的无线信道环境，包括由信道传输介质引起的时延、色散、衰落等特性，以及由发射端和接收端相对运动引起的多普勒效应、相对论效应等动态特性。建设中需要对这些信道环境特性进行高仿真度信道环境特性建模，求解高仿真度模拟射频信号在真实信道环境中受到的影响，获取信道环境仿真模型。

## 5.3.4　5G+边缘运维物联网建设

基于5G的边缘计算系统采用云原生的边缘计算技术框架，使用5G赋能的网络能力，能为北斗系统提供实时服务；同时在边缘侧实时采集各类传感器的数据，为大桥各传感器在边缘端提供安全可靠、稳定、实时的数据压缩、分析、告警等功能，并开放边缘能力为其他业务提供环境支撑，从而实现结构异常状态的快速响应与处理。目前国内外在数据的采传收方面有较多先进技术，但是缺乏在行业应用背景下，对物联网、多媒体在移动互联网条件下的多模态数据融合处理技术,无法解决多模态海量数据的实时传输处理,同时面临着由于数据集中带来的高带宽、高算力、高存储的困境。

综上所述,5G+边缘运维物联网的建设思路可分为以下几点:

1)5G+边缘联合数据处理

5G+边缘的数据处理模式宜遵循分布式的原则,借助于分布式计算的智能、安全、高效等特点,助力结构的健康监测和维养工作。受益于北斗系统提供的高精度定位与授时模块,边缘智能硬件中采集到的数据都具有高精度时钟标签,数据一致性强,有利于大数据分析与信息决策,同样更有助于数据融合。此外,由于采用了5G云计算、边缘计算、边缘容器等模式,更合理的计算资源分布方式是由5G云计算处理集中式数据,利用边缘计算技术在边缘端进行数据的前期处理工作,大大减少中心云的数据吞吐量,降低传输带宽成本,能够在边缘端获取到更及时、实时的数据处理结果。

2)边缘功能建设

边缘端系统的构建重点包含以下功能:

(1)边缘管理:主要对边缘设备、边缘应用和连接其上的各传感器模块等进行管理,为管理人员实时检查设备、传感器运行状态提供了便捷、高效且统一化的管理手段,提升管理效率。

(2)业务模式可视化:从业务角度展示边缘基本情况、边缘设备与传感器运行状态、边缘数据、预警信息等,通过可视化平台能够获得较直观的数据分析结果。

(3)边缘缓存与端点续传:边缘缓存功能在数据传输模块中,在网络不稳定情况下起到数据不丢失的作用,稳定后再次上传。

(4)边缘安全:能够确保平台与数据传输两个层面的安全。

(5)时钟同步:为边缘数据提供精确的时间戳。

(6)数据压缩:考虑到5G流量限额,能够根据数据的采样频率进行压缩。

(7)云平台对接:边缘端能够将数据上传至课题五的智联云平台。

## 5.4 关键技术

### 5.4.1 基于北斗系统的桥梁结构变形监测技术

传统的结构健康监测技术主要依赖于人工监测,利用水准仪、全站仪等设备,测量观测点间的角度、高度、边长等,结合相对水平距离等参数综合计算桥梁变形;或是通过设置应变片、传感器等方法,获取各个连续点的应力情况,为还原桥梁真实应力应变状态给出数据参考。传统的拉线式位移传感器、LVDT(Linear Variable Displacement Transducer)传感器、激光传感器和全站仪扫描等方法基于现有的技术体系与学术架构,测量精度高,测试对象针对性强;缺点是过度依赖于人工,需投入大量人力、物力,观测周期较长,受制于人工工作不稳定、环境干扰等问题,数据质量、数据完整度等会受到一定干扰。以上传统技术手段的缺点是无法提供实时监测数据,需经由后处理才能得到实际情形,同时传统方法监测范围有限,对于特大尺度的跨海类桥梁基础设施,一般不具备全局监测的能力。

GNSS 卫星定位测量技术最早由国外在 20 世纪 80 年代应用于桥梁的变形监测。GNSS 定位测量技术有观测周期短、布点灵活、精度较高、可靠性好、时空统一性强、数据时序性好、安全可控等优点,作为一种低成本、长期性、干扰性小的健康监测手段,受到国内外结构监测领域的青睐。同时,GNSS 接收机本身具有授时功能,在融合其他传感器进行监测时,同一时刻取得的数据可借由 GNSS 系统进行时间标定,统一各传感器时钟误差,完成时间统一的任务;而由于 GNSS 定位属于绝对定位方式,给出的坐标值为经度、纬度、高程的绝对定位坐标,因此桥梁上各点的定位,可参考 GNSS 设备进行标定,从而完成空间统一的任务。

健康状态监测系统以北斗高精度定位服务、时空统一技术为核心,采用"云+端"的数据采集、数据处理模式,实时变位监测中,可达动态平面精度 1cm、高程精度 3cm,静态后处理分析中可达平面精度 2mm、高程精度 4mm。基于 5G 通信网络,多传感器与北斗的数据交互、融合可在边缘端实现,能够辅助卫星定位设备进行数据修正、精确定位,从而实现桥梁设施性能变化的长期监测,尽早发现结构安全隐患,主动地、有目的性地制定预防性养护管理措施,有效降低养护成本,延长基础设施寿命。

高精度、高稳定的北斗基准站是实施 GNSS 高精度变形监测的前提条件。考虑到可以有两种不同的解算方案,故设置两套基准站布设/选取方案,以解决不同的解算方案需求。

1)方案一:自建陆基基站

自建基站方案须尽量在桥体周围设计多个基准站,组成基准站网以提供高精度、高稳定的绝对坐标基准;由此,在野狸岛、洋环岛、九洲岛以及西人工岛建立了4个用于大桥监测的基准站并组成三角网(图5.4-1),保证三座通航桥距离最近的各自基准站长度不超过6km,其他监测点距离基准站不超过10km,因此设计的基准站网可全部覆盖港珠澳大桥的所有监测点位,基线距离小于10km,以达到毫米级监测的观测条件。

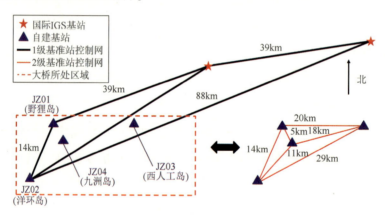

图 5.4-1　自建基准站网布设示意图

由于洋环岛和野狸岛紧邻内陆,地基较为稳定,而九洲岛、西人工岛两个基准站位于岛上,须谨慎考虑其地质条件不佳可能导致基站坐标不稳定,需要将其坐标点位的稳定性纳入定期监测范围,每周进行一次复测。基于此种考虑,需要将当前的港珠澳大桥基准站网(JZ01-JZ02-JZ03-JZ04)与国际 GNSS 服务组织(IGS)站点进行组网联测,即将洋环岛和野狸岛与位于中国香港的蝴蝶湾 HKSL 站、黄石码头 HKWS 站等 IGS 站组成基准站网,实现变形监测网的坐标基准统一。其中包括:

(1)1级基准站控制网:与 IGS 站联测,HKSL-HKWS-JZ01-JZ02 构成三角网,复核周期1个月。

(2) 2级基准站控制网：与1级网联测，JZ01-JZ02-JZ03-JZ04构成三角网覆盖整个港珠澳大桥，复核周期1周。

2) 方案二：复用周边基准站

方案二复用已接入中国交通通信信息中心高精度位置资源中心的广东省北斗基准站，尽可能少地重新建站。复用站点包括：南朗站（NLGT）、珠海站（ZHGT）、淇澳岛站（QIAO）、桂山站（GUIS）、深圳站（SZMW）。

解算方案采用国际领先的PPP-RTK北斗高精度解算算法，具有单向通信、稀疏布站、快速厘米级定位的特点。PPP-RTK是基于状态域（SSR）的一种高精度定位技术，通过对基站数据进行综合估计和建模，生成一套包含卫星钟差、轨道误差、区域电离层误差等的状态改正量，发送至流动站进行位置解算。

PPP-RTK服务端解算流程主要包括：

(1) PPP-RTK网端解算程序实时从互联网并行获取参考站观测数据、导航星历以及精密卫星轨道改正数；

(2) 对各参考站进行数据同步，选取参考站数据最多且满足时间阈值的历元供下一步处理；

(3) 基于TurboEdit方法进行粗差/周跳探测，并标记含粗差/周跳数据；

(4) 利用实时精密轨道及广播星历计算卫星信号发射时刻卫星位置及广播卫星钟差，其中广播钟差作为钟差估值的初值，需记录其IODE（International Oceanographic Data and Information Exchange，国际海洋数据及信息交换）信息来保证用户正确恢复精密卫星钟差；

(5) 剔除标记为粗差/周跳数据，剔除数据不完整或缺少对应卫星星历数据；

(6) 服务端固定参考站坐标，各系统间仅一个对流层公共参数，因此为提高网端计算效率，逐系统串行解算区域精密产品，并建模发送给用户进行使用。

## 5.4.2 基于北斗系统的高精度变形监测技术

为明确北斗GNSS系统的变形监测精度，本节将分析青州航道桥以及江海航道桥各个监测点在平面$OXY$和高程$Z$方向的时间变化规律，然后根据各个监测点的监测结果与桥上已有位移和压力传感器数据进行比较，从而进行验证。

1）基于自建陆基基站的解算方案

参考站 6031 位于西人工岛，与青州桥和江海桥相距 5km 和 14.3km。6031 基准站地基比较牢实，在数据分析期间认为该点的绝对坐标的变化忽略不计。故以此为基础，所计算得到的监测点位在平面和垂向上的位移变化是"独立的""绝对的"。北斗数据解算的采样率设置为 15s。

（1）青州桥变形监测精度验证

与水平位移计（DPM）比较：

解算青州桥 6052（过渡墩附近北斗测点）、6063（1/4 跨处北斗测点）和 6050（主跨跨中北斗测点）三个监测点的水平位移变化值，将时间统一成与位移计一致的北京时间，并将解算坐标统一到桥梁本体坐标系之后，与位移计数据进行比较。如图 5.4-2 ~ 图 5.4-4 所示，蓝色线条表示北斗解算结果，红色表示位移传感器监测结果。

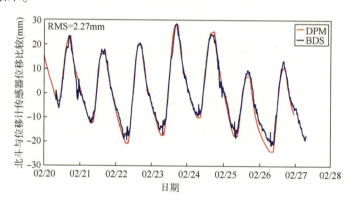

图 5.4-2　6052BDS 变形监测结果与位移计数据对比时间序列

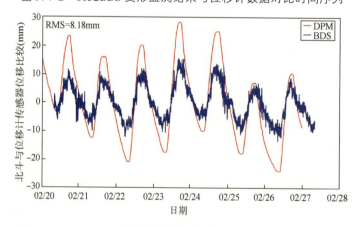

图 5.4-3　6063BDS 变形监测结果与位移计数据对比时间序列

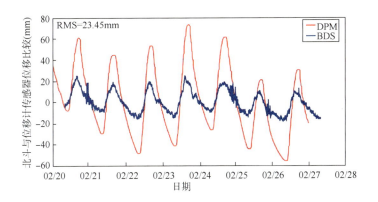

图 5.4-4 6050BDS 变形监测结果与位移计数据对比时间序列

由于 6052 位于过渡墩附近,其位移计数据反映了其顺桥方向的绝对变形大小,与北斗解算结果一致性最好,RMS 精度优于 3mm,而 6063 处于 1/4 跨处,其顺桥向位移量在 −10mm 到 10mm 之间。6050 位于主跨跨中位置,与珠海侧过渡墩距离较远,其实际计算得到的顺桥方向变化量明显低于位移计监测结果。

与压力计数据比较:6052 位于过渡墩附近,其压力计数据反映了其垂直桥梁方向的绝对变形大小(图 5.4-5),与北斗解算结果一致性最好,RMS 精度优于 4.1mm。6063 处于 1/4 跨处,其垂直桥梁方向位移量在 −20mm 到 20mm 之间,明显小于 6052 的变化量,与北斗监测结果一致性精度优于 4mm(图 5.4-6)。6050 位于主跨跨中位置,其垂直桥梁方向位移量在 −40mm 到 60mm 之间,是监测点位中变形量最大的。北斗监测结果与压力计数据吻合较好,一致性精度约为 5mm(图 5.4-7)。

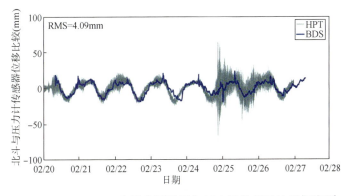

图 5.4-5 6052BDS 变形监测结果与压力计数据对比时间序列

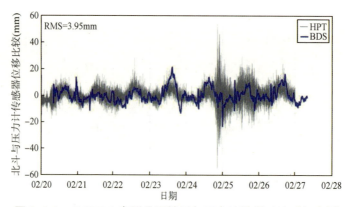

图 5.4-6　6063BDS 变形监测结果与压力计数据对比时间序列

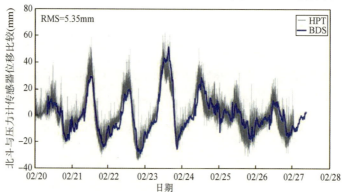

图 5.4-7　6050BDS 变形监测结果与压力计数据对比时间序列

（2）江海桥变形监测

以西人工岛 6031 为北斗基准站，距离江海桥监测点位约 14.3km，采用载波差分技术计算得到监测点顺桥方向、横桥方向和垂桥方向的位移量。

与位移计数据比较：JC07 是离香港侧过渡墩位移计最近的北斗监测点，其顺桥方向北斗基准站监测到的 7 天几何变化与位移计一致性 RMS 精度为 4.95mm，如图 5.4-8 所示。

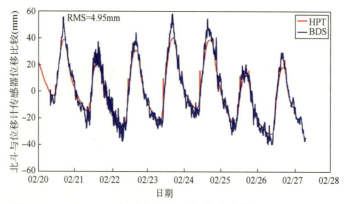

图 5.4-8　JC07BDS 变形监测结果与位移计数据对比时间序列

(3)主要结论

北斗监测结果在顺桥方向的监测精度优于3mm,在垂桥方向的监测精度优于5mm。从青州航道桥顺桥方向北斗监测结果可知,越靠近位移计的监测点其顺桥方向位移跟位移计结果一致性就越高,且位于不同段位的监测点,其顺桥方向变形差异较大;由垂桥方向北斗监测结果可知,靠近北斗监测点位的压力计数据与北斗监测结果一致性较高,且位于不同段位的监测点,其垂桥方向变形虽有差异,但是其浮动范围往往比顺桥方向小。

北斗监测技术可实现实时三维绝对变形监测,在大型桥梁的健康监测中具有明显的优势。一是可准确监测桥体顺桥方向、横桥方向各个部位的绝对变形量,这是位移计实现不了的(只能提供一维数据);二是可准确监测桥体垂桥方向绝对变形量,各监测点的位移监测完全独立,而压力计是局部高程变化监测,在大型桥梁中,很难实现垂向的绝对变形量监测。

2)基于复用基站的中长基线解算方案

本方案利用现有的北斗基准站,采用先进的PPP-RTK算法,基于40km中长基线,对北斗测点进行高精度解算,其中各测试点位的精度验证工作在江海桥进行,包含了与挠度计(HPT)以及位移计(DPM)的对比验证结果。江海桥北斗监测站测试点位布设示意图如图5.4-9所示。

图5.4-9 江海桥北斗监测站及其他传感器布设图

江海桥JC01的挠度与北斗U方向结果相关性很高,与北斗E、N两个方向的相关性较低(图5.4-10)。

JC02的挠度与北斗U方向结果相关性高,于6时左右达到峰值(图5.4-11)。

JC05的挠度与北斗U方向结果相关性很高,于6时左右达到峰值(图5.4-12)。

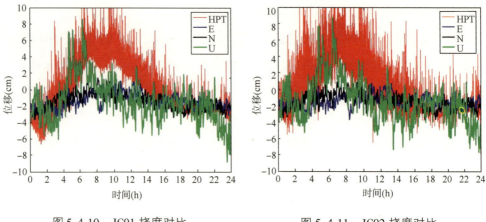

图 5.4-10　JC01 挠度对比　　　　图 5.4-11　JC02 挠度对比

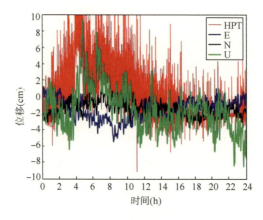

图 5.4-12　JC05 挠度对比

本方案同样解算了江海桥 JC07 监测点的水平位移结果，如图 5.4-13 所示，东西水平方向与位移计监测结果的变化趋势完全一致，RMS = 5.382mm，满足动态精度指标要求。

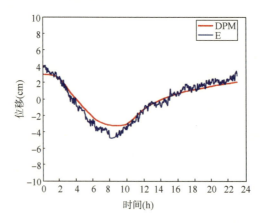

图 5.4-13　JC07 与位移计对比结果

总体来看,北斗监测结果与挠度计监测结果在高程方向相关性较好,变化趋势一致,但有些监测站的两种监测结果相关性较弱,可能是由此类监测点的挠度计实际安装位置与北斗监测点的安装位置相距较远导致。在自建陆基基站面临选址困难、维护困难等一系列障碍时,可以考虑将复用周边基站作为方案之一。

### 5.4.3　面向长封闭隧道的定位系统

长封闭隧道处于卫星信号的盲区,在隧道内无法直接沿用开放式的北斗定位服务。为提升长封闭隧道运营和应急管控能力,可采取在隧道内布设自主可控的隧道定位系统,实现长封闭隧道内定位信号全覆盖,使得普通手机、车辆导航系统、全国重点营运车辆等用户所使用的定位终端均可在隧道内正常工作,缓解隧道内无北斗信号的问题;该系统还可以协助管理部门及时发现安全隐患,迅速掌握事故准确位置信息,提升长封闭隧道安全运营服务能力。

1)基于UWB定位技术的隧道定位

UWB技术具有系统复杂度低,发射信号功率谱密度低,对信道衰落不敏感,截获能力低,定位精度高等优点,尤其适用于室内等密集多径场所的高速无线接入;虽然所占的频谱范围很大且使用的是无线通信模型,但其数据传输速率可以达到几百兆比特每秒以上。

UWB定位技术采用的是TOF(飞行时差)测距,TOF测距方法属于双向测距技术,它主要利用信号在两个收发机之间飞行时间来测量节点间的距离。模块从启动开始即会生成一条独立的时间戳。模块A的发射机在其时间戳上的a1发射请求性质的脉冲信号,模块B在b2时刻发射一个响应性质的信号,被模块A在自己的时间戳a2时刻接收。通过公式就可以计算出脉冲信号在两个模块之间的飞行时间,从而确定飞行距离。因为在视距视线环境下,基于TOF测距方法是随距离呈线性关系,所以测算结果会更加精准。

UWB的室内定位功能和卫星原理很相似,就是通过室内布置数个已知坐标的定位基站,需要定位的人员携带定位标签,标签按照一定的频率发射脉冲,不断和几个基站进行测距,通过一定的精确算法定出标签的位置。

而对于隧道定位而言,由于隧道路线固定,车辆在其中仅能单向行驶,在定位原理实现中可视为质点沿固定路线的单自由度运动,因此从原理上只需一组 UWB 信号即可完成隧道内的单点定位。但同样受制于隧道形状和信号衰减,真实布置方案应当因地制宜。

由于在隧道中,移动通信用的电磁波传播效果不佳,隧道中利用天线传输通常也很困难,可在同轴电缆外导体上开设槽孔,以此将电缆内传输的一部分电磁能量发送至外界环境;同样,外界能量也能传入电缆内部,即外导体上的槽孔使电缆内部电磁场和外界电波之间产生耦合,完成 5G 通信链路和网络定位服务;换言之,隧道中的 5G 信号通路由漏缆(漏泄同轴电缆)实现。

通过布置在隧道口的北斗高精度授时接收机作为信号中继站,隧道内定位系统实时选星、数据中继,实现北斗系统信号在隧道内的全覆盖。北斗导航隧道覆盖定位系统主要包括高精度授时接收机、中枢控制中心、卫星信号模拟播发设备和传输链路,由外部接收机固定北斗信号,中枢控制段重构隧道内模拟信号,播放装置实现隧道内信号覆盖。隧道中的接收机可以像在开放环境中一样,接收模拟信号,从而实现不更改原定位方法的隧道内/外定位模式切换(图 5.4-14)。

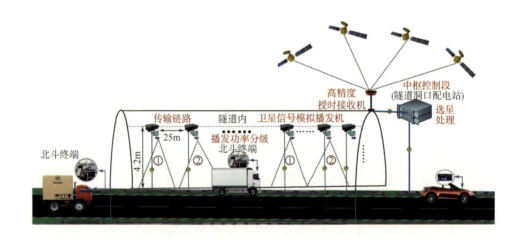

图 5.4-14　隧道内卫星信号中继与播发示意图

2)沉管隧道信号硬件平台开发

针对沉管隧道环境,设计了对应的定向播发天线样机和北斗信号模拟硬件平台样机,如图 5.4-15 ~ 图 5.4-17 所示。

图 5.4-15　时频基准同步激光器样机　　图 5.4-16　定向播发天线样机

图 5.4-17　北斗信号模拟硬件平台样机

为测试所研发设备,用光纤链路秒脉冲信号传递模组完成 1pps 信号传输。利用自研激光发射和接收模块,经过 10941m 光纤,时间传递偏差峰峰值小于 30ns,如图 5.4-18 所示。激光接收板的电路部分的附加时间不稳定度标准差为 0.6ns,峰值小于 4ns。

图 5.4-18　测试系统示意图

天线信号性能的测试在射频实验室中完成；测试结果显示，时频同步方案可初步实现时间传递偏差峰峰值小于30ns，激光接收板的电路部分的附加时间不稳定度标准差为0.6ns，峰值小于4ns，基本满足前期论证指标，在国内多节点时频同步方面具有先进性；针对沉管隧道设计的天线验证，所有工作频点的驻波比小于1.21，符合小于1.3的要求，工作频段内，天线轴比小于2.2dB，满足小于3dB的要求，信号边界区分较为清晰，在复杂环境信号覆盖方面具有一定的先进性。

### 5.4.4　5G边缘计算板卡开发

边缘端常常需要应对快速变化的场景、需求，应当具备接入多种物联网、连接多类传感器的能力，便于使用者部署异构化的边缘计算设备，因此可以采用功能模块化的构建思路，其中边缘功能组件可包括快速开发、实时性保障、时钟同步、数据压缩和云平台对接等模块，共同完成系统建设。

(1) 边缘快速开发模块

为提供硬件适应性强的软件快速迭代能力，可通过抽象容器化的边缘构件，减少边缘平台变更或重新设计、搭建的开销，边缘快速开发模块设计工作流程如图5.4-19所示，用户只需在边缘快速开发模块中选择所需构件、提供基本配置信息并准备好适合的硬件平台，即可交由边缘快速开发模块提供一体化的便捷部署方案。

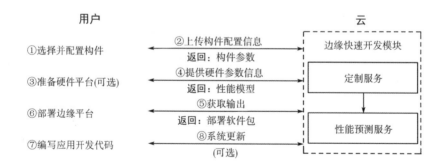

图5.4-19　边缘快速开发模块设计示意图

边缘快速开发模块研发主要分为定制与性能预测两个核心服务，需先广泛收集容器化边缘服务的核心构件，如端侧设备连接构件、数据处理构件、数据库构件、安全构件等，抽象其关键配置参数；同时应广泛收集边缘设备的硬件参数信息，搭建构件信息及硬件参数数据库，再根据需求，全面开展不同硬件情况下的构件性能参数测量工作，建立构件和硬件对应性能模型，如负载模型、延迟模型等。进一步的定制服务能通过构件配置项的简化、分类、聚合,针对性地研发构件参数可视化配置功能,实现配置的自动生成。构件之间的依赖关系,将根据依赖拓扑功能进行溯源和动态依赖检查。最后,通用边缘平台部署工具,能够实现不同配置文件、不同硬件平台的一键式平台部署功能,为系统快速部署提供柔性支撑。边缘快速开发模块的研发方案示意如图 5.4-20 所示。

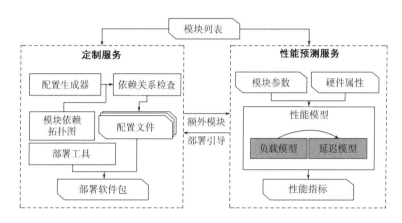

图 5.4-20　边缘快速开发模块研发方案示意图

(2)实时性保障模块

在容器化边缘计算的场景中,传统的容器调度平台如 Kubernetes(K8s)及其轻量化变种(如 K3s,KubeEdge 等)均无法感知细粒度服务请求,难以保证容器化边缘服务的实时性。为解决这一问题,可设计实时性保障模块,建立一套高效、精准的服务建模技术,从而能够广泛探测边缘设备、边缘服务的离线与运行时状态信息,并通过长短时结合的动态资源分配及服务副本控制策略,提高容器化边缘服务的实时性。出于可扩展性、鲁棒性及可移植性的考虑,可基于 K8s 进行开发,尽可能采用社区接受度高、经过广泛测试的开源模块。K8s 中将节点(设备)分为 Master 与 Worker 两种,Master 主要负责服务的调度,Worker 主要负责服务的执行、请求的转发与性能指标的监控。实时性保障模块将遵循 K8s 的规范,在 Worker 端研发请求转发代理,采用社区应用广泛的 Istio 与 Jaeger 模块,实现请求的监控与转发,将有实时性保障需求的服务请求通过实时性保障模块提供的网络代理转发到 Master 端,同时转发特定性能指标测量情况。在 Master 端,一方面将指标汇集到指定数据库中,为性能建模的训练提供数据支撑,另一方面结合预训练的性能模型,将运行时数据输入到调度器中,动态生成调度策略，最终实现容器化边缘服务的实时性有效提升。实时性保障模块的研发方案示意如图 5.4-21 所示。

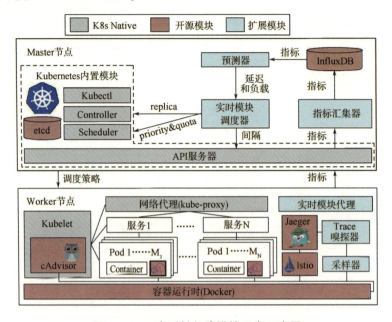

图 5.4-21　实时性保障模块研发示意图

replica-副本；priority-资源优先级；quota-资源配额

(3)时钟同步模块

北斗系统作为高精度定位系统，可以提供精确的时间信息，其关键作用在于为结构传感器提供统一、绝对的时间参考系。以港珠澳大桥为例，北斗是通过搭载北斗芯片的主板经由网线连接到边缘板上，二者存在时钟偏差。这一偏差将影响后续桥梁智能运维应用的精度。为尽可能减小时钟偏差带来的影响，需要进行边缘板的时钟同步。时钟同步模块的核心工作思想是借用网线直连的低时延优势，将北斗板的同步卫星钟信息实时播发至边缘端进行修正，再由边缘板的修正时钟信息为各传感器的信息提供高度同步的时间标记(图 5.4-22)。

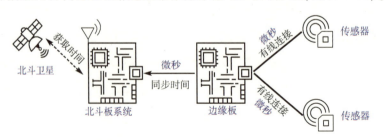

图 5.4-22　时钟同步流程示意图

由此，为实现上述模块化的边缘功能，需要从硬件层面上设计并定制边缘智能设备，规划了与北斗信号接收设备的连接方式，并根据桥梁结构健康监测应用及边缘智能设备管养需求选取传感器，为边缘端提供切实可靠的保障。系统硬件设计如图 5.4-23 所示，北斗信号接收设备（北斗板）将从卫星处接收到定位、授时信息，一方面将其直接通过无线（5G）传输到云端，另一方面将数据同步传输到边缘智能设备（边缘板）上。边缘板通过有线或无线的方式接入一系列端侧传感器，在边缘数据处理完成后，传回北斗板再通过无线（5G）传输到云端。设置两路传输的主要目的是保证北斗数据可靠传输的同时，充分利用边缘端资源，将北斗提供的精确定位、授时信息与多源、多模态数据融合处理。

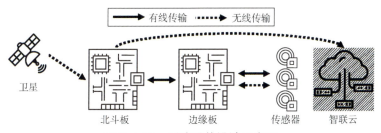

图 5.4-23　系统硬件设计示意图

此外，考虑到跨海集群的硬件运行环境，需要长期运行在户外，因此边缘板需在较恶劣环境下（高温、高湿、高盐等）支持较长时间的稳定运行，要求设备温湿度耐受性至少达到准工业级。同时，为保证边缘计算系统软件各模块的稳定运行、考虑边缘智能、边缘缓存等需求，边缘盒子的 CPU（中央处理器）、内存、存储等各类资源需要满足以上条件。在可扩展性方面，边缘盒子需要外接北斗盒子与各种协议的终端设备，接口设计上需具备网口、USB、RS485 以及 Wi-Fi、蓝牙等。

图 5.4-24 是根据硬件的设计方案进行的系统硬件研发方案成果示意图。

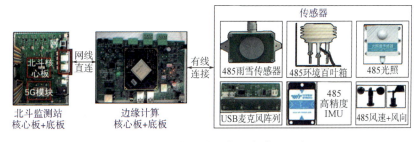

图 5.4-24　系统硬件研发方案成果示意图

根据系统硬件设计方案中提出的核心板关键性能参数，结合环境耐受性考量及接口可扩展性需求，广泛筛选常用工业级、准工业级核心板型号，兼顾硬件开源特性,便于进行二次硬件开发。根据实际应用需求,从性价比、稳定性等角度出发,广泛调研传感器品类,根据不同连接方式、可靠传输距离及其数据采集程序的可编程性,筛选合适的子集。根据选定的核心板与传感器,在保留一定可扩展性、确保电压、电流适配的基础上,设计核心板-传感器硬件接口。

## 5.5 港珠澳大桥5G+北斗系统建设

港珠澳大桥综合工程结构特点、所处区域及运维需求等因素进行了北斗系统测点布置,同时设计并定制了边缘智能设备,规划与北斗信号接收设备的连接方式,并根据结构健康监测应用及边缘智能设备管养需求选取传感器,实现云边融合的物联网平台。基于边缘计算需求,采用云原生的边缘计算技术框架,由5G网络为北斗提供服务;边缘计算设备能够实时采集各类传感器的数据,为大桥各传感器在边缘端提供安全可靠、稳定、实时的数据压缩、分析、告警等功能,实现大桥异常状态的快速响应与处理。

### 5.5.1 桥梁北斗系统建设

结合港珠澳大桥现有结构健康监测系统及位移挠度测点分布情况,根据北斗监测的测量精度、采样频率、结构健康监测相关行业规范等对港珠澳大桥的桥梁、沉管隧道和人工岛进行了测点布置,同时边缘计算节点结合部署环境、预算等实际情况,有选择性地完成协同部署。典型通航孔桥测点布置如图5.5-1~图5.5-3所示。

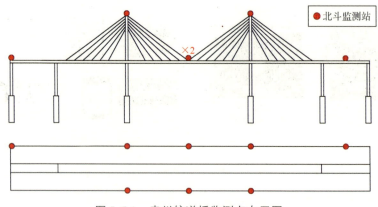

图5.5-1 青州航道桥监测点布置图

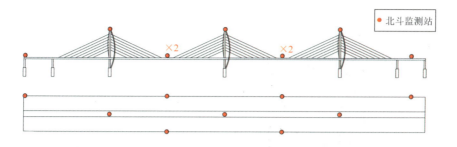

图 5.5-2　江海直达船航道桥监测点布置图

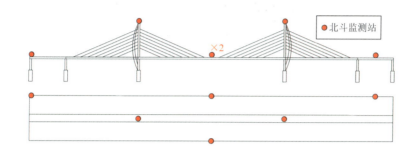

图 5.5-3　九洲航道桥监测点布置图

北斗监测点设计部署点位一方面需要有挠度监测的压力传感器，另一方面还需要涵盖主跨和边跨；实际布设过程中选取主梁跨中截面、4 分点截面、塔顶部作为主要观测截面，同时与压力变送器、位移计位置尽量保持一致。桥梁段的北斗测点施工过程图和完成图如图 5.5-4、图 5.5-5 所示，其中监测点底座采用焊接方式固定在梁体上，并根据所处环境要求对焊缝进行了防锈处理。

图 5.5-4　焊接底座与焊缝防锈处理图

图 5.5-5　机箱内部和整体实物图

尽管安装的北斗测点考虑了抗腐蚀性,但在早期工作中,布设在伸缩缝位置的位移传感器在大桥环境中受严重腐蚀,因此在后续工作中,对新安装的传感器增加了包含老化、高温等一系列测试的试验,给出了对应的测试报告。运行周期中,设备运行正常,累计采集 14 类约 7500 万条数据,并开展了数据分析对照以及边缘多源异构数据的融合工作,完成了海量数据采传收一体化方案基本功能。

### 5.5.2　沉管隧道北斗系统建设

港珠澳大桥沉管隧道总长 6.7km,隧道为两孔单管廊横断面;测点布置主要选取东人工岛敞开段管节的 1/2 截面、西人工岛敞开段管节 1/2 截面,每个截面布置 2 个测点,共计 4 个测点,测点布置方位如图 5.5-6 ~ 图 5.5-8 所示。

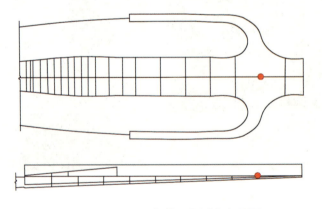

图 5.5-6　西人工岛敞开段测点布置图

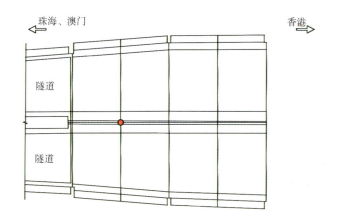

图 5.5-7　东人工岛敞开段测点布置图

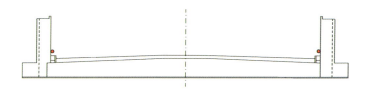

图 5.5-8　监测截面测点横向布置示意图

## 5.5.3　港珠澳大桥人工岛北斗系统建设

港珠澳大桥人工岛包括东人工岛和西人工岛,测点布设在人工岛两侧越浪泵房顶部、岛隧结合处及桥岛结合处,每座人工岛各布设 8 个测点,共计 16 处测点;测点布置示意图如图 5.5-9、图 5.5-10 所示。

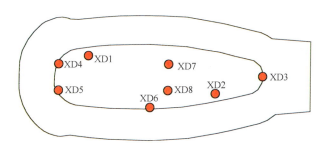

图 5.5-9　东人工岛监测点布置图

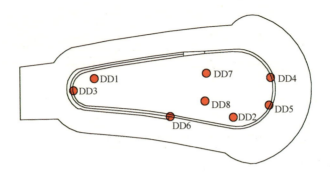

图 5.5-10　西人工岛监测点布置图

东人工岛测点布置：①人工岛两侧越浪泵房顶部 XD1 和 XD2；②岛隧结合处 XD3、桥岛结合处 XD4 和 XD5、南侧挡浪墙 XD6，四个点均布置在挡浪墙上；③岛上广场 XD7 和 XD8。

西人工岛测点布置：①人工岛两侧越浪泵房顶部 DD1 和 DD2；②岛隧结合处 DD3、桥岛结合处 DD4 和 DD5、南侧挡浪墙 DD6，四个点均布置在挡浪墙上；③岛上广场 DD7 和 DD8。

### 5.5.4　面向跨海集群设施智能化运维的边缘计算系统

针对港珠澳大桥数据多源异构的特点，研究复杂环境下低功耗广域网传输模型，提出抗干扰、自适应性强的传输机制；研究边缘计算智能算法压缩技术、计算负载动态迁移技术、边缘侧网络资源感知传感协同技术，通过在边缘侧对不同业务进行预处理，提高数据处理效率和实时性，并降低带宽与能量消耗。研究边缘侧多集群管理技术、多 CPU 架构支持技术、多运行环境轻量级编排技术，提高系统稳定性；研究支持多源异构数据处理的边缘计算系统架构，构建多类型边缘计算系统平台，形成基于边缘计算的海量数据采传收一体化技术方案；研究基于 5G 的网络带宽动态性能模型，提出秒级 5G 网络带宽动态性能预测算法；研究北斗数据在边缘侧的跨设备时钟同步技术，为多源多模态数据融合提供保障；研究北斗数据在边缘侧的可靠安全传输，提高数据传输的完整性及保密性。

1) 边缘管理平台

边缘平台的设备接入模块根据每个传感器具有的属性，设计了端侧设备模板。实际使用时将传感器每个属性的获取方式与绑定的边缘设备写入到设备实例中；数据采集程序利用开源串口通信协议库，根据生成的设备实例对每个传感器属性进行协议解析从而获取到传感器数据；获取到的数据通过消息队列发送到安全传输模块；整体模块依托于开源轻量级边缘管理框架与云平台结合开发实现，各样例图如图 5.5-11～图 5.5-13 所示。

图 5.5-11　边缘管理平台：节点远程接入样例图

图 5.5-12　边缘管理平台：节点远程控制样例图

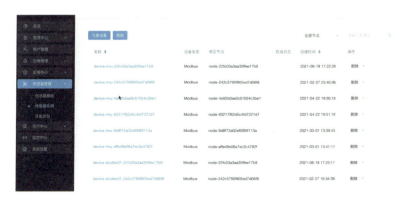

图 5.5-13　边缘管理组件：边缘平台样例图

可视化采用前后端分离方式、利用开源前后端框架进行研发。前端主要提供多维度数据动态可视化展示界面,后端主要提供边缘设备与传感器状态、异常预警信息、传感器数据、边缘设备状态等信息的接口,如图 5.5-14 所示。

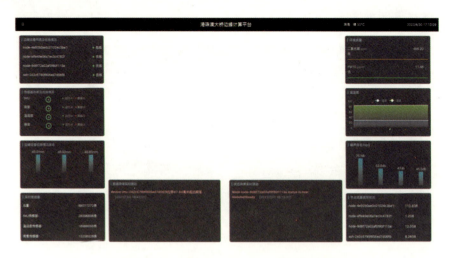

图 5.5-14　边缘管理组件:可视化平台样例图

2)边缘功能模块

(1)缓存、续传和数据安全模块

边缘安全组件包括边缘缓存与续传、平台与数据传输安全等。边缘缓存功能在数据传输模块中,当网络不稳定时可起到防止数据丢失的作用。如图 5.5-15 所示,在网络良好的情况下由输出插件直接将数据发送到云端时序数据库中;在网络不稳定的情况下,模块中开启缓存配置,将未能上传的数据暂时存储到边缘板子上,待网络稳定或者重连后续传。

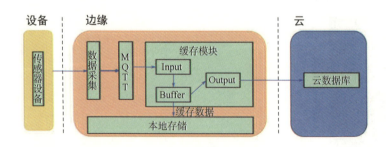

图 5.5-15　边缘缓存与断点续传架构框图

系统安全涉及平台与数据传输两个层面。如图 5.5-16 所示平台层面,包括控制与运维多使用加密的通信协议进行安全保障,由证书进行云-边双向认证。

边缘数据上云主要包括监控数据、传感器数据、流数据以及一些日志文本数据。为防止数据传输过程中遭遇泄露或被篡改,监控数据、传感器数据、文本数据、流数据在传输时同样使用 HTTPS 方式实现身份认证与数据加密,在边缘平台内部则通过系统安全、进程间黑白名单策略等方式实现访问安全。

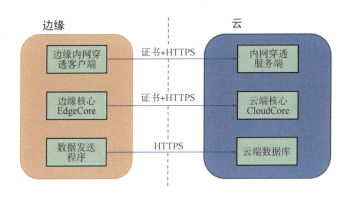

图 5.5-16  平台与数据传输安全框图

(2)边缘数据压缩模块

边缘侧数据根据其采样频率,可分为离散型数据与连续型数据。典型的离散型数据如温湿度、风速、风向等信息,可通过基于阈值、预测性模型的方式减少数据传输量;典型的连续型数据如音频数据,可通过统一的协议转换模块进行采集,采集中使用多媒体处理工具进行解码,然后通过音频编码工具提供可配置的压缩比例进行压缩后再上云进行存储。数据压缩过程如图 5.5-17 所示。

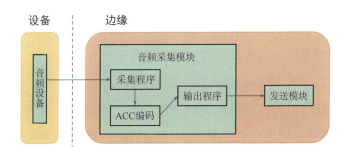

图 5.5-17  数据压缩架构示意图

(3)云平台对接模块

数据中台是数据的集中存储位置,边缘传感器、监控等采集的数据均需上传到云平台数据库进行存储。与智联云平台对接过程如图 5.5-18 所示。

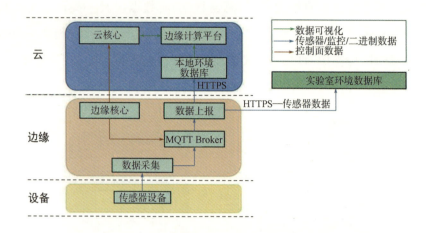

图 5.5-18　与智联云平台对接示意图

离散数据通过消息队列的方式发送到云端,内容还需包括边缘设备信息;连续数据通过 RTSP(实时流传输协议)流主动推送至云端。上云的过程使用证书与传输加密协议保证安全稳定。

## 5.6　本章小结

5G+北斗建设是以我国自主研发的北斗全球卫星定位系统为根本,通过 5G 技术的超高速、低延迟通信手段为高速公路的大规模定位、计算、导航提供信息。北斗卫星高精度的厘米/毫米级变形监测为桥梁健康监测提供了实时精确位置参考,其精密授时系统又能为其余传感器和硬件平台提供低延时、高精度的时间基准,提供了数据的时空融合基础,赋能隧道定位。

云边融合物联网平台是实现边缘计算存储的物理基础,是实现海量数据的预处理、预分析、预存储的技术支撑;搭建高效、安全、稳定的边缘计算系统,是实现 5G+北斗系统长期、稳健运行的有力保障。

基于北斗的变形检测技术能够实时监测桥梁的位移、倾斜、沉降等一系列关键数据,帮助管理评估,助力大桥维养。借由隧道定位技术,管理者可实时监测隧道内的交通状况,监控车辆行驶状态,为隧道的运维、车辆监控和应急处置提供重要的支持和帮助,帮助管理人员做出更科学、有效的决策,提高隧道的交通安全性和运营效率。

5G网络通信、人工智能、物联网传感器等技术和产品,可以很好地弥补传统的人工测量方法的不足;而基于北斗的交通基础设施智慧监测系统,实现在线监测、分析评估、智能预警,为第6章的结构健康监测系统打下坚实的基础。

# CHAPTER 6 | 第 6 章

# 智能维养装备及系统

## 6.1 概述

跨海集群工程体量大、结构复杂、易腐蚀区域多而分散,且长期处于复杂苛刻的服役环境下,传统人工定检存在一定缺陷,并不能满足整体工程高精度、高效率、高覆盖率的检测需求,因此,采用智能检测装备及系统代替传统人工检测是实现快速高效检测的重点。

随着结构健康监测技术的应用,通过安装加速度、应变、温度等各种传感器以获取包括结构的振动、变形、应力等结构响应数据,进而评估结构的健康状况,及时发现潜在的安全隐患。目前大多数的监测系统只是能测得大量数据,但无法对数据进行处理分析,存在数据处理能力不足、数据分析时效性不足、数据挖掘能力缺失、数据质量难以保障等问题,而且监测系统由于开发主体、开发环境、标准化进程等各方面原因,平台之间的数据交换和共享方面相对较弱,海量数据未及时处理,存在数据集成度低、关联程度低、信息利用率低等问题。

针对上述实际问题,即当前检(监)测与维养装备功能少、水下结构状态感知精度低、高空巡检作业难、接口标准繁杂、系统封闭、功能单一、可靠性差、信息化智能化程度低等,综合利用智能化无人船平台集控技术和水下地形、地层以及水下结构立体感知技术,建立水下结构智能监测平台与大数据融合处理系统,实现桥墩周边冲刷、人工岛斜坡堤结构周边冲刷、隧道顶部回淤等水下状态监测,以及水下结构物表观缺陷信息监测。采用大数据融合处理及演化分析技术,直观展示综合智能感知结果,为跨海交通基础设施及海洋工程水下检测提供有效技术支撑。通过配置携带感知识别设备或简易快速修复设备的磁吸附式、负压吸附式、轨道式、轮式等各类巡检机器人集群及其综合指控系统,构建病害智能化识别专家决策系统;并结合5G通信系统,实现抵近式巡检与维养,提高跨海集群设施移动式巡检感知装备的智能化水平。建立基于无人机机群的跨海集群设施巡检处置系统,可有效减少对结构设施的损伤和影响,大幅提升了检测效率,实现了桥梁和路面的常态化维养。

桥梁结构的健康监测,尤其是桥梁结构表面的缺陷,对桥梁结构的监测与评估、设计验证以及研究与发展具有重要的意义。尽早检查并发现桥梁病害与异常现象,准确地检测并确定结构物的损坏类型与级别程度,从而采用合理的加固维修方法是开展桥梁健康监测与维护的重要内容。以仿真计算为基础,进行桥梁正常运行状态下服役性能的正向诊断分析;以健康监测数据长期追踪反演为基础,开展桥梁结构状态的反向识别诊断,进行桥梁结构极端状况评估预警。随着设施状态感知手段愈发丰富,数据体量急速增大,通过构建基于大数据技术的智联管理平台,最大化发挥数据价值,调度运维资源、预测养护需求,实现维养业务协同联动,提高管理效率。

## 6.2 水下结构智能监测平台与大数据融合处理系统

### 6.2.1 建设背景

跨海集群工程受潮、浪、流、温度、盐度等海洋环境影响显著,需要综合感知系统对水下目标及其周围环境信息感知。目前,无人艇(船)及无人潜航器搭载多设备开展不同对象和要素的综合测量已成为该领域研究的热点,且正朝着全自动测量、处理、分析、决策等智能化方向发展,如密歇根大学的 BathyBoat 测量无人艇、珠海云洲智能科技股份有限公司的智能无人艇、上海华测导航技术股份有限公司的华微无人系列测量艇、中海达和南方测绘的测深无人艇以及各种类型和级别的水下机器人/无人艇(Remotely Operated Vehicle/Automated Unmanned Vehicle,ROV/AUV)等。水下目标状态感知无人平台集成多传感器,使水下目标低成本、快速、高效、准确的全息感知成为可能。

用于水下目标状态感知的搭载设备主要有多波束仪、浅地层剖面仪等声学和光学设备。其中多波束仪研制发展较快,国外已发展到成熟度较高的产业化阶段,形成了 EM、Seabat、R2SONIC 等系列化产品,其主要采用压注工艺、宽频带、低功耗、测深假象消除、CUBE 测深估计等技术,大幅降低了设备成本,提高了测深范围、精度和分辨率。

浅地层剖面仪是利用声波探测浅底地层的剖面结构,目前主流的生产厂商和产品型号有美国 ODOM Benthos 公司的 SIS 系列、美国 EdgeTech 公司的 3100

及 3200、德国 Innomar 公司的 SES 系列、挪威 Kongsberg 公司的 TOPAS 系列、我国香港的 C-Boom、杭州瑞声的 RS-QP0116 和中国科学院声学研究所的 GPY2000、PGS。在技术方面，借助超宽频技术解决了高分辨率与穿透深度的矛盾，延时记录和多波束技术可获得高覆盖率的记录剖面，发展中的三维浅剖探测系统满足了小目标精细探测及三维场景探测的需求。

由于海洋环境和实际作业条件复杂，无论是何种声学/光学设备，实际测量成果均会因为受海洋环境影响，与设备自身的标称指标存在较大差距。因此，考虑海洋环境场信息的测量技术和处理方法至关重要。目前，Caris、PDS2000、Triton 等国外多波束、浅地层剖面数据处理软件垄断了我国海洋测量数据处理市场，国内虽有以武汉大学为代表的数据处理软件在许多工程中得到成功的应用，但尚未完全商业化或产业化。

针对目前各类水下结构探测设备数据相互独立、融合能力不足、显示不友好等问题，可采用水下地形、地层以及水下结构精准感知的大数据融合处理及演化分析技术，建立集成多传感器的水下目标状态感知无人综合观测平台，直观展示综合智能感知结果，为跨海交通基础设施及海洋工程水下检测提供有效技术服务。

### 6.2.2 技术思路

水下结构智能监测平台与大数据融合处理系统建设主要包括基于多检测设备集控功能的无人艇水下综合检测系统和基于水下机器人系统的水下结构检测系统。技术思路如图 6.2-1 所示。

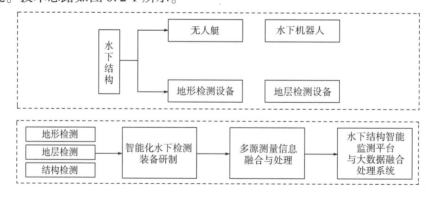

图 6.2-1 水下结构智能监测平台与大数据融合处理系统建设思路

## 6.2.3 基于多检测设备集控功能的无人艇水下综合检测

基于多检测设备集控功能的无人艇水下综合检测包括无人艇平台建设,水下地形、地层检测及后处理三方面。其中,无人艇作为水下检测设备的承载平台,为各检测设备提供运载工作,并配合各检测设备进行检测任务;水下地形、地层、海洋环境检测设备可在水下结构及周边冲刷状态下实现无人自主检测,对大桥周边海底地形测量和桥墩、人工岛周边的冲刷分析提供数据,并探测海底浅表层的地层结构,以及埋藏于地层的海底目标物,为隧道顶部回淤分析提供数据。

(1) 无人艇配置

无人艇具备自主航行、避障及定位功能,可按照设置的航迹航行,感知动态或静态障碍物,并根据测线实时调整无人艇航线;通过监视运行状态、感知环境功能,获取无人艇位置及航行水域的风浪、障碍物等信息;通过视频监控、远程控制及数据记录功能,调整监控视图,并记录位置、航向等航行信息。基于多检测设备集控功能的水下检测无人艇如图 6.2-2 所示。

图 6.2-2　基于多检测设备集控功能的水下检测无人艇

大型跨海集群工程每个结构之间可能存在 4G/5G 信号无法全覆盖、大桥桥面下方 4G/5G 信号不连续、应急情况下无人船/无人艇操控等问题。建设船岸通信系统,可增强船岸通信链路的稳定性,实现作业区域无人艇与岸基数据处理系统通信,以及无人艇与应急指挥车通信,保证岸基指挥控制中心与无人艇之间的高可靠、低时延通信。

地形检测大多采用多波束测深系统,该系统具备水深测量、调整工作频率、波束开角的功能,远程控制多波束测深仪启停、参数设置及声速剖面仪布放和测量功能,并可支持电台差分、网络差分、星站差分、CORS、千寻差分等差分方式。多波束探测系统检测地形数据时,测深误差小于或等于 0.2m(20m 水深条件);频率大于或等于 200kHz,且线性可调;波束最小开角小于或等于 30°,最大开角大于 160°,并线性可调;最大量程大于或等于 200m;水平定位精度满足 ±8mm + 1ppm,高程定位精度满足 ±15mm + 1ppm;支持航速大于或等于 10 节。

采用浅层剖面仪进行地层检测,该设备具有测深与浅剖同步测量功能,能够同时测量海底深度以及地层深度,并显示地层结构及厚度;系统具备远程控制浅地层剖面仪启停与参数设置功能;可接入定位定姿系统的定位和姿态数据,对测量数据实时补偿。浅层剖面仪探测地层数据时,探测深度为 20m(淤泥底质);垂直分辨率小于或等于 10cm;最大工作深度大于或等于 300m;支持航速大于或等于 10 节;供电电源为 220VAC/50Hz 或 24VDC;功耗小于或等于 300W。

(2)无人艇水下检测

无人艇作业区域环境温度宜在 0~50℃,海况宜不大于三级,浪高宜不大于 0.8m,水流流速宜不大于 2m/s,风速宜不超过 5 级风。

无人艇检测作业时,满载排水量无人艇最大航速不小于 18 节,续航里程不小于 200km,有效荷载不小于 2t,寻迹精度小于或等于 3m/6 节航速,悬停精度小于或等于 3m,三级海况下,无人艇减摇效果宜提高 70% 以上。

(3)多波束、浅剖数据后处理及数据融合

多波束数据后处理系统可对导入的测深数据进行编辑改正处理,按探测数据完成吃水、声速、潮位及高程改正,结合数据进行自动滤波处理或利用人机交互式方法,剔除不合格数据;而浅剖数据后处理系统可对导入的海上作业浅剖采集的数据进行滤波处理;可测量剖面厚度,支持层位拾取和导出。处理后的数据包括经度、纬度、高程等信息。并且,该系统能够将处理后的数据实时上传至检测数据可视化的软件。

数据融合及可视化是指对导入的多波束、浅剖后处理的地形、地层数据进行解析和融合,实现对地形、地层数据的项目化管理,通过 BIM 完成地形、地层的三维可视化呈现。

### 6.2.4 基于水下机器人系统的水下结构检测

本书提及的水下机器人是通过脐带缆进行信号和电力传输,在水下可自动定向、定深、悬浮和航行,并通过水面控制单元被遥控进退、横移、转向或升沉,从而进行水下结构检测作业的无人潜水器(图 6.2-3)。它可对跨海集群设施水下结构表观、基础周边地形进行检测,水下机器人获取检测结果数据后,可采用声光影像综合处理分析软件系统对原始声学、光学数据进行融合处理,输出整体声光融合的带表观信息的三维网格或者点云模型。

图 6.2-3　水下机器人

(1)水下机器人配置

水下机器人具备水下位置、水下姿态、部件工作状态以及周围环境等信息的实时监控和数据传输功能;可通过遥控方式快速安全布放和回收,并实时响应运动控制指令;可按规划路径自动行驶或者人工遥控至检测目标;具备远程摄录和拍照功能;具备无线通信中断或发电机故障状态下自动上浮的能力;具备推进器故障状态下能浮出水面并紧急回收的功能。水下结构表观检测时,采用水下结构表观高精度三维成像声呐检测技术,水下结构表观检测精度能达到 ±30cm,如图 6.2-4 所示。水下远程摄像测量时,采用 ROV 搭载分辨率不低于 1080P 的单目和双目高清水下摄像机,集成激光尺度仪等设备,操控远程摄像测量,远程获取水下高清照片、视频和结构物的表观缺陷尺寸。

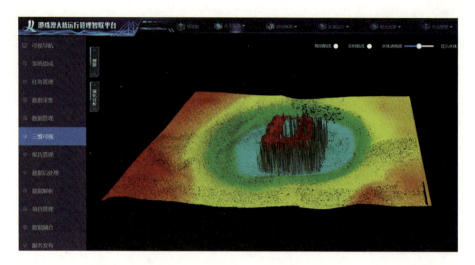

图 6.2-4 三维成像水下检测数据示意图

(2) 水下机器人检测要求

水下机器人检测采用国家标准定位和计时系统,定位坐标系可采用 CGCS2000 坐标系,作业时间采用中国标准时间(CST)。水下机器人作业区域海况不宜大于 3 级,浪高不宜大于 0.8m;作业区域水流流速不宜大于 2m/s;开展光学检测时,作业区域水体浑浊度宜不大于 25NTU。水下机器人检测作业时,其最高航速不小于 2m/s;在不大于 1.5m/s 流速下浮游悬停,悬停误差不超过 1m;在不大于 2m/s 流速下爬行悬停;脐带缆破断张力不小于 4900N。

(3) 声学/光学数据后处理

声光融合后处理需要具备缺陷识别、建模等功能;能够对水下结构无遮挡部位表观孔洞、开裂、钢筋外露、表层脱落等缺陷进行识别,缺陷识别准确率不小于 80%;声光融合后处理建立的水下结构物模型的形状误差宜不大于 ±30cm。此外,声光融合软件可按照规定格式进行保存和输出融合后的模型数据,并识别出其中的病害图片。

通过融合水下声学三维数据和水下光学二维数据,可获得具有表面图像信息的水下结构三维模型;根据图像对应的位置数据生成三维点云数据,通过图像分析算法对声光融合图像进行分析,可对桥梁、人工岛等水下建筑物疑似病害区域进行精确、高效分析和预警。基于点云模型的缺陷检测结果如图 6.2-5a)所示;通过声学、光学生成的三维模型如图 6.2-5b)、c)所示,在模型基础上依靠信息特征方式进行匹配融合,融合精度小于 ±30cm。融合后模型效果如图 6.2-5d)所示。

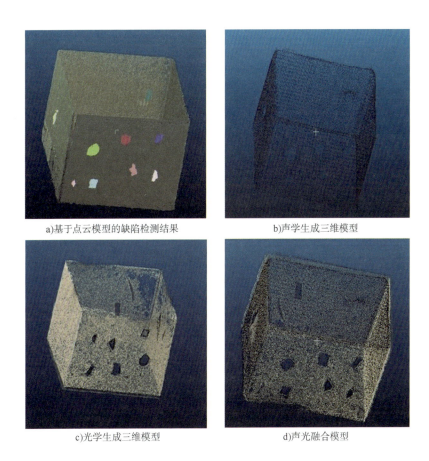

a) 基于点云模型的缺陷检测结果　　　　b) 声学生成三维模型

c) 光学生成三维模型　　　　d) 声光融合模型

图 6.2-5　水下结构物感知设备及检测结果

## 6.3　基于无人机的跨海桥隧巡查检测系统

### 6.3.1　建设背景

无人机具有传输实时性高、可深入高风险区域检测、安全便捷、机动性强、价格低廉等一系列优点,相较于传统巡检方式不仅极大地降低了专业人员的操作需求和缩减工作时长,更实现了照相设备、激光测距设备、照明设备、喷涂剂等设备的搭载,对斜拉桥的索塔、高墩立交桥墩柱等外观检查中桥检车无法到达的位置有着特别的优势,使巡检数据资料更加完整。同时,无人机可以在无人值守环境下完成巡查、检测、应急处置等多项任务,有效降低了工作事故的风险,且无需封闭或部分封闭作业面,解决了检查车辆长时间占用行车道影响通行的问题,保证了行车通行安全。

### 6.3.2 技术思路

针对跨海集群设施路政巡检、高耸建筑结构勘探的需求,研制了结构表观病害观测无人机、路政巡查无人机和应急处置无人机3类无人机装备集群及其作业保障设施。针对不同应用场景和业务需求,通过建设高能效的起降平台,构筑作业体系完善、场景适应能力强、应急处置高效的港珠澳大桥业务无人机集群,搭载长变焦相机及多种传感器设备的无人机,构建结构完整、可演示核心功能的综合指挥中心系统原型软件,实现高效准确完成跨海集群设施的巡检任务,实现跨海集群设施巡检、路政巡查、应急处置过程、海上态势的实时监控和显示,海洋信息互通,辅助作业行动开展,作业命令下达和作业信息反馈等交互功能。基于无人机的跨海桥隧抵近检测系统主要建设思路如图 6.3-1 所示。

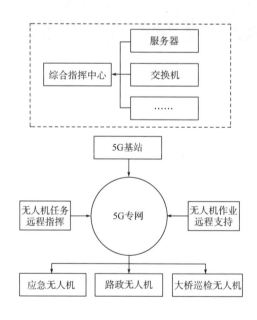

图 6.3-1 基于无人机的跨海集群设施巡检系统技术方案

基于主要路政业务、管理信息获取模式和无人化获取方式等特点,无人路政巡查的主要业务实现途径包括巡查、检查、勘察和取证。巡查主要以目测为主,定性描述有无异常状态并记录,采用监控系统、无人机、地面无人平台,实现路政日常巡查;检查则是进一步量化数据,形成检查表单,对异常状态的范围和概略尺寸进行测量,借助无人机和地面无人平台,实现对标志、桥下空间等部位的检查;勘察过程涉及标定、校准,对精细度的要求进一步提升,确定异常状态准确的尺寸和范围,满足定损赔补、修复计量等要求,实现事故勘验、定损赔补;取证主要是获取现场执法、施工监管、事故勘验等过程中全面而清晰的影像记录。

### 6.3.3 基于无人机集控的巡查检测应用

(1) 基于5G无线专网技术的无人装备指挥车

基于5G无线专网技术的指挥车(图6.3-2)作为水上结构无人装备的前线指挥控制系统核心,可满足多种智能无人装备在外海环境下重要基础设施周围集中应用时的信号控制、状态监控、数据回传处理等需求,提供通信、运输、能源保障,可实现装备状态监控、自动巡检任务的下发、任务执行过程中的任务状态监控、为一体化管控平台提供实时的检测结果数据。

图6.3-2　无人机指挥车

(2) 无人化抵近路政巡查装备与系统

针对海中桥梁和隧道路段路政的巡查需求,研发了无人化抵近路政巡查装备与系统,该系统采用基于机载UWB近距离编队相对导航、无人检测平台集群控制、多传感器融合等技术,搭载配备长变焦相机的无人机和轮式机器人,如图6.3-3所示。

a)无人机　　　　　　　　b)传感器　　　　　　　　c)轮式机器人

图 6.3-3　无人化路政巡查装备

无人化抵近路政巡查系统根据标志、标线的具体情况采用不同技术路线,采用基于语义分割的深度学习方法进行标线破损识别和基于目标检测的深度学习方法辅助进行标志识别。无人路政巡查软件系统(含装备自动调度模块)包括主系统和无人机、机器人等对应不同装备的子系统。通过典型病害采集、分级、制备、预置及智能化病害识别专家决策系统,实现了复杂电磁环境下跨海设施典型结构表面的智能化巡检,如图 6.3-4 所示。

图 6.3-4　无人路政巡查软件主系统界面

(3)高耸结构物巡检无人机

针对目前跨江海桥梁高耸桥塔结构物检测可达性差、检测覆盖率低、安全性不高、人员投入大、人工检测结果误判等问题,通过无人机抗风稳定性技术、系统通信方案设计技术、UWB 辅助定位技术、自主巡航技术、异种机型集控技术、检测设备集控等关键技术,搭建了无人机巡检系统,解决了结构表面真实缺陷/疑似缺陷判定的技术难点,实现了高耸结构物典型病害智能化巡检工作。

高耸结构物巡检无人机(图6.3-5)可识别桥塔、桥墩混凝土结构、钢结构涂层等典型病害,飞行时间不小于30min(10kg 负载),飞行器安全滞空抗风能力不低于15m/s(稳定风速),可识别线状缺陷(宽度≥0.2mm,稳定风速5m/s)、斑状缺陷(面积≥2mm×2mm,稳定风速5m/s)。

图6.3-5　高耸结构物巡检无人机

## 6.4　基于巡检机器人的跨海桥隧抵近检测与维养系统

### 6.4.1　建设背景

桥岛隧跨海集群工程长期处于高温、高湿、高盐、交变载荷等复杂苛刻服役环境下,其典型结构表面防护体系破坏,混凝土钢筋锈蚀,钢结构焊接部位及受力结构腐蚀损伤、沉管管节沉降变形、沉管隧道照明不足、排烟设施完好性受损等易发性病害难以被快速感知、识别。为满足跨海集群工程全生命周期运行、维养、安全保障等重大需求，针对目前跨海集群工程检测装备集成度不高、检测效率不高、检测数据专业性强、对用户专业技能要求高、人工摸排方式的效率和精度低、巡检装备复杂且可达性差、结构表面病害感知效率低、末端执行器工作的稳定性和精准性亟待提升等问题，有必要对典型结构表面服役状态智能巡检及检测装备开展研究，重点突破各类巡检机器人等智能化巡检装备研制、无人平台系统的多设备集成化设计、多源检测数据融合、复杂数据精处理、大信息流实时传输、典型病害图像化识别等技术瓶颈，形成感知与识别装备集成控制系统，克服当前检测与维养装备功能少、接口标准不一、系统封闭、功能单一、可靠性差、信息化智能化程度低等行业痛点，通过配置携带感知识别设备或简易快速修复设备的磁吸附式、负压吸附式、轨道式、轮式等各类巡检机器人集群及其综合指控系统，构建病害智能化识别专家决策系统，并结合 5G 通信系统，实现检测自动化、无人化、集成化、标准化、智能化、可视化，为跨海集群设施的维养决策评估提供准确、全面的数据支撑。

### 6.4.2 技术思路

针对跨海集群设施不同部位抵近巡检需求，研制了各类巡检机器人，并依照实际使用工况和功效，实现各类机器人快速配备、拓展病害巡检和修复装备的可达性。针对跨海大桥在复杂服役环境下关键部位表面防护体系破坏、沉管管节沉降、沉管隧道内设施完好性受损等易发病害难以被快速感知、识别的问题，通过配置携带不同感知识别设备的磁吸附式、负压吸附式、轨道式、轮式等巡检机器人集群及综合指控系统，结合 5G 数据传输和 UWB 盲区定位系统，实现抵近式巡检与快速维养，构建病害智能化识别专家决策系统，将车载病害信息识别和大数据与人工智能算法相结合，实现病害信息实时处理和预警，缩短识别和决策时间，提高结构表面病害检出率和修复效率，确保在海洋、大气等腐蚀环境下跨海集群设施典型结构表面防护体系的有效运行，提高跨海集群设施移动式巡检感知装备的智能化水平。基于巡检机器人的跨海桥隧抵近检测系统主要建设思路如图 6.4-1 所示。

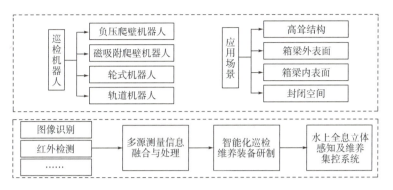

图 6.4-1　基于巡检机器人的跨海桥隧抵近检测系统建设思路

## 6.4.3　基于巡检机器人的跨海桥隧抵近检测与维养应用

(1) 钢箱梁外表面巡检机器人

针对钢箱梁外表面病害的检测,研发了磁吸附爬壁机器人。以磁吸附爬壁机器人为载具,以高清视觉图像、X射线、高光谱、电化学等多维检测技术与装备为手段,解决了结构表面真实缺陷/疑似缺陷判定的技术难点,实现了桥梁表面病害的无人巡检与智能精准感知。

针对桥梁外伸开放式大挑臂结构,研制具有高度适应性的机械臂结构,实现图像采集等检测设备的抵近与原位检测。钢箱梁巡检机器人系统应用于检测钢箱梁底部缺陷的同时,还能够完成桥塔底部特征结构识别,据识别得到的大挑臂特征,确定巡检工作步长。机器人在检测确定了巡检步长的情况下,可自主进行巡检作业,通过机器人 5G 通信系统,将检测信息传输至终端,完成数据链路传输,如图 6.4-2 所示。

图 6.4-2　箱梁外表面缺陷巡检机器人

针对占桥梁面积比重更大的平面结构的检测,研发了平面结构巡检机器人,如图6.4-3所示。该机器人可独立使用,适用于大桥底板、斜底板、立面等各类平面钢结构的巡检。针对钢箱梁结构表面缺陷及病害难以通过图像识别进行判定的问题,采用了高清图像、X射线衍射、高光谱等多种原位感知和检测技术,对涂层开裂及锈蚀、焊缝开裂等真实/疑似病害进行多因素检测,进而获取箱梁外表面缺陷的分类及聚类参数数据;采用基于卷积神经网络及 Faster R-CNN 深度学习平台病害识别的算法,建立多病害初筛+单病害检测的级联网络体系,对多因素检测数据(多源异构数据)进行时空配准,提高检测识别精度,建立数据级的病害识别模型,最终实现对桥梁结构外表面真实/疑似病害的智能识别与判定,对关键设施表面巡检的覆盖率达到91.25%,定位精度15cm,最大运行速度大于或等于1km/h,可识别线状缺陷宽度大于或等于0.2mm,斑状缺陷面积大于或等于2mm×2mm,为智能运维提供缺陷定位、病害识别与分级、病害工程量统计、服役状态评价等基础支撑数据。

图6.4-3 平面结构巡检机器人

在机器人定位与路径规划方面,建立遮挡情况下的高精度融合定位导航体系和路径规划算法设计及实施方案,解决了遮挡情况下的定位导航问题,通过自适应避障、路径规划算法、集群化巡检调度算法,满足机器人在箱梁外表面长距离的行走路径规划问题,实现机器人定位精度15cm的要求。

箱梁外表面典型病害全息感知与识别系统采用了钢表面磁吸附及同步运动

控制技术、5G数据传输技术、精准定位技术、自动巡航技术和能源供给技术,构建包括病害数据库、红外图像库、高光谱数据库、X射线数据库、测厚数据库、色差数据库和光泽度数据库在内的共7个数据库,基于传统图像处理理论的病害区域提取算法、基于多尺度感受的病害分类网络和yolo系列模型,实现了表面病害端到端的检测和高精度识别以及分类网络灵活部署。

典型病害识别系统可实现箱梁钢结构外表面锈蚀、剥落、裂纹、鼓包、变色等常见病害的在线检测,具备病害数据历史查询、严重病害实时报警、数据库人工添加等功能,根据病害的类型、数量、大小、位置等信息实现表面质量综合专家决策。此外,建立了箱梁外涂层病害检测及分类标准,所研发的涂层病害识别算法大幅提高了病害的识别速度,如图6.4-4所示。

图6.4-4 钢结构外表面病害检测系统

(2)钢箱梁外表面维养机器人

针对钢箱梁表面存在的缺陷和病害难以修复的现状,研制了基于爬壁机器人现有的载具组件、维养组件、轻质大尺度机械臂等组件的钢箱梁外表面智能维养装备,利用磁吸附爬壁机器人搭载相应的载具及快速修复材料,对钢结构外表面涂层锈蚀等病害进行修复。目前,该维养机器人定位精度可达25cm,负载能力达35kg,智能修复率达82%。

(3)钢箱梁内轨道巡检机器人

钢箱梁内部结构复杂,巡检覆盖范围大,跨越障碍频繁。针对钢箱梁内表面典型涂层病害以人工操控检修车、人力病害识别为主的检测现状,研制了适用于桥体钢箱梁内表面病害智能巡检的轨道巡检机器人系统,采用了大臂展机械臂协同控制技术,利用箱梁内轨道研制车体,同时,采用激光相机、涂层表面红外及可见光成像技术和模块化车臂分离式设计,具备涂层病害点云和可见光两种巡检模式,可针对箱梁内焊缝开裂、涂层开裂及锈蚀、箱梁内积水等多种病害进行检测,监控温湿度场变化。该装备可实现关键设施表面巡检覆盖率达90%,定位精度达1cm,最大运行速度大于或等于15m/min,可识别线状缺陷宽度大于或等于0.2mm,斑状缺陷面积大于或等于2mm×2mm,实现了箱梁内表面典型涂层病害信息智能化检测,如图6.4-5所示。

图6.4-5 轨道巡检机器人

在病害识别算法方面,针对收集到的病害样本提取了各种病害特征及其量值,开发了病害识别算法,形成钢结构涂层表面病害智能识别专家决策系统,使病害检出率、识别精度等满足检测的要求,实现了机器人采集图像、数据回传、展示、分析的全过程作业。

(4)混凝土表面巡检机器人

针对桥塔及桥墩表面典型病害的抵近检测需求,设计了负压吸附爬壁机器人,如图6.4-6所示。该爬壁机器人主要用在无人机初次巡检完成后,是对混凝土桥塔或桥墩的疑似缺陷进行精确检测的载具,有效解决了现有人工维养危险系数高、难度大、维养不全面等问题,大大提升了跨海桥梁维养的技术能力,延迟桥梁的运营寿命,降低由于桥梁损坏造成的经济损失。

图 6.4-6　负压吸附爬壁机器人

此外在智能维养方面,负压吸附爬壁机器人在搭载机械臂以及修复工具的条件下,可以通过指挥车下达维养作业指令,让机器人自主到达维养点,开展维养作业,可识别桥塔、桥墩混凝土结构的裂缝、麻面、剥落、露筋、空洞等典型病害,实现定位精度 5cm,可识别线状缺陷宽度大于或等于 0.2mm、斑状缺陷面积大于或等于 2mm×2mm。同时,研发了混凝土结构表面缺陷图像智能识别系统(图 6.4-7),实现混凝土表观病害识别、病害统计分析、严重缺陷报警、历史趋势跟踪以及初步分析评价等功能,解决亿级像素图像、小面积病害识别、病害定位等问题,可对 0.2mm 宽度裂缝进行远距离识别,识别速度可以达 2 张/s,平均准确率可以达到 80%。

图 6.4-7　混凝土表面病害识别软件

(5)沉管隧道内病害自动巡检机器人

针对沉管隧道管节沉降及隧道内典型病害智能化巡检需求,结合无人化沉降检测技术、渗漏水病害识别定位技术、自动化智能控制技术等多项关键技术,研制了由网络通信系统、驱动系统、感知避障系统、定位导航系统以及沉降、渗漏水、隧道健康监测设备构成的智能化隧道巡检装备,包括适用于沉管隧道内行车道和排烟道典型病害智能巡检的行车道机器人和排烟道机器人,如图6.4-8所示。

图6.4-8 行车道巡检机器人

其中,行车道巡检机器人首次采用机器人搭载全站仪的模式,通过高精度视觉识别,实现了棱镜自动瞄准,解决了隧道灯具、车辆等反射面的干扰问题;利用机器视觉、深度学习,通过机载精密三角高程测量系统及数据平差算法,实现了自主导航定位精度±7cm,管节沉降观测精度±0.7mm,续航时间大于或等于2h,解决了全站仪机器人需要人为粗瞄的问题,实现了长距离隧道内的精准定位和高精度沉降测量;而排烟道机器人首次采用红外阵列、智能识别技术及特种水敏变色涂料,在关键部位实现了渗漏水与冷凝水的精确区分,渗漏水病害智能识别面积精度为10cm×10cm。

同时,研发了沉管隧道内典型病害识别和数据采集系统,实现了机器人采集数据、回传、展示、分析的过程,将采集的数据上传至指挥车或后台数据库储存,检测完成后进行计算分析,最终通过后台显控平台进行显示。

## 6.5 结构健康监测系统

### 6.5.1 创新思路

结构健康监测系统是一种通过网络集成技术将分布在结构现场和监控中心的各类传感器、数据采集与传输、数据处理与管理、数据分析与应用的硬件设备、软件模块及配套设施连接在一起,具有对结构设定参数连续监测、自动记录、数据显示、报警评估的功能,辅助管理和养护决策的电子信息系统,是跨海集群工程安全运营的重要技术支撑。

传统桥梁健康监测系统通常采用离线批处理计算方案来满足海量信息处理的计算要求,但随着集群设施数量增加,传感器的布设数量也随之增加,对于超大规模异构数据处理的吞吐量、超低计算指标时延等业务场景,系统往往面临着难以实时、稳定处理海量监测数据等算力不足的挑战。

港珠澳大桥处于珠江出海口、伶仃洋海域,面临高温、高湿、高盐度、高振动、台风等严酷环境,对设备和巡检人员是一个巨大的考验;同时跨越的海域范围航道密度较大,通航要求高,海上运输繁忙,来往的各式船只对大桥具有一定的潜在威胁。港珠澳大桥结构健康监测系统主要采用自动化监测手段,针对通航孔桥、部分非通航孔桥、海底沉管隧道以及两个海中人工岛开展实时监测和定期数据分析,并通过集成地震安全监测、混凝土结构耐久性监测、沉管管节和人工岛变形监测等专项系统,构成了大桥健康监测技术体系。系统主要分为桥梁结构监测、隧道结构监测、人工岛结构监测、综合布线、监控中心系统、结构监测系统软件六个分部工程,系统总体构架如图 6.5-1 所示。

### 6.5.2 基于流式计算的海量数据实时分析处理

流式计算系统是融合复杂事件处理(Complex Event Processing,CEP)、可计算缓存等理念的实时流数据处理平台,通过在数据流转过程中嵌入流计算引擎将所有流过的数据进行实时处理,实时、自动地对监测数据进行深入分析,挖掘数据背后的信息,为桥梁正反结合的评估体系提供数据支撑,实现全监测业务流程的自动化,为管养人员提供更高效和更深入的数据支撑。

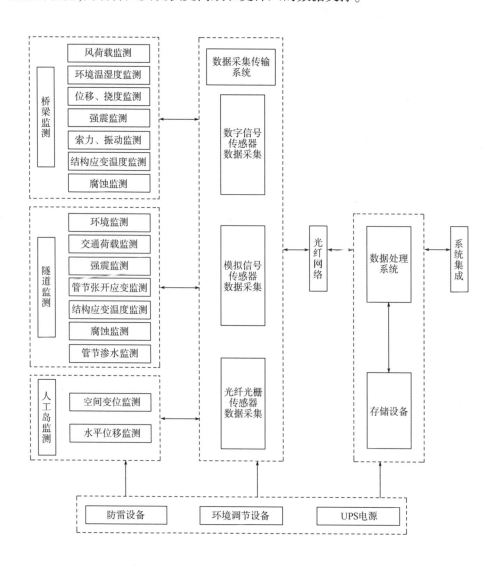

图 6.5-1　跨海集群结构健康监测系统总体构架示意图

流数据处理引擎是一种针对无限数据集设计的数据处理技术,这类数据集具有不断产生、本质上无限的特点;然而由于硬件配置、网络环境、执行引擎等原因,处理时间往往远大于事件时间。因此,实际上绘制出的事件时间和处理时间关系如图 6.5-2 红线所示;从整体上看,处理时间和事件时间的映射关系不是静态的,这将导致对事件时间敏感的实时计算会出现错误。另一方面,跨海集群的智能化运维技术方案采用大量的传感器和巡检设备,由监控端到数据中心进行海量数据的采集、传输、汇聚和处理,包括结构健康监测等实时在线应用场景对响应时延和系统吞吐量有着严格的要求。

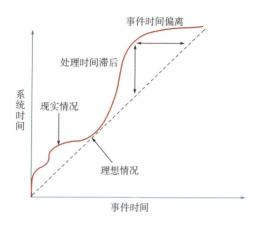

图 6.5-2　时间域映射关系图

基于 Kappa 架构设计的时间窗口动态漂移的海量流式计算技术是一种智能化、模块化、柔性化的流处理模式,基于分布式架构进行横向扩展,能够提升实时计算系统性能,其重点包括无边界数据流实时可靠关联补全、基于时间窗口的有状态计算、时序中间态表达、流数据异常检测和实时内存回收等关键技术问题,以支持复杂增量数理统计和无边界数据流连接等流数据实时计算特性,在算法优化和系统优化两个层面共同推进,为工业业务场景提供实时计算能力支撑。

系统获取数据后,将基于云平台提供标准的数据库对数据进行统一存储,数据中台将提供一个元数据管理平台来对各类元数据进行盘点、集成和管理,并通过丰富的联机 API 模块来对数据进行智能传输,为后续流数据的实时处理提供通畅的"信息高速公路"。

实时流计算技术是一种大数据处理技术,通过采用高性能、分布式弹性的 NoSQL 内存数据库架构设计,在面向低时延、高并发的实时计算应用场景时有着高可靠性、高可扩展性和分布式一致性的优点,时序处理能力强,计算模型管理简单方便,工作效率高、系统性能强。流计算引擎平台能够在同时订阅将近 50 个包含各种计算复杂模型的情况下,单物理节点(普通 X86 服务器)处理

40000笔/s以上的数据流水,其处理时效性均为毫秒级。

针对关键技术研究,主要进行了算法优化和系统优化。算法优化包括增量计算和异常检测,突破支持增量计算的复杂事件序列模式识别技术、支持时序中间态表达的新型数据结构技术、跳过平稳区域的流数据异常检测方法技术,采用支持实时分析的方差标准差的增量计算方法、时序数据连续性递增(减)次数等数理统计方法;系统优化包括功能优化和性能优化,突破基于时序中间态的跨流数据实时加工与数理统计计算技术、微批流处理系统中的动态数据分区方法技术、支持时间切片粒度的时间窗口滚动内存回收技术,采用基于时间切片的时间窗口动态漂移算法。

### 6.5.3 基于边缘计算的数据采集与分析

边缘端从硬件层面上为健康监测提供技术支撑;系统针对跨海集群数据多源异构的特点,研究复杂环境下低功耗、抗干扰、自适应的传输机制,在边缘端对数据进行预处理以降低带宽与能量消耗,提高数据处理效率和实时性,形成基于边缘计算的海量数据采传收一体化技术方案。

边缘计算系统通过自适应性的数据感知与传输的分布式协同模型、轻量级负载动态迁移等关键技术,能够提高数据传输的高效性和准确性。边缘侧的预处理可提升数据处理效率和实时性,降低带宽与能量消耗,并结合轻量级服务编排技术,最终实现多模态、多渠道海量数据的采传收一体化。

边缘计算系统采用云原生的边缘计算技术框架,使用5G提供的网络通信能力,并为北斗提供服务,在边缘侧实时采集各类传感器的数据,同时为大桥各传感器在边缘端提供安全可靠、稳定、实时的数据压缩、分析、告警等功能,也开放边缘能力为其他业务提供环境支撑,实现大桥异常状态的快速响应与处理。除了第5章中介绍过的基于边缘计算的5G+北斗结构健康监测系统方案,边缘计算系统还可围绕无人巡检等项目为健康监测提供如下侧面支撑。

路面异常检测:边缘端可接入高清摄像头并将路面异常检测算法精简部署在边缘侧,实时检测路面状况,提升运维安全性。

隧道巡检:在隧道处布设边缘计算节点,结合隧道巡检相关专家知识、算法与模型,在边缘计算节点中配备/集成所需传感器,确保隧道巡检能力。

跨海集群的 5G+边缘计算系统采用了当前主流、高热度的云计算、边缘计算、容器等相关技术,云计算可以处理集中式数据,边缘计算的引入使得大量数据无需传输到中心云,可加快响应速度、减少延迟,减轻传输带宽成本,为管理人员提供及时的决策、干预信息,以防止潜在的基础设施损坏或故障;其次,边缘计算有助于降低电池消耗和带宽成本,通过在网络边缘处理数据,可大大减少向远程云服务器持续传输数据的需要,降低用电量且有效利用可用带宽,最终实现成本节约。相较于单独的云计算,云、边结合式的计算系统可以提供更智能、更安全、更高效的处理方法。

### 6.5.4 港珠澳大桥结构健康监测系统应用

结构健康监测系统部署于港珠澳大桥智联平台,受智联平台统一管理和资源支撑。结构健康监测系统产生的所有数据接入港珠澳大桥智联平台的数据中台中,业务系统从中台获取数据。数据中台接入各种静态及动态异构数据,实现对结构健康监测系统所有数据的资产化,并对数据资产进行有效的加工和管理。数据中台推动项目全部数据落地,统一处理外部数据接入、数据存储、数据清洗、数据治理、存档备份,并提供直接数据访问(即针对存储引擎,不含业务逻辑)接口,充分利用统一数据接口来降低不同系统间交互的成本,使得平台的数据共享和能力共享变得更简单。

截至目前,面向港珠澳大桥所部署各类传感器产生海量的源数据(接入传感器 1204 个、通道测点数据 1349 个,光纤光栅解调仪 10 台、CRIO 采集仪 21 台、一体化数据采集站 15 个,所产生的原始数据为每秒约 2 万条,每日 18 亿条/20GB,每年采集数据量约为 6500 亿条/7TB),构建新一代覆盖全桥的实时感知与分析健康监测网络,实现大桥结构实时监测、分析集成、实时报警、自动化生成监测报告。基于实时流计算的海量数据聚合技术,实时计算与预警斜拉索索力、大振幅振动状态的加速度均方根(RMS)、涡振状态的振动幅值比(SRA)和能量集中系数(ECC)等关键指标,识别桥梁结构模态参数(频率、阻尼比、振型),实现不同振动状态自动识别和报警。同时,对不同监测内容的长期监测指标信息进行分析,挖掘各类环境、作用、结构响应监测指标随时间、空间的变化趋势,挖掘多指标的相关性等信息(图6.5-3)。

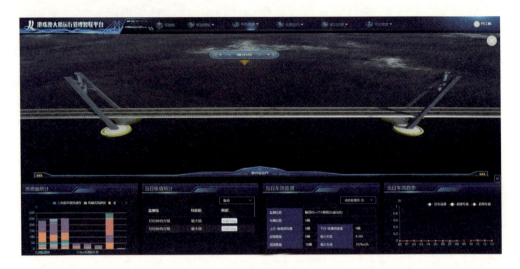

图6.5-3　结构健康监测平台

形成基于时间窗口动态漂移的海量流式数据实时计算技术方案,为结构健康监测、实时在线评估等长周期、多维综合决策场景提供实时计算能力支撑,单机计算能力达到3.8万事件/s,平均时延≤10ms,集群吞吐量达到10万事件/s,平均时延≤10ms,实现监测数据实时计算、报警和关键指标展示;相比原监测系统,数据处理能力提升约850%、计算平均时延降低约98%。

而作为结构健康监测系统的基础保障,已完成青州航道桥和江海桥的"5G+北斗+边缘"设备安装,共采集14类传感器数据约1亿条。基于已完成的采传收一体化系统,研发了原型专用软件,系统框架如图6.5-4所示,且各项系统指标已取得CNAS第三方测试报告,完成了边云数据传输上线率与数据压缩率两项指标测试。分析对比风速风向等传感器数据和封桥时期气象数据,基本完成港珠澳大桥桥梁部分大风极端天气预警系统构建。边缘计算采传收一体化系统设计与实现期间,形成了边缘计算采传收一体化系统测试报告1项,突破了秒级5G网络带宽预测关键技术,上下行精度中位数达90%。

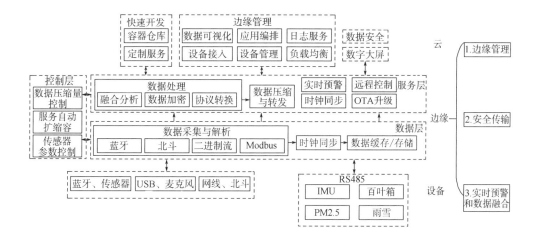

图 6.5-4 边缘计算采传收一体化系统原型软件框架图

Modbus-—种通用的串行通信协议；IMU-惯性传感器，Inertial Measurement Unit

## 6.6 本章小结

  智能检测装备及系统建设依托 5G 和大数据融合处理，以无人船、无人机和巡检机器人等巡检工具为基础，研究开发了巡检无人机、各类巡检机器人和无人船水下综合监测平台，集成搭载了多传感器检测设备。通过 5G 通信指挥车和集控平台统一调度指挥，突破了无人机集群控制与 UWB 信号中继、多类型巡检机器人集控、5G 无线专网检测数据高效传输、船岸远程通信、多源监测数据融合后处理、病害智能识别与分级分类等关键技术，可实现对桥梁水上结构、水下地基及沉管隧道内表观典型病害的检测，结合自主开发的病害识别专家决策系统可实现对病害的在线智能识别与分级。同时，可远程直观展示实时检测现场与测试数据，为跨海桥岛隧工程提供高效的智能巡检服务，解决了目前传统检测手段可达性差、检测覆盖率低、检测效率低、检测数据回传障碍、检测环境差、人工检测结果误判等问题，可提高长距离桥隧结构的维养工作效率、降低人员投入、消除检测结果人工误判，具有良好的长期经济价值和智能化提升示范效应，为桥岛隧集群设施服役寿命的延长提供了良好的维养保障。智能检测装备的运用，实现了跨海大桥病害智能识别和检测、水下结构表观状态检测和覆盖跨海大桥全区域的系统通信稳定,保证了各智能检测系统与地面操作指挥控制中心进行高效的协同工作,为桥岛隧结构的智能检测和维养的进一步发展提供了经验和技术支撑。港珠澳大桥结构健康监测系统能够对数据进行快速响应,依托数据中台和流立方平台的支撑,提高了数据管理与处理的稳定性和实时性;对数据进行实时展示、分析和报警,实时、自动地对监测数据进行深入分析,挖掘数据背后的信息,结合响应数据的"荷载感知数据-桥梁状态预警"的反向评估方法,为桥梁正反结合的评估体系提供数据支撑;实现数据处理、数据分析、超限报警、监测报告生成等全监测业务流程的自动化,为管养人员快速提供最新的结构状态信息和警示信息,并能够根据管养人员需求一键自动化生成监测报告,为管养人员提供更高效和更深入的数据支撑。

# CHAPTER 7 | 第 7 章

# 跨海集群设施服役环境数字化与全生命周期的智能化维养管理系统

## 7.1 概述

跨海集群设施所处的自然环境恶劣,其本身的状态感知困难,且海洋高温、高湿、高盐环境给材料与结构耐久性带来威胁,严重影响结构预期使用寿命。在集群工程服役状态智能评估领域,国内外监测与评估系统主要针对单一结构设施和特定阶段,而对由桥梁、人工岛与沉管隧道等组成的超大跨海集群设施的系统性监测、全寿命评估及智能化维养则是一片崭新的领域。由此可见,跨海集群设施的全生命周期运行、维养与安全保障是涉及数据互联融合与智能维养管理等领域的综合性难题,其技术难点主要集中于:服役状态感知能力低、监测信息利用率低、交通风险主动管控效率低、运维管理信息化和养护决策智能化程度低。

针对目前跨海集群设施结构服役环境演化与性能退化机理研究不足,仿真、评估和预警时效性差、可靠性低等问题,以全天候时空感知数据为基础,引入大数据智联平台下的数据智能处理技术,在实现数据驱动的同时从流固耦合、固固耦合等角度建立桥岛隧性能实时在线评估和分级预警的力学、数学模型,并在上述过程中借助人工智能算法实现力学、数学模型重复更新、反馈及自适应调整,形成融合大数据协同互联互通的桥岛隧实时在线评估及分级预警技术。

目前交通基础设施的维养系统多是针对单体工程的养护管理业务,既难以辅助管理跨海集群设施的维养全过程,也难以实现全生命周期维养决策。以跨海集群设施全生命周期理论为指导,借助先进技术改造集群设施维养全过程,开发覆盖全设施、打通维养全业务的跨海集群设施数字化维养管理系统。借助三维数字模型串联集群设施建设期和养护期的全过程信息,融合人工巡检、智能设备检测以及实时监测等多源数据,构成维养大数据;采用知识抽取与融合技术,建立维养领域知识图谱,形成维养知识库;采用知识推理技术,突破经验决策的技术瓶颈,推动建立数据和知识双驱动的维养决策方法,实现维养全流程的自动化、数字化、智能化。

目前,我国已经形成了一套较为完善的跨海桥梁结构的检测、监测与评估技术体系,并在大量的工程应用中得到了应用和发展,为跨海桥梁结构提供了有效的保障和管理手段。然而,港珠澳大桥以人工岛作为桥隧转换设施的应用在国内属于首次,关于人工岛评定和沉管隧道评定的理论方法和技术体系在国内外尚处于空白,缺乏可参考的技术规范和标准。目前在集群工程服役状态维养领域,国内外运营及科研人员主要针对单一结构设施及特定服役阶段,导致各组成部分的评估体系相互割裂,不可避免地造就了"信息孤岛",制约了运维决策的协同联合及高质效实施。而对于建设规模更大、运营难度更高、涉及领域更多的跨海集群交通基础设施维养决策,无法单纯依靠人工巡检、随机抽查以及限制荷载等传统方法,现行标准规范所提供的评定方法及实施流程难以高度契合智能运维与决策,尤其是对于港珠澳大桥这种由桥梁、人工岛与沉管隧道组成的超大跨海集群工程,迫切需要建立全方位感知及系统化评估体系。

本章基于跨海集群设施监测大数据及全寿命维养理论,研究构建桥岛隧一体化资产管理平台,打造综合性跨海集群设施病害知识库,创建跨海集群设施结构一体化评估体系,开发全生命周期下桥岛隧结构一体化智能维养决策系统。

## 7.2 桥岛隧一体化评估技术思路

针对跨海集群设施运维资产数量大、类型多、领域广的特征,研究构建资产管理平台,对固定静态资产、机电类资产、监测类资产、应急资产、维养资产等各类资产进行精细化管理,对资产信息初始化的同时完善资产的时空性关联信息。基于信息化模型进行数据可视化,覆盖身份标识、设计、施工等信息,以打通检测、评估、决策、维养四类动态业务数据的数据孤岛问题。

为打破检测业务壁垒(巡检、定检、特检、专检等)并建立标准化、规范化的病害信息采集与管理流程,首先应依据跨海集群工程实际构件情况,在构件层次下增设若干级子构件,形成跨海集群工程结构解析层次扩展模型,以全面评估跨海集群设施结构适应性状况。其次提出由一系列反映结构性能状况的多个参数组成的综合性长期服役性能指标，基于可观测性、完备性、独立性、一致性等指标筛选原则，并结合跨海集群工程维养需求的性能目标或其水下结构服役状态检测、水上典型结构部位的病害全息感知以及现有健康监测数据反映的结构服役状态，将性能目标依次拆解成多个性能指标。同时，对非跨海结构的常见病害进行梳理分类，获取其典型病害。针对不同结构类型的病害特征，整理并明确病害的特征值及相应处理方案，完善多源病害信息接入、病害长期追踪的业务流程，实现病害发生、发展、处治的全过程追踪、评估与决策，为病害库与结构评估之间的相互联系增效促能。

跨海集群设施的结构性能评定通常分为技术状况评定与适应性评定，其中技术状况评定针对表观检测，其主要内容包括性能指标分级评定和总体技术状况评定。技术状况评定中，前者依据结构初始检查、定期检查资料，通过对结构各部件技术状况的综合评定，确定结构的技术状况等级，从文字定性描述、数值定量描述以及分级标准图三个方面界定指标标度，以大量病害图片为基础建立分级标准图，并进一步提出各类结构的养护措施；后者则需以安全监测系统部分长期监测数据中提取出的统计特征值作为技术状况评定指标的代表值。适应性评定是依据结构定期及特殊检查资料，结合试验与结构受力分析，进一步补充评定结构的实际承载能力、通行能力、抗灾害能力、耐久性等数据，从而提出结构养护、改造方案等维养措施。

针对桥岛隧跨海集群设施行业内人工巡检技术局限性大、服役状态感知能力低、运维管理信息化和养护决策智能化程度低及风险预警、决策和管控协同水平不高的问题与现状，跨海集群工程需融合技术状况评定和适应性评定，构建桥岛隧一体化安全评估技术体系，打通"数据感知-仿真分析-结构响应-结构评定-维养决策"业务链条，为桥岛隧服役状态评估奠定理论基础，为桥岛隧一体化评估系统研发提供理论支撑，总体思路流程图如图7.2-1所示。

(1) 桥梁正反结合评估体系

着力于实现桥梁正常运行及极端状态荷载场精确转译与重构、桥梁结构荷载动态响应以及桥梁抗灾害能力、通行能力、承载能力评定等核心功能，从而构建"荷载仿真-桥梁响应-结构评估"正向评估与"监测数据-状态预警"反向评估方法，最终形成正反结合的"协同进化"评估技术体系。

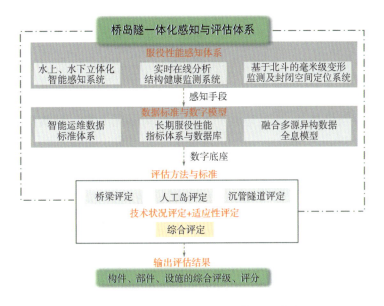

图 7.2-1 跨海集群设施桥岛隧一体化评估流程图

(2)人工岛综合评估体系

通过设置水文动力要素基准站,研制桥区水文要素精准预报系统,研发桥梁基础冲刷和波流力荷载仿真及重构技术、沉管隧道覆盖层回淤的仿真模拟和评估技术、岛桥接合段上部结构波浪力监测评估技术、岛隧接合部冲刷和人工岛水浸及护岸稳定评估技术,构建基于多源数据融合的智能评估和分级预警系统。

(3)沉管隧道服役状态评估体系

研发沉管隧道服役性能关联集与大比尺试验验证平台,研究基于多源数据推演的主体结构以及基于灾情反演的机电设施服役性能智能仿真模型;提出沉管隧道服役状态关键性能的预警阈值,建立评估方法与分级预警技术体系。

针对跨海集群设施,基于重要性系数对各类构件运维状态进行评定,通过分析评判结果,给出可、宜、应等要求的处理建议。同时构建应急处理规范,对结构关键性区域、重要性运维节点的检测,实行一票否定制度。

## 7.3 跨海集群设施资产运维

桥岛隧跨海集群设施的海量资产分为土建设施、机电设备、维养装备和物资物料四大类。其中土建设施包括桥梁、人工岛与沉管隧道；机电设备包括供配电、照明、通风、给排水、消防、通信、监控等10类设备；维养装备包括检测装备、维修装备、应急装备等；物资物料包括备品备件、应急物资等。

桥岛隧一体化资产的海量规模主要体现在土建资产和机电设备的数量。桥岛隧按照结构层级划分，共划分为573万个结构单元。机电设备中的监控设备共包括482个摄像机和1266个结构健康监测传感器。土建设施与机电设备单元数量见表7.3-1与表7.3-2。

土建设施结构单元数量　　　　　　　　表7.3-1

| 土建设施工程单元 | 结构单元数量 | | |
|---|---|---|---|
| | L6.1 | L6.2 | L6.3 |
| 互通立交匝道桥 | 128 | 250 | 293 |
| 收费站暗桥 | 947 | 4680 | 4730 |
| 口岸连接桥 | 51 | 452 | 460 |
| 浅水区非通航孔桥A | 145 | 1040 | 70300 |
| 九洲航道桥 | 145 | 1390 | 118700 |
| 浅水区非通航孔桥B | 733 | 5170 | 336700 |
| 深水区非通航孔桥A | 106 | 894 | 322300 |
| 江海直达船航道桥 | 142 | 1310 | 385300 |
| 深水区非通航孔桥B | 885 | 7660 | 2650000 |
| 青州航道桥 | 209 | 2230 | 420200 |
| 跨越崖气田管线桥 | 37 | 292 | 100200 |
| 深水区非通航孔桥C | 404 | 3340 | 1200000 |
| 西人工岛接合部非通航孔桥（右幅） | 47 | 205 | 215 |
| 西人工岛接合部非通航孔桥（左幅） | 47 | 139 | 149 |
| 东人工岛接合部非通航孔桥（右幅） | 71 | 215 | 229 |
| 东人工岛接合部非通航孔桥（左幅） | 71 | 213 | 228 |
| 沉管隧道 | 3310 | 35100 | 39400 |
| 东人工岛 | 5 | 128 | 1070 |
| 西人工岛 | 5 | 69 | 1310 |
| 汇总 | 7488 | 64777 | 5651784 |

**机电设备单元数量**  表 7.3-2

| 机电设备类别 | 单元数量 |
|---|---|
| 供配电设备 | 3597 |
| 照明设备 | 16182 |
| 通风设备 | 604 |
| 给排水设备 | 497 |
| 消防设备 | 2571 |
| 监控设备 | 1641 |
| 通信设备 | 1124 |
| 收费设备 | 538 |
| 综合管线设备 | 1017 |
| 防雷接地设备 | 74 |
| 合计 | 27845 |

注:L 指模型精度等级。

精细化管理规模如此庞大的资产,对于具有复杂结构关系的土建设施和机电设备,是一个艰巨的挑战。为此可基于信息模型对土建设施资产及机电设备进行管理,同时可直观地展示土建设施构件及机电设备几何形状、空间位置、结构关系及静态动态信息等,如图 7.3-1、图 7.3-2 所示。

图 7.3-1　基于信息模型的土建设施资产管理

图 7.3-2　基于信息模型的机电设备资产管理

跨海集群设施的精细化资产管理体现在管理的粒度和信息的深度两方面,土建设施的管理粒度细化到零件级,以桥梁的钢箱梁为例,最小管理单元细化到焊缝和螺栓,如图 7.3-3 所示。

a)螺栓精细化管理　　　　　　　　　　　b)焊缝精细化管理

图 7.3-3　基于信息模型的零件级精细化管理

信息深度方面,按《桥岛隧智能运维数据　桥梁结构》(T/GBAS 3—2022)、《桥岛隧智能运维数据　人工岛结构》(T/GBAS 50—2023)、《桥岛隧智能运维数据　沉管隧道结构》(T/GBAS 49—2023)中构件元数据的相关规定,共采集和录入近 1 亿条设计和施工信息,如图 7.3-4 所示。其次,针对构件开展的检测、评定、决策和维修等活动过程中产生的数据也通过构件唯一身份标识(ID)与构件关联起来。精细化的信息模型,可叠加真实、准确、全面的静态、动态数据,为智能化运维的数字底座提供数据支撑。

图 7.3-4　设施构件单元设计、施工信息初始化

## 7.4　跨海集群设施病害知识库

为实现跨海集群工程不同种类、不同等级、不同位置的病害识别及分类,国内外研究单位相继建立了各自的性能数据库,虽然已积累了丰富的结构性能状况数据,但是数据结构并不统一,且海量细粒度的结构病害信息、维修对策信息等数据仍散落在非结构化的电子文本和图像资料中。因此,本节以高质量的跨海集群长期服役性能指标体系和数据库为基础,构建桥岛隧维养领域知识图谱。通过收集相应指标的维养数据,整理为结构化数据或半结构文本数据,实现维养数据的采集与更新。

### 7.4.1　跨海集群工程长期服役性能指标体系

为满足精细化管养需求,在已有指标的基础上,根据指标的成因、养护措施、发生频率以及检查方法的不同,将指标进一步细分,同时增加标准化分级图片,以满足性能预测的数据要求并为维养决策提供标准化数据来源。如表7.4-1所示为涂层缺陷评定指标细化方法,将原有涂层缺陷指标细化为粉化、起泡、开裂、剥落、生锈五种子病害指标,形成了分别评定子项后再按综合评定得到涂层缺陷指标的扣分标准,实现病害级精细化管养要求。

**涂层缺陷评定指标细化(剥落)** 表7.4-1

| 标度 | 评定标准 | | | |
|---|---|---|---|---|
| | 定性描述 | 定量描述 | 图片示例 | |
| | | | 无定向剥落 | 单向剥落 |
| 0 | 无剥落 | 10倍放大镜下无可见剥落 | — | — |
| 1 | 几乎无剥落 | 剥落面积≤0.1%,或最大剥落尺寸≤1mm | | |
| 2 | 有少量面积剥落 | 剥落面积≤0.3%,或最大剥落尺寸≤3mm | | |
| 3 | 有中等面积剥落 | 剥落面积≤1%,或最大剥落尺寸≤10mm | | |

续上表

| 标度 | 评定标准 ||||
|---|---|---|---|---|
| | 定性描述 | 定量描述 | 图片示例 ||
| | | | 无定向剥落 | 单向剥落 |
| 4 | 有较多面积剥落 | 剥落面积≤3%，或最大剥落尺寸≤30mm | | |
| 5 | 大量面积剥落 | 剥落面积>15%，或最大剥落尺寸>30mm | | |

## 7.4.2 跨海集群工程长期服役性能数据库

长期服役性能数据库的建立主要包括两方面工作：数据库设计和数据管理。长期服役性能数据库的设计紧密围绕跨海集群工程的养护管理业务需求进行，而数据管理的主要工作内容是补充完善数据库中的数据。

长期服役性能数据库的研发可为智能维养决策系统底层数据提供支持，长期服役性能数据库主要包括构件库、病害库、检查库、病害处置对策库、验收库以及养护定额库等。其中，病害处置对策库和养护定额库，是维养决策的基础数据库，可参考相关养护规范和养护工程定额标准建立；其他库是工程维养业务库，数据是在维养作业中产生的。

以桥梁为例,首先,定义桥梁维养领域本体的组成要素,并建立桥梁结构本体、桥梁病害本体和桥梁养护本体,确定桥梁维养领域所涉及的关键概念、关系和属性;之后,采用 Protégé 软件和 OWL 语言(Web Ontology Language)对桥梁维养本体进行形式化建模,并通过本体推理自动实现了知识图谱的补全和对本体模型的一致性检验;然后,将本体文件转换存储到 Neo4j 图数据库,实现桥梁维养领域知识的存储。

### 7.4.3 跨海集群工程维养领域知识图谱

目前,桥岛隧业务中纸质数据及多种格式的电子类数据均无法进行有效、高速地检索,更未经过知识化处理,没有发挥出对业务的价值。港珠澳大桥基于桥岛隧业务数据特点研究知识图谱构建技术,形成一套知识图谱运行系统,通过文本数据导入和预处理、基于实体抽取和关系抽取的自动三元组抽取及审核、知识图谱构建及展示、知识检索和推理等功能的实现,促进跨海集群设施病害库知识化、可视化,推动跨海集群设施业务数据转化为知识资产,为桥岛隧一体化结构评估、维养决策夯实了基础。

基于跨海集群工程业务数据特点,对其病例数据等相关的描述及定义进行抽取和形式化定义,得到"实体-关系-实体"三元组,利用图数据库对所得到的图谱进行储存、整理与展现,形成一套知识图谱运行系统。通过文本数据导入和预处理、基于信息抽取模型的自动化三元组抽取及审核、知识图谱构建及展示、知识检索和推理等功能的实现,完成数据预处理、知识化、图谱化的总体目标,进一步支持基于知识中枢的业务应用,推动业务数据转化为知识资产。

在图谱本体设计的基础上,通常利用图数据库 Neo4j 对所构建的知识图谱进行可视化展示。以沉管隧道病例知识总图谱为例,从三方面阐述其知识图谱模型的构建。

(1)沉管隧道传感器知识图谱

该知识图谱描述了沉管隧道传感器的检测类型,所处位置,位置与其他位置的关系,包括了五种实体类型和七种关系类型,其中实体个数 266,关系个数 459。沉管隧道传感器知识图谱如图 7.4-1 所示。

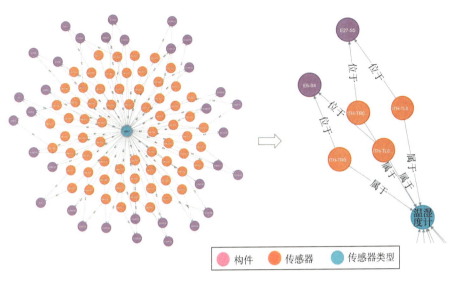

图 7.4-1　沉管隧道传感器知识图谱可视化

(2) 沉管隧道结构知识图谱

该知识图谱描述沉管隧道构件之间的包含关系与相邻关系，共分为五个部分，每个部分有一种实体类型和一种关系类型，总共包含实体个数20544，关系个数31257，沉管隧道结构知识图谱如图7.4-2所示。

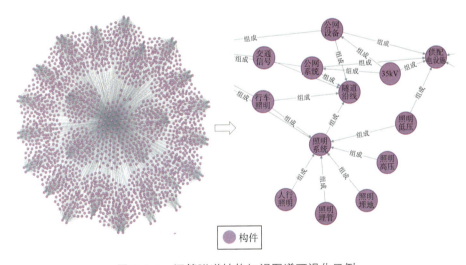

图 7.4-2　沉管隧道结构知识图谱可视化示例

(3) 沉管隧道病例知识图谱

该知识图谱初始设计主要用于描述病例概念之间的因果关系，如一种病例导致另外一种病例的产生，共有一种实体类型和一种关系类型，包含实体个数103，关系个数442。沉管隧道病例知识图谱如图7.4-3所示。

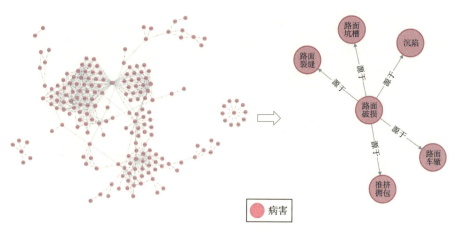

图 7.4-3　沉管隧道病例知识图谱可视化示例

(4)沉管隧道病例知识总图谱

该总图谱用于后续的学习训练工作,一方面是为了训练时保证足够的数据量,保证图谱间的关系不出现疏漏,另一方面也为后续训练工作提供一种训练方案,便于"分批训练"与"汇总训练"进行对比。在前述图谱基础上添加了传感器和传感器类型有关实体和关系,添加了构件间的位置关系,共有 6 种实体类型和 10 种关系类型,沉管隧道病例知识总图谱如图 7.4-4 所示。

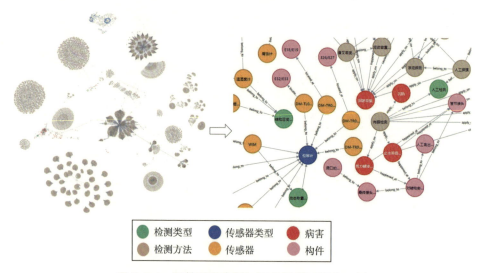

图 7.4-4　沉管隧道病例知识总图谱可视化示例

在知识图谱构建方面,提出了以本体作为知识组织与表示框架,以图数据库作为知识存储方式的维养领域知识图谱。相比于传统的关系型数据库,知识图谱更适用于表达和存储具有复杂关系的维养领域知识,能够将离散化的、非结构化的多源数据通过语义关系链接整合为互联知识。知识图谱为维养领域知识库的构建提供了新的思路,对智能维养具有重要的理论意义和应用价值。跨海集群维养领域病害库和维养领域知识库关系如图7.4-5、图7.4-6所示。

图7.4-5　跨海集群维养领域病害库

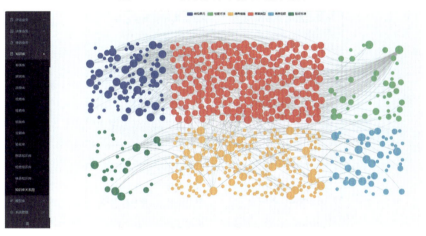

图7.4-6　跨海集群维养领域知识库关系

## 7.5　桥梁正反结合评估体系

目前,《公路桥梁技术状况评定标准》(JTG/T H21—2011)以桥梁现有病害为基础进行评分,但规范要求检测的病害之外的信息无法在评定报告中体现,且把桥梁技术状况等级作为后期养护的唯一依据。《公路养护技术规范》(JTG H10—2009)中考虑了病害发展趋势的影响,但《公路桥梁技术状况评定标准》

（JTG/T H21—2011）中未能体现，该标准无法反映桥梁的真实情况，评定结果难免失真。管理者仅凭片面指标很难评价设施综合性能并做出合理决策。因此，为使结构评定结果更能贴近桥梁实际情况，需要建立不同设施结构"技术状况评定-适应性评定-综合评定"评估体系与标准，打通"数据感知-仿真分析结构响应-结构评定"业务链条，为桥梁服役状态评估夯实理论基础，为其评估系统研发提供理论支撑，实现设施层面服役安全性能、适用性能、耐久性能等综合性能指标的有效评估，从而指引行业标准、推动行业进步。桥梁正反评估体系整体框架如图 7.5-1 所示。

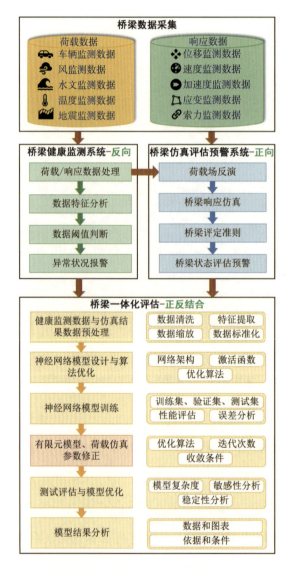

图 7.5-1　桥梁正反评估体系框架

## 7.5.1 基于自适应克里金代理模型的有限元模型修正技术

桥梁结构自适应模型修正方法采用基于自适应克里金代理模型的修正算法,形成基于概率数理统计的主动学习函数,从而实现具有强自适应性的、局部精度更高的克里金代理模型。采用结合主动学习的克里金模型修正算法,以增强代理模型的自适应性和鲁棒性,利用试验室模型梁桥以及青州航道桥,以实测加速度数据对算法进行多种工况的试验验证,并基于贝叶斯推论,采用蒙特卡洛方法,对不确定性进行量化,验证自适应特性可以显著减小克里金插值方法带来的不确定性,使模型修正算法的鲁棒性更强,如表7.5-1所示。

**桥梁结构自适应模型修正方法** 表7.5-1

| 模态阶数 | 实际频率（Hz） | 有限元模型模态分析频率 | | | |
|---|---|---|---|---|---|
| | | 初始模型 | 误差百分比 | 修正后模型 | 误差百分比 |
| 1 | 0.2697 | 0.269835 | 0.050% | 0.269663 | -0.010% |
| 2 | 0.3764 | 0.406724 | 8.056% | 0.401131 | 6.570% |
| 3 | 0.4958 | 0.456249 | -7.977% | 0.487702 | -1.630% |
| 4 | 0.5547 | 0.566481 | 2.124% | 0.561133 | 1.16% |

## 7.5.2 基于视频数据的桥梁动态交通流模拟

基于视频数据识别车辆目标并进行动态轨迹追踪,可实现40路视频同时处理,解决完成效率问题;同时实现5%以内的检测跟踪误差,完成检测跟踪精度提升。基于视频监测数据,重构正常运行车辆荷载,并推演极端状况下的车流状况,为车辆荷载下的桥梁评估提供精确的荷载输入;建立车辆动力模型库,重构车辆荷载(图7.5-2)。

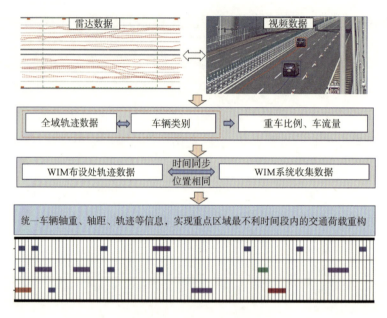

图 7.5-2　正常交通模拟

### 7.5.3　基于监测数据的全桥三维荷载场仿真

基于自主研发的流体数值模拟方法 Tsunami Squares（TS），开展了散体入水、块体水下拖拽等全过程模拟实验，验证了 TS 动量守恒公式中惯性力、摩擦力、流固相互作用等驱动/减缓物质运动作用力计算方法的有效性。目前 TS 波浪场数值模拟结果与试验数据吻合良好，满足港珠澳大桥桥址海域的波浪场数值模拟需求；基于港珠澳大桥桥址区域有限风观测数据，采用谐波合成三维脉动风场，分别建立极端风解析模型、代理模型及数值模型；根据不同精度和计算效率的需求进行极端风荷载的重构，采用条件模拟的方法，实现桥梁在正常运营（季风）和极端状况下（台风）全天候风速场的精确重构与实时转现，为桥梁多尺度实时仿真及评估提供完备的风速场；利用有限监测数据实现时空变化的全桥三维温度场实时精确重构技术，采用半立方体方法和热传导分析，完成模拟全桥的温度作用。以港珠澳大桥中青州航道桥和江海桥为例，完成了太阳辐射相关参数计算及全桥温度场分析与重构；考虑行波效应、部分相干效应和局部场地效应等影响，开展利用有限监测数据实现时空变化的全桥地震动实时精确重构技术研究。

## 7.5.4 桥梁结构智能仿真及结构性能分析研究

构建结构非线性计算分析模块开展跨海桥梁结构性能分析,开发 TMD 阻尼器单元,研究跨海集群工程 TMD 系统抑振效果,开发多尺度钢桥面焊缝疲劳评估模块及伸缩缝全寿命评估模块,对跨海桥梁主体构件及附属构件进行评估预警;桥梁智能仿真软件核心模块如图 7.5-3 所示。

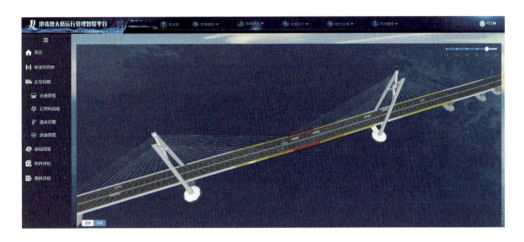

图 7.5-3　桥梁智能仿真软件核心模块

## 7.5.5 桥梁性能综合评定

以层析分析法为基础,拓展采用多属性效用理论来综合评定桥梁各方面状态的综合评定系统。桥梁多属性状态评估方法建立在多源大数据综合分析基础上,对不同维度的数据进行去量纲化整合分析。利用多属性效用方程,将多源异构的数据归一化处理,通过权重方程进行评定。对于桥梁安全性能的状态评估,可沿用层析分析法从底层二级单个构件着手,通过权重函数、考虑风险值与数据不确定性,把桥梁单个构件的评分上升到整个部件。对于结构耐久性,则可考虑钢筋混凝土材料与钢材本身的力学性能,如剩余使用寿命与材料强度等。除桥梁本身服役状态评定(即规范中的评定系统)外,多属性效用增加考虑桥梁风险系统,包括自然灾害风险、关键部位与焊接部位钢结构疲劳断裂风险、交通事故风险等,桥梁性能综合评定模块如图 7.5-4 所示。

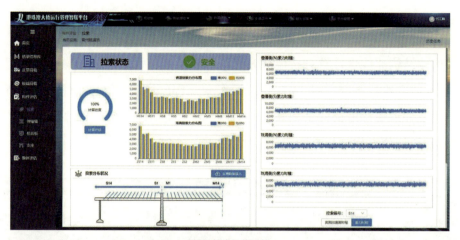

a) 桥梁拉索性能评估

b) 桥梁极端风荷载下性能评估

c) 桥梁综合性能评定系统

图 7.5-4　桥梁性能综合评定模块

## 7.6 人工岛综合评估体系

目前人工岛相关方面的检测与监测大多参考滩海人工岛及水运工程的技术规范,针对跨海通道人工岛行业内还没有特定的检测、监测及评定标准。本节基于海洋水文监测基准站、岛桥接合段波流力和人工岛越浪监测系统数据进行跟踪监测分析。构建海洋水文预报模型,对桥区海洋水文要素进行重构和预测,为岛桥接合段桥梁、人工岛和桥墩基础荷载评估提供了快速计算方法,给出了隧道覆盖层厚度变化的计算方法;根据平台系统的接口协议制定了相关的数据输入输出格式,形成了人工岛仿真评估模型和预警系统。

### 7.6.1 桥区海域水文预报模型系统

港珠澳大桥位于珠江河口湾的伶仃洋水域。珠江口呈漏斗形态向南张开,水下地形由湾顶向湾口倾斜,东深西浅,八大口门分布在河口西侧。珠江口复杂的地形造就复杂的水动力特征,一般水动力模型采用的矩形网格模型很难抓住珠江口的动力特征,而使用三角形网格的模型系统能很好地分辨海岸,并且很容易对关注区域进行加密处理。

预报模型的数值求解采用了基于有限元方法的 SCHISM ( Semi-implicit Cross-scale Hydro-science Integrated System Model)模型,该模型水平采用无正交要求的非结构三角形网格,可灵活选择垂向分层形式。SCHISM 是 SELFE ( Semi-Implicit-Eulerian -Lagrangian-Finite-Element Model)模型的升级版,其基于半隐式方法的有限元和有限体积格式求解微分方程,用欧拉-拉格朗日法 ( ELM )、有限体积迎风方法( FVUM )或 TVD( Total Variation Diminishing )格式处理输运方程中的平流项,在使用信息传递接口( Multi Point Interface,MPI)进行并行数值计算时更为稳定高效。使用 SMS( Surface-water Modeling System)软件生成水平网格,上游包括河网系统,上游边界设在东江、北江、西江和潭江四个口子,而这四个口子的流量和沙量有很多资料可以参考,同时对伶仃洋区域的网格进行了加密处理。计算网格在水平方向共生成 107262 个节点和

184918个三角形网格单元,最小网距为27m,最大网距为6574m,平均网距为419m。由最新海图插值得到区域水深数据,垂向采用带削匀单元的局地化σ坐标,最大分层32层。开边界水位由14个主要分潮(M2、S2、K2、N2、K1、O1、P1、Q1、SSA、MM、MF、M4、MS4和M6)的调和常数计算得出。

珠江河口及邻近区域水动力模式考虑浪、潮、流全要素,基于天气预报模式(Weather Research and Forecasting Model,简称WRF)建立的粤闽周边海域大气模式提供风场和热通量数据,基于三维区域海洋模型(Regional Ocean Modeling System,简称ROMS)建立的粤闽周边海域海流模式提供温、盐、流开边界条件,基于海浪模式(Marine Science and Numerical Modeling,简称MASNUM)建立的粤闽周边海域海浪模式提供海浪开边界条件。由14个主要分潮计算外海潮位,同时考虑气候态河流输入。利用珠江口水文泥沙观测资料以案例的形式调校、验证和优化珠江河口及邻近区域水动力模式。当前,正在利用港珠澳大桥海洋实时水文监测站的数据,开展预报效果评估,并不断校验、优化模式的预报精度。

### 7.6.2 人工岛结构评定

首次提出跨海交通人工岛检测和评估的理论方法,填补了行业空白,人工岛综合评估体系如图7.6-1所示。

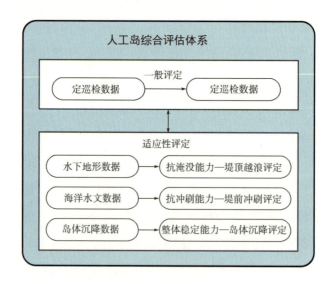

图7.6-1 人工岛综合评估体系

人工岛评定主要包含技术状况评定和适应性评定。人工岛适应性评定是对人工岛总体稳定能力、防淹没能力和抗冲刷能力的评定,评定对象分为主体结构(重要结构)和配套附属结构(次要结构),主体结构为岛体回填区结构、护岸结构和防洪排涝设施,配套附属结构为附属结构及设施和救援码头。评定采用由构件到部件的层级式打分方法,规定最底层构件或子构件的指标评定分级标准和对应的权重值。

基于现场检查、检测结果进行人工岛评定,采用分层综合评定与人工岛单项控制指标相结合的方法,评定流程如图 7.6-2 所示。

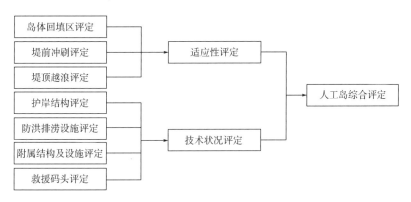

图 7.6-2 人工岛总体评定流程

人工岛各部位的各分项权重值见表 7.6-1。人工岛总体技术评定时的各部位权重值见表 7.6-2。

人工岛各分项权重表　　　表 7.6-1

| 部位号 $i$ | 部位 | 分项号 $j$ | 分项 | 分项权重 $w_{ij}$ |
|---|---|---|---|---|
| 1 | 岛体回填区结构 | 1 | 岛体回填区 | 1.00 |
| 2 | 护岸结构 | 1 | 挡浪墙 | 0.15 |
|   |   | 2 | 护面结构 | 0.20 |
|   |   | 3 | 护底结构 | 0.25 |
|   |   | 4 | 堤前冲刷 | 0.25 |
|   |   | 5 | 堤顶越浪 | 0.15 |
| 3 | 防洪排涝设施 | 1 | 排水箱涵 | 0.20 |
|   |   | 2 | 泵房 | 0.20 |
|   |   | 3 | 沟 | 0.15 |
|   |   | 4 | 井 | 0.10 |
|   |   | 5 | 阀 | 0.10 |
|   |   | 6 | 泵机 | 0.25 |

续上表

| 部位号 $i$ | 部位 | 分项号 $j$ | 分项 | 分项权重 $w_{ij}$ |
|---|---|---|---|---|
| 4 | 附属结构及设施 | 1 | 路面铺装 | 0.10 |
| | | 2 | 电缆沟 | 0.10 |
| | | 3 | 照明设施 | 0.10 |
| | | 4 | 检修设施 | 0.10 |
| | | 5 | 景观广场 | 0.05 |
| | | 6 | 岛内绿化 | 0.05 |
| | | 7 | 岛上建筑 | 0.25 |
| | | 8 | 暴露试验站 | 0.25 |
| 5 | 救援码头 | 1 | 码头结构 | 0.60 |
| | | 2 | 码头设施 | 0.40 |

人工岛各部位权重表　　　　　　　　　　表 7.6-2

| 评定分类 | 岛体回填区结构 | 护岸结构 | 防洪排涝设施 | 附属结构及设施 | 救援码头 |
|---|---|---|---|---|---|
| 技术状况评定 | — | 0.18 | 0.25 | 0.10 | 0.05 |
| 适应性评定 | 0.30 | 0.12 | — | — | — |
| 综合评定 | 0.30 | 0.30 | 0.25 | 0.10 | 0.05 |

人工岛技术状况分类界限见表 7.6-3。

人工岛技术状况分类界限表　　　　　　　　表 7.6-3

| 技术状况评分 | 人工岛技术状况评定分类 | | | | |
|---|---|---|---|---|---|
| | 1 类 | 2 类 | 3 类 | 4 类 | 5 类 |
| $JGCI_{总体}$ | (95,100] | (80,95] | (70,80] | (60,70] | [0,60] |

研发了集海洋水文观测、荷载重构、智能仿真、在线评估和预警功能于一体的人工岛服役状态评估系统,如图 7.6-3 所示。

图 7.6-3　人工岛服役状态评估系统

## 7.7　沉管隧道服役状态评估体系

沉管隧道评定是衔接沉管隧道检测与养护决策、养护设计的关键环节,是不同养护信息利用、流通与交换的核心。沉管隧道评定的科学合理、全面实用对于保障沉管隧道运营安全、耐久至关重要。目前,针对沉管隧道维养阶段评定,尚未形成针对性的技术规范。在交通基础设施的技术状况评定中,最常用方法为分层评定法,然而分层评定法对评定体系构成、指标标准要求极高,针对公路隧道与沉管隧道,研究相对滞后,尚未针对性标准提出,亦难以满足行业智能化、自动化、信息化发展需求。

针对沉管隧道服役状况评定体系、指标、标准不足与工程实际迫切需求,聚焦沉管隧道结构特点、环境特性与风险特征,本节基于检测、监测、物模和数模等多源数据对沉管隧道进行了智能仿真分析,提出了分层综合评定 + 5 类单项控制的沉管隧道技术状况评定方法,构建了沉管隧道技术状况评定标准体系。

### 7.7.1　基于检测、监测、物模和数模等多源数据的沉管隧道智能仿真分析

基于已获取的检测、监测等多源数据,建立从沉管隧道中央管廊向主通道、关键管节接头局部区域向管节中部区域进行受力状态和变形状态的智能推演技

术。首先通过开展大比尺模型试验和数值模拟分析,明确沉管隧道关键管节及管节变形和受力关键控制指标。基于物模、数模结果,建立实际沉管隧道关键位置的关键指标补偿式监测和现场检测体系,以实时获取沉管隧道关键动态信息;基于实测数据动态更新数值模拟仿真的力学边界条件,从而实现整个沉管隧道运营期受力和变形的动态模拟。在动态仿真模拟的基础上,融合模型试验数据和现场实测数据,建立隧道中央管廊与主体结构,隧道局部到整体的映射关系及数据推演模型,进而实现集检测、监测、物模和数模等多源数据的沉管隧道智能仿真。

### 7.7.2 基于数字孪生的沉管隧道机电设施服役状态智能仿真分析

1)沉管隧道机电设施重要程度划分

港珠澳大桥沉管隧道中主要养护的机电设施大约198类,将机电设施的聚类个数设置为3,根据PAM算法对机电设施指标数据集进行多次迭代,将机电设施划分为三种类别(图7.7-1、图7.7-2)。

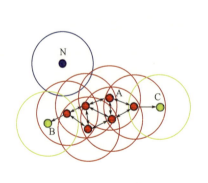

图7.7-1 PAM 聚类算法

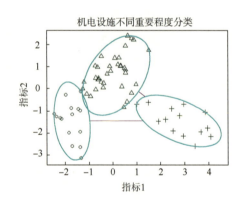

图7.7-2 聚类结果

2)沉管隧道机电设施服役性能评估体系构建

基于监测技术获得的各种影响机电设施的指标,从不同层次、不同角度,精确、全面地描述沉管隧道机电设施的运行情况。采用目标法确定研究目标,采用分析法确定机电系统评价时,应从设备技术性能和系统运营效果两个方面来建立评价指标体系。服役状态评估结果如图7.7-3 所示。

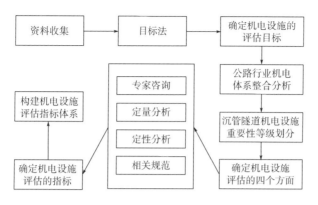

图 7.7-3　服役状态评估结果

图 7.7-4 提出了一个三层综合评价指标体系,第一层为目标层(沉管隧道机电系统设施服役状态评估指标体系),第二层为评价准则层(机电设施、重要机电设备),第三层为评价因素层(各设备服役状态)。针对结构不同层级、不同设备的评分因子,应采用不同的权重提升结构服役性能评估结果的合理性及科学性。

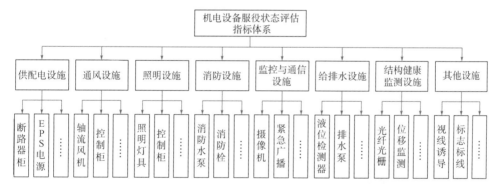

图 7.7-4　机电设施服役状态评估指标体系

3)沉管隧道重要机电设施服役性能评估

针对机电设施状态采集指标,从指标状态和性能退化状态两个方面对沉管隧道机电设施服役状态进行综合评估。指标状态包含机电设施的通/断、完好/故障状态;性能退化状态包含完好/故障状态、机械影响状态以及电气影响状态等。

(1)基于指标状态的沉管隧道重要机电设施服役性能评估

考虑到各子系统的不同功能作用,结合《公路隧道养护技术规范》(JTG

H10—2009），以日常巡检、定期养护以及专项养护数据为基础，对机电设备进行标定。采用设备完好率对机电设施各分项技术状况评定值分为 0、1、2、3。

（2）基于性能退化的沉管隧道重要机电设施服役性能评估

结合数模、物模以及现场试验开展沉管隧道照明设施 LED 灯具服役状态评估，分析 2020 年的实际沉管隧道基本段检测结果与采用软件进行模拟的结果，以不同光通维持率为基础，研究不同光通维持率下路面的平均亮度、不同因素下灯具的光通维持率的变化以及不同运行时间的路面亮度，沉管隧道机电设施的衰损曲线如图 7.7-5、图 7.7-6 所示。

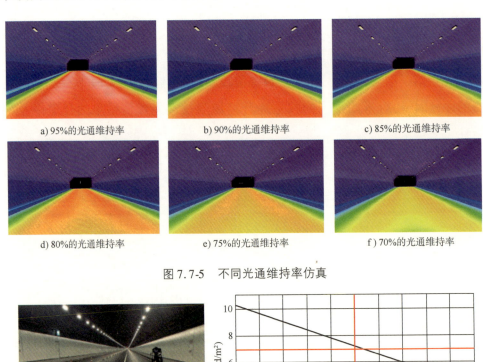

图 7.7-5 不同光通维持率仿真

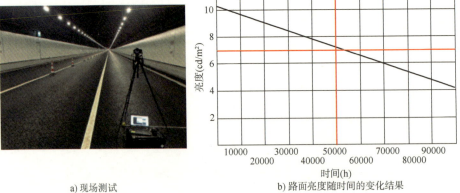

图 7.7-6 沉管隧道现场测试结果

基于轴流风机采集不同测点的振动数据、温度数据，结合国内外相关数据的分析，采用人工智能算法对风机振动数据、温度数据进行训练，综合对轴流风机的服役状态进行评估,如图7.7-7所示。

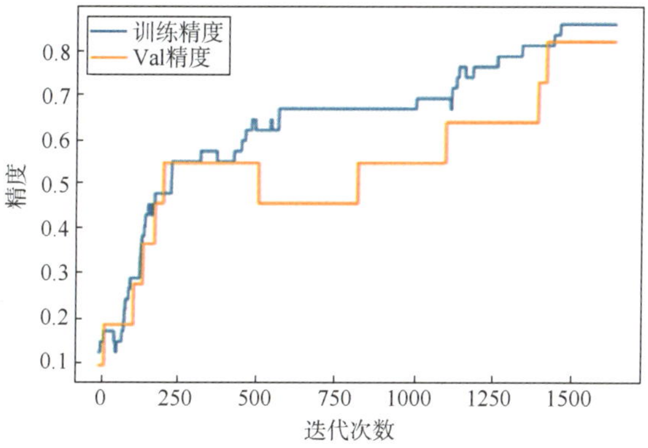

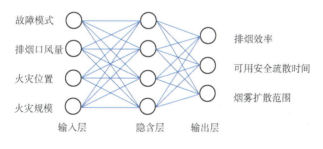

图 7.7-7　模型的预测结果

(3) 排烟设施服役状态智能仿真

基于港珠澳大桥交通特性、火灾事故案例及排烟阀运行情况,分析可能发生的火灾事故场景和排烟故障组合模式;建立数值计算模型,仿真计算分析不同排烟风阀故障模式和火灾事故场景组合模式下,隧道火灾事故可能造成的事故后果或对人员安全影响程度,建立隧道排烟风阀故障模式——事故后果程度数据库,训练事故后果预测模型如图 7.7-8～图 7.7-10 所示。

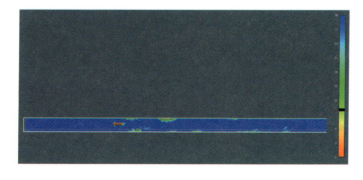

图 7.7-8　神经网络模型

图 7.7-9　可用安全疏散模拟

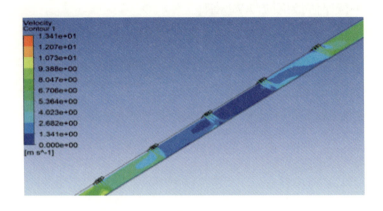

图 7.7-10　烟道内速度分布云图

(4)基于行车安全的隧道照明服役状态仿真

研究不同灯具失效组合下,车速、行车位置以及均匀度的变化对驾驶员的视觉功能(小目标物视认情况)、视觉舒适性和功能性(视敏度——兰道尔环)及相关照明参数(路面中线纵向均匀度、总均匀度)的影响,如图 7.7-11 所示。

图 7.7-11　灯具失效试验系统

### 7.7.3　基于近景摄影的沉管隧道结构实时位移监测设备

采用背靠背式双目相机内外参数标定和视觉的单目相机尺度标定形成了基于图像的沉管隧道结构实时位移监测技术,提出了结构实时位移初始位置的校正方法,研制了沉管隧道结构位移自动化监测系统与设备,实现了沉管隧道接头错位变形的非接触式、高精度自动化监测,监测精度优于 ±0.1mm,提升了监测效率。

### 7.7.4 沉管隧道技术状况评定

针对沉管隧道服役状况评定体系、指标、标准不足与工程实际迫切需求，聚焦沉管隧道结构特点、环境特性与风险特征，在行业地方标准以及《港珠澳大桥主体工程运营维护技术手册（岛隧篇）》等技术成果的基础上，考虑主要结构、关键设施，按土建结构（细分为主体结构、接头结构、附属结构）、交通工程与附属设施将衔接段与沉管段进行了统一分层，提出了分层综合评定+5类单项控制的沉管隧道技术状况评定方法，构建了沉管隧道技术状况评定标准体系。

沉管隧道技术状况评定可采用分层评定与沉管隧道单项控制指标相结合的方法，先对沉管隧道各分项进行评定，然后对土建结构、交通工程与附属设施分别进行评定，最后进行沉管隧道的总体技术状况评定。技术状况评定流程如图7.7-12所示。

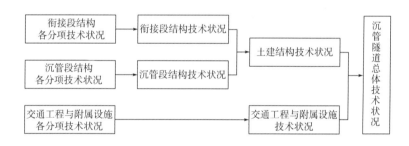

图 7.7-12 沉管隧道技术状况评定

沉管隧道土建结构技术状况评定首先是逐段对各分项的技术状况进行评定，在此基础上确定各分项技术状况，再进行土建结构技术状况评定；沉管隧道土建结构宜按单个管节或多个管节进行分段。隧道总体技术状况评分值可根据土建结构、交通工程与附属设施技术状况分值按照加权求和方式算得。

沉管隧道衔接段、沉管段结构各分项权重值见表7.7-1、表7.7-2。

隧道衔接段结构各分项权重表　　　　　　　　　表7.7-1

| 评定组成 | 评定分项 | 分项权重 | 小计 |
| --- | --- | --- | --- |
| 主体结构 | 结构主体 | 30 | 30 |
| 接头结构 | 接缝 | 10 | 10 |

续上表

| 评定组成 | 评定分项 | 分项权重 | 小计 |
|---|---|---|---|
| 附属结构 | 减光罩 | 10 | 60 |
| | 路面铺装 | 4 | |
| | 检修道 | 3 | |
| | 排水设施 | 5 | |
| | 内装饰 | 8 | |
| | 伸缩缝 | 2 | |
| | 预埋件 | 10 | |
| | 设备用房 | 3 | |
| | 防火系统 | 10 | |
| | 通风塔 | 3 | |

**沉管隧道段结构各分项权重表** 表7.7-2

| 评定组成 | 评定分项 | | 分项权重 | 小计 |
|---|---|---|---|---|
| 主体结构 | 结构主体 最终接头本体 | | 25 | 25 |
| 接头结构 | 止水系统 | 管节接头止水系统、最终接头止水系统 | 10 | 30 |
| | | 节段接头止水系统 | 6 | |
| | 剪力键 | 管节接头剪力键、最终接头剪力键 | 6 | |
| | | 节段接头剪力键 | 4 | |
| | 锚具 | | 2 | |
| | 剪力键垫层 | | 2 | |
| 附属结构 | 路面铺装 | | 8 | 45 |
| | 检修道 | | 3 | |
| | 排水设施 | | 4 | |
| | 内装饰 | | 3 | |
| | 伸缩缝 | | 2 | |
| | 预埋件 | | 10 | |
| | 设备用房 | | 2 | |
| | 防火设施 | | 8 | |
| | 防护设施 | | 5 | |

沉管隧道土建结构总体技术状况评定分级见表7.7-3。

沉管隧道土建结构总体技术状况评定分类界限值　　　表7.7-3

| 技术状况评分 | 土建结构总体技术状况评定分类 | | | | |
|---|---|---|---|---|---|
| | 1类 | 2类 | 3类 | 4类 | 5类 |
| JGCI | ≥85 | ≥70,<85 | ≥55,<70 | ≥40,<55 | <40 |

交通工程与附属设施技术状况评定根据定期检查和运营监测等资料,综合考虑机电设施与交通安全设施的影响,确定交通工程与附属设施的技术状况等级。沉管隧道交通工程与附属设施各分项权重见表7.7-4。

沉管隧道交通工程与附属设施各分项权重表　　　表7.7-4

| 分项 | 分项权重 $\omega_i$ | 分项 | 分项权重 $\omega_i$ |
|---|---|---|---|
| 供配电设施 | 16 | 照明设施 | 11 |
| 通风设施 | 12 | 消防设施 | 13 |
| 监控与通信设施 | 24 | 给排水设施 | 12 |
| 结构健康监测设施 | 6 | 交通安全设施 | 6 |

沉管隧道交通工程与附属设施技术状况评定分类界限值见表7.7-5。

沉管隧道交通工程与附属设施技术状况评定分类界限值　　　表7.7-5

| 技术状况评分 | 沉管隧道交通工程与附属设施技术状况评定分级 | | | |
|---|---|---|---|---|
| | 1类 | 2类 | 3类 | 4类 |
| JDCI | ≥97 | ≥92,<97 | ≥84,<92 | <84 |

### 7.7.5　沉管隧道服役状态在线评估与故障预警

为实现"沉管隧道监测段落病害感知准确度≥90%,主体结构变形破坏预警准确率≥80%、预警时间≤1min"的目标,沉管隧道服役状态在线评估与故障预警技术在计算效率、评估准度和预警时机等三方面存在难度。计算效率方面,由于结构服役状态在线评估数据具有多部位、多阶段、多性质、多原理等特性,数据整合解析与计算工作量大,计算性能的高度、效率的优化尤为重要;评估准度方面,沉管隧道服役状态评价涉及多种结构部位、机电系统、功能需求,如何合理权衡,评估把控总体安全风险难度大;预警时机方面,在保证安全的同时,如何制定预警标准、简化反馈流程，避免灾害发生但不预警或灾害未出现但频繁预警等错报、漏报问题难度大。

针对计算效率问题，从数据来源、数据要求与数据分析等多角度进行优化，数据来源方面，依据沉管隧道服役性能关联集，关联精减评估指标，减少无用数据、冗余数据的收集与分析；数据要求方面，提出输入数据的类型与格式的标准化要求，减少二次提取与处理，节省计算能力；数据分析方面，优化服役状态评价的计算方法与计算程序，对于工作量较少、复杂嵌套情况，采用预处理、计算分解的方式减少评估阶段的工作量。针对计算结果可信度问题，依托"沉管隧道服役状态仿真与验证大比尺试验平台""基于多源数据的沉管隧道主体结构关键性能的智能仿真模型""沉管隧道关键机电设施服役状态的智能仿真模型"等研究成果，保障计算评估结果的准确可信。针对预警时机问题，依据预警标准的相关研究，解决多报、漏报、错报问题；采用专用平台、专用线路、预警机制预演及革新等手段，省去中间流程，实现预警信号到预警设备的无阻快速通达，解决预警时效难题。

港珠澳大桥开发了基于 Web 的沉管隧道服役状态评估平台，该平台主要包括沉管隧道结构位移监测、机电设施服役状态评估、沉管隧道岛上段主体结构评估、沉管段主体结构评估、沉管隧道附属结构评估、沉管隧道服役性能总体评估等评估模块，平台构建如图 7.7-13、图 7.7-14 所示。

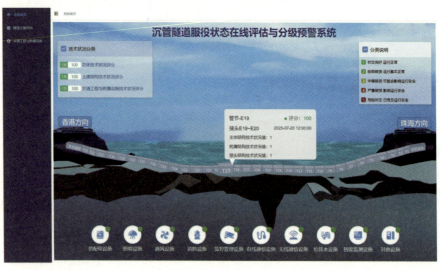

图 7.7-13　平台首页界面

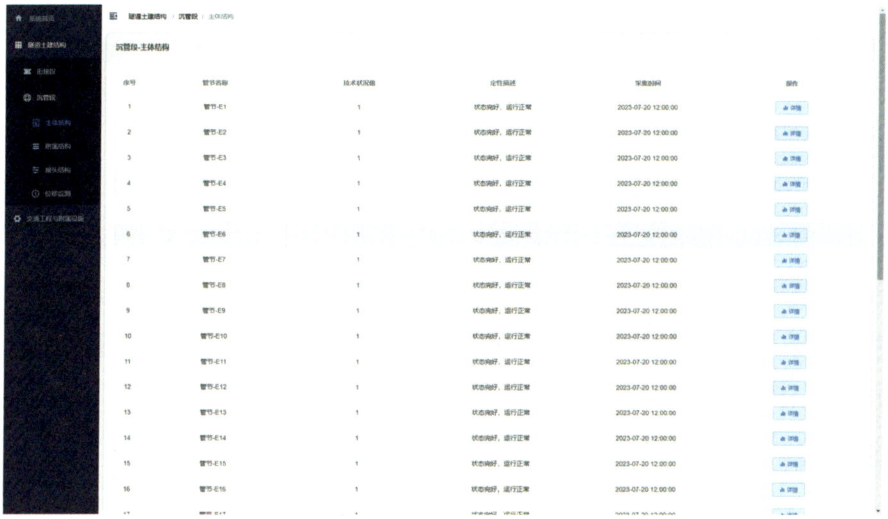

图 7.7-14　平台评估数据界面

平台主要通过第三方数据接口输入的监/检测数据，结合人工智能评价模型对沉管隧道服役状态进行实时评估，进而得到相应的评估得分及等级，同时根据历史评估数据进行统计绘图，方便管理人员查询与分析。统计图表案例如图 7.7-15 所示。

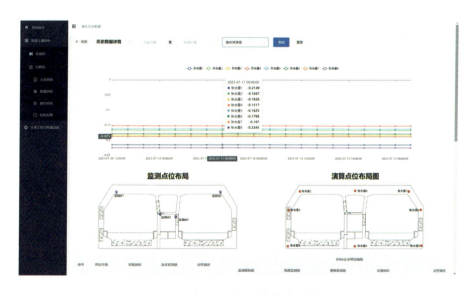

图 7.7-15　平台评估统计图表

## 7.8 跨海集群设施决策办法

基于跨海集群设施长期服役性能指标体系与性能数据库关键技术研究成果及综合评定方法，结合多源异构数据的综合评估方法，建立性能演变模型，揭示性能演变机理，探明性能演变时空规律，为维养决策定下目标函数；开发智能维养决策模型，为维养决策提供优化算法；研发跨海桥梁综合评价及智能维养算法，覆盖全场景、全业务和全流程，为维养作业提供新工具。研究的技术路线如图 7.8-1 所示。

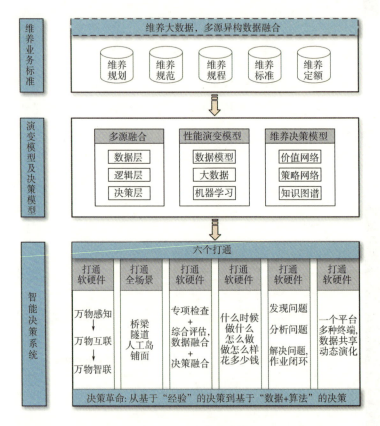

图 7.8-1 技术路线图

对于跨海集群工程的全生命周期性能演变、评估模型以及智能决策系统，对结构性能的准确把握、精确的预估是保证结构发挥其功能的保证，同时，采取优化的维养决策模型以确保合理的维养方案是提升结构性能、延长其使用寿命的主要手段。目前已经针对桥梁完成基于多属性效用函数的全生命周期评估体系,构建了韦伯退化、马尔科夫链及贝叶斯更新的性能演变模型,并形成可视化界面。基于群体智能算法和运筹学的智能优化算法,保证了全生命周期性能评估模型精度达到82%,决策覆盖率、正确率分别达到72%、87%。

建立基于性能退化模型及维养效果的决策模型,实现在一定养护预算的约束下,以多属性效用综合评估结果最高为目标的优化方法。通过该决策模型实现维养动作的智能决策,能显著提高桥梁的综合性能,明显分析出不同预算等级下维养决策方案的区别,针对用户的不同需求,方便进行方案比对。

港珠澳大桥以数字孪生模型为基础开发了智能化维养系统,其可对所有设施及相关的设备、数据进行数字化管理,同步展示实时风速、洋流方向、海床状况、车流状况、结构安全状况、病害统计等信息。港珠澳大桥智能维养决策系统如图 7.8-2 所示。

图 7.8-2　港珠澳大桥智能维养决策系统

## 7.9　本章小结

针对行业内存在的跨海集群设施结构服役环境演化与性能退化机理研究不足,仿真、评估和预警时效性差、可靠性低等问题,提出了"桥岛隧一体化服役性能感知体系-数据标准与数字模型-评估方法与标准"的体系框架;建立了桥岛隧不同设施类型的"技术状况评定-适应性评定-综合评定"评估体系与标准,打通了"数据感知-仿真分析-结构响应-结构评定"业务链条,为桥岛隧服役状态评估奠定理论基础,为桥岛隧一体化评估系统研发提供理论支撑,实现桥岛隧工程设施层面评估服役安全性能、适用性能、耐久性能等综合性能指标。进一步研发了桥梁、人工岛、沉管隧道服役性能仿真在线评估及分级预警系统,实现了桥岛隧服役性能的实时评估与分级预警。

在集群工程服役状态智能评估领域,国内外监测与评估系统主要针对单一结构设施和特定阶段,对于港珠澳大桥此类由桥梁、人工岛与沉管隧道等组成的超大跨海集群设施的系统性监测、全寿命评估及智能化维养则难以适用,且尚缺乏拥有自主知识产权的服役状态专业仿真模拟软件。本章以跨海集群设施全生命周期理论为指导,搭建了多维度信息互动、多源数据协同互联、贯穿全生命周期的维养决策智联平台,为管理和决策的有效实践提供保障。同时,基于建设、维养全过程数字信息,融合人工巡检、智能设备检测以及实时监测等多源数据,构成维养大数据;基于采用知识抽取与融合技术,建立桥梁维养知识库;采用知识推理技术,突破经验决策的技术瓶颈,推动建立数据和知识双驱动的桥梁维养决策方法,以期为大型工程的全流程维养提供自动化、数字化、智能化的维养决策。

# CHAPTER 8 | 第 8 章

# 全时交通安全运行与快速应急处置系统建设

## 8.1 概述

近年来跨海交通基础设施多以集群设施的形态出现,如港珠澳大桥、深中通道等。这些跨海交通基础设施与常规交通设施相比,通常所处自然环境恶劣,建设规模宏大,交通运行环境复杂、交通组织条件受限,交通异常事件风险高、影响大,应急管理复杂、救援难度大。而传统预警感知设施与技术落后,跨场景全时交通感知局限大、风险管控精细度和时效性受限,应急管理与处置精细化程度低,无法高效满足跨海交通基础设施运行管理与应急处置要求。此外,跨海交通基础设施在交通风险管控方面,由于预警分类不清晰,预警分级标准不统一,风险预控防范大量依赖人力及主观判断,对突发事件有效检测率低、误报率高,缺乏稳定和精准的技术措施,不能达到"减少重大特大事故、降低事故率、减少人员及财产损失"的运营安全管理目标。此外,跨境交通基础设施存在公共工程的管理制度及管理体制、方式及工作程序差异巨大的问题,跨境通行政策复杂,需协调多项公共管理事项,协调工作量巨大。在突发事件快速应急处置方面,缺乏足够的演练和培训,导致处置人员对工作流程不熟悉。同时,突发事件处置过程中存在应急系统指挥调度程式化,应急指令传递层级多,无法根据不同状况动态调整等问题。

目前交通基础设施的智能交通应急还处于发展阶段,交通应急的智能化应用主要包括交通应急系统的研发和交通事故的自动化检测两个方向。首先,对于交通应急系统的研发,20世纪前后,国内外相继研发了涵盖交通突发事件实时监测、预测预警及应急处置等功能的交通应急管理系统。相关学者深入分析了智慧高速公路运行监控及应急管理平台;利用北斗卫星导航系统的高精度定位和通信特征,研究了基于北斗的交通路网应急通信协同指挥系统,实现了灾害现场应急移动通信,辅助形成快速响应灾后应急预案。其次,对于交通事故的自动化检测研发,除了基于图像识别技术的检测算法外,还有基于交通流监测数据和含地理标记的社交媒体数据来做交通事故检测。目前的研究存在明显的缺点是应急救援指挥系统与应急演练系统各自独立,应急决策以会商模式为主,交通事故检测没有覆盖施工作业区的风险识别和报警。

全时交通安全运行与快速应急处置智能系统包括交通异常事件预警感知系统、路面作业运行风险管控系统和智能化应急管理系统。将基于雷达感知的面向复杂场景与检测工况的全域交通轨迹连续、全时感知技术,高精准、低延误交通数字孪生技术与平行仿真技术,异常交通行为动态智能识别干预技术,风险高效检测与动态预测预警方法,以及扁平化应急管理技术,运用于构建全时交通安全运行与快速应急处置智能系统。进而打造具有预警感知、应急处置、交通干预等功能的预警处置一体化技术平台,实现单车级交通运行监测、车道级交通安全智能管控、作业区路段风险动态管控、演练处置一体化应急管理,显著提高应急管理处置效率、降低事故率以及事故影响。

跨境交通运行主动管控的主要挑战在于特殊的跨境交通运行所导致的异常交通流状态、异常队列和多维交通运行风险的精准辨识与有效干预。采用计算机视觉与人工智能深度学习算法等技术手段实现交通运行态势的特征提取、深度理解和异常状态的精确辨识,在此基础上进行分类分级风险预测预警,并发挥数字孪生技术优势,利用最优化方法实现车辆群体主动管控决策。其次,智能应急处置利用虚实结合的交通运行、物理空间模型,融合人-车-路-环境多要素动态交互作用机理,基于数字孪生构建应急情景,突破多人虚拟动态交互的桥岛隧突发事件应急演练技术,实现集成动态交互应急演练、应急处置平行推演、人机协同处置优化、智能处置一体化,将健康(Health)、安全(Safety)和环境(Environment)集成一体化管理体系(即 HSE 管理体系),总体的技术路线图如图 8.1-1 所示。

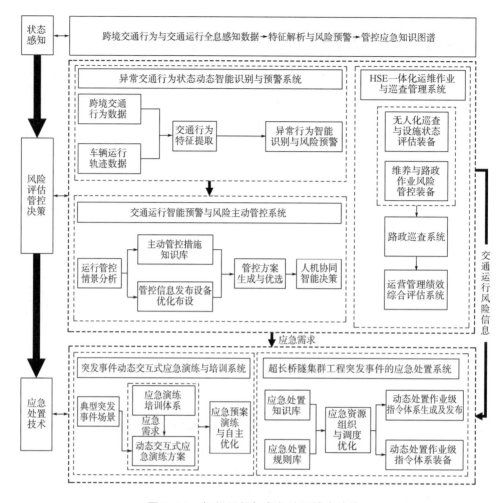

图 8.1-1 智能运行与应急处置技术路线

## 8.2 基于"雷视"融合技术的交通运行智能预警与风险管控

传统的视频图像交通事件预警、高级驾驶辅助系统监控预警和基于断面交通流数据的管控等方法存在误报率高、靶向性不强、管控针对性和实效性弱等问题。鉴于此,采用基于雷达的车辆轨迹识别装置,构建车辆行驶轨迹指标体系,结合视频数据进行事件确认、追溯,实现对公路全域内各车辆的行驶轨迹连续追踪、驾驶行为监管、事件感知和预警。采用车载端非接触式视觉传感器获取实时营运驾驶员状态反应和车辆操作运行数据,同时采用毫米波雷达获取驾驶轨迹数据,充分融合雷达与视频优势,实现全域车辆全程行驶轨迹和个体运行状态等数据的准确提取和位置信息的融合拼接,进而实现交通行为与行驶轨迹分类分级预警与干预。

### 8.2.1 全域车辆行驶轨迹跟踪

基于雷达的路侧多目标车辆轨迹识别装置,构建车辆行驶轨迹指标体系,通过研发"广域毫米波雷达 + 视频检测"结合的运行监控装置,对全路段、各车道进行全面且精准的实时数据检测,实现车辆信息的轨迹特征提取,同时结合视频采集设备构建全天候、高精度、全方位和实时交通信息采集系统,为异常交通行为的辨识、短临预测和分类分级预警提供数据支撑。

研发全域车辆行驶轨迹感知系统所需采集的数据及数据处理方式,建立雷达组群的车辆行为连续跟踪探测系统的探测方法、数据融合处理、车辆轨迹匹配机理,并实现了数据关联的车辆轨迹跟踪、信息融合的车辆轨迹衔接、轨迹数据的驾驶行为分析与过程重建、监测数据的全路段车辆驾驶行为过程可视化显示等关键技术攻克,从而构建了全域车辆轨迹跟踪系统,如图 8.2-1 所示。

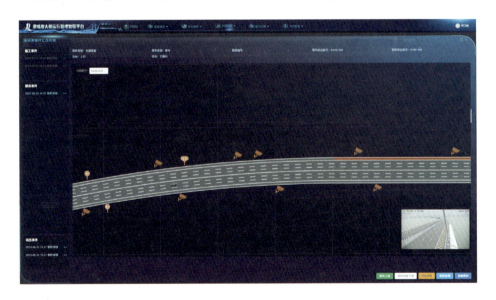

图 8.2-1　全域车辆轨迹跟踪系统车道级可视化

全域车辆轨迹跟踪系统通过对车辆轨迹的实时获取以及车辆驾驶行为的捕捉和研判,结合视频数据进行事件确认、追溯,可实现对高速公路全域内的各车辆的连续追踪、驾驶行为监管、事件感知和预警。该系统包括异常交通事件检测功能,断面交通流参数信息感知及单车交通事件信息感知功能,其中路侧预警系统误报率≤10%,每秒扫描次数10次以上,单个雷达识别的目标数量大于200辆车,识别准确率不低于95%,实现了连续大范围全天候高精度车辆轨迹获取,为异常交通行为动态智能识别与预警提供了技术支撑和数据基础。

### 8.2.2 跨境异常交通行为与个体交通运行状态辨识

为实时获取营运驾驶人状态反应和车辆操作运行数据,研发了车载端非接触式视觉传感器,在传感器中嵌入异常驾驶行为辨识模型,可实时计算个体交通运行状态,实现了驾驶人动作、车辆运动状态、道路行车条件等参数的实时监测。融合异常个体交通运行状态判别算法,结合异常交通行为与行驶轨迹分类分级预警与干预技术,进而判断车辆的异常运行状态,通过声音提示实现预警干预,并同步上传数据至云端,通过云端实施更高权限干预预警。

目前,现有的数据清洗只针对轨迹数据进行清洗,没有针对具备反射面积的雷达数据进行判断,计算方式简单,无法分辨车辆及路域附属设施,最终处理过的数据仍然存在大量的"脏数据",影响了车辆类型、停车行为等数据计算。鉴于此,研发了基于毫米波雷达数据的交通数据清洗方法,即利用毫米波雷达获取包括雷达反射面积在内的车辆的雷达反射数据以及车辆的轨迹数据,通过充分利用轨迹数据,使错误数据判断更加准确。

为填补使用毫米波雷达采集车辆轨迹领域的车道线形检测领域的空白,研发了基于毫米波雷达数据的车道线形检测方法。利用横向聚类和径向聚类相结合的方法获取更加准确的车道线,可避免部分车道由于行车数量过少,带来的轨迹点过少,从而使得成为离群点导致的聚类类别缺少,带来车道线形提取错误的问题。研发了基于毫米波雷达数据的车辆轨迹拼接方法。通过对车辆位置的判断,确定两个雷达感知区域的重叠区域,并对重叠区域的车辆位置、速度、角速度进行计算匹配,并对匹配目标进行轨迹拼接,从而获得长范围连续车辆轨迹。采用轨迹预测的方式,解决单个雷达感知的目标跟踪轨迹不连续,及多个雷达感知的目标跟踪轨迹不连续问题。

基于车载非接触式视觉传感器采集车辆运动状态、驾驶人操作、驾驶人生理状态等指标数据,描述交通行为特性,研究异常行为评价指标,实现打手机、猛打转向盘、紧急加速、紧急制动等异常行为的识别,建立异常交通行为辨识标准和方法。研究实时数据的预处理技术,对缺失数据、错误数据及明显异常数据展开排查,制定数据处理标准对异常数据进行清洗和排除;研究提取常态运行状态数据库中道路位置、交通环境和不同车型运行轨迹数据的方法,基于多维数据分析技术,确定常态运行状态不同表征指标的标准阈值,辨识相对于其他车辆行驶速度更快、更慢或更偏离车道等异常个体交通运行状态。同时,基于个体交通运行轨迹实时数据,实现重大基础设施交通目标运动模式的有效辨识和标识,实现冲卡、特定的事故、违法停车、倒车、超速和交通拥堵等异常的识别。

港珠澳大桥设计了针对桥岛隧场景的驾驶模拟实验。通过模拟驾驶实验采集了异常驾驶行为数据,基于统计学和深度学习的数据分析,构建了有效的异常交通行为的评价指标。同时,研究分析了隧道典型驾驶行为,按交通特性对场景进行初步划分,形成了典型跟车场景、换道场景等,获取了车辆运行速度特征、车辆换道特征这两个关键指标,为异常驾驶行为分析提供对比样本;提出了个体交通状态指标体系,将指标集划分为车辆运动状态、驾驶人行为、道路设施条件、交通环境四类;结合 DEMATEL 与模糊数学、灰色聚类建立了辨识判别标准,得到了异常驾驶行为判别模型;通过图像识别实现了车辆横向位置、跟车距离、道路线形指标等数据的采集,研发了非接触驾驶行为监测设备(图 8.2-2),实现了行车风险的实时采集和综合评估预警。基于多元数据(驾驶行为、车辆运动、道路环境),构建了驾驶行为与道路风险相融合的多层级风险指数异化模型,实现驾驶行为风险指数计算,开发了采集设备与检测平台(图 8.2-3)。

图 8.2-2　非接触驾驶行为采集设备

图 8.2-3　车载终端驾驶行为监测平台

## 8.2.3　跨境交通行为分类分级预警及系统应用

跨境异常交通行为分类分级预警的主要挑战在于如何对通行车辆驾驶员驾驶行为、个体交通运行状态进行精准辨识。须充分融合雷达与视频优势,采用计算机视觉、人工智能等技术手段,研发新型数据采集装置,实现全域车辆全程行驶轨迹和个体运行状态等数据的准确提取和位置信息的融合拼接,并在此基础上基于多维数据分析等技术确定常态交通行为和个体交通状态表征指标的标准阈限,实现异常交通行为的精确辨识。异常交通行为预测预警的关键在于在全域车辆行驶轨迹提取、异常交通行为和个体交通运行状态辨识的基础上,构建跨境异常交通行为短临预测模型,结合天气环境、交通流状态、道路设施条件等实时信息,在此基础上建立全域分类分级预警模型,构建全域分类分级预警体系和策略(图 8.2-4),实现全域分类分级预警。

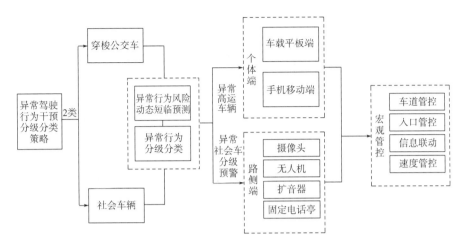

图 8.2-4　异常驾驶行为干预分级分类策略技术路线

基于构建表征异常交通行为与行驶轨迹分类的指标集,建立了异常交通行为与行驶轨迹等运行状态的映射关系;利用无监督聚类分析方法,实现异常交通行为与行驶轨迹的聚类,完成分类等级的划分,确定了分类标准。目前港珠澳大桥上示范路段采用的毫米波雷达监测数据。

基于周期性自回归集成移动平均模型、多元自回归模型等时间序列预测方法,建立了交通运行风险分级与预测技术。预测曲线整体上体现了短时交通拥堵的随机性强、波动幅度大的规律特征,对于运行速度、拥堵指数两项指标的预测可满足工程应用的精度要求。基于交通运行风险分级与预测技术,形成了交通拥堵时空演变轨迹的基准数据序列,实现了城市快速路相关联的 3 个地点的拥堵联合预测,预测步长达到了 20h,预测精度达 80% 以上。

采用深度神经网络(DNN)、支持向量机(SVM)、随机森林、梯度提升决策树(GBDT)、极端梯度提升(XGBoost),以及决策树方法对异常交通行为进行了预研,建立了包括交通运行、交通事故、交通安全设施数据在内的事故发生风险预测模型。分别选取了事故发生前 5min、10min、15min、20min、25min 和 30min 内的数据进行风险值的定义和风险评估建模,结果如表 8.2-1 所示。然后,通过误差分析得知,选择事故发生前 30min 及对照组 30min 内的数据进行基于 GBDT 的风险评估建模,所得的模型误差最小,训练样本和评价样本的误差分别为 0.028、0.030,事故预测准确率达到 86%,误报率为 3%。部分评价样本的风险预测值与观测值情况如图 8.2-5 所示。

不同数据时长下的模型误差对比　　　　　　　表 8.2-1

| 方法 | 误差 | 时长 | | | | | |
|---|---|---|---|---|---|---|---|
| | | 5min | 10min | 15min | 20min | 25min | 30min |
| DNN | 训练误差 | 0.201 | 0.140 | 0.112 | 0.104 | 0.101 | 0.105 |
| | 评价误差 | 0.222 | 0.197 | 0.115 | 0.113 | 0.099 | 0.100 |
| SVM | 训练误差 | 0.481 | 0.457 | 0.436 | 0.420 | 0.413 | 0.233 |
| | 评价误差 | 0.675 | 0.418 | 0.404 | 0.358 | 0.272 | 0.224 |
| 随机森林 | 训练误差 | 0.232 | 0.139 | 0.108 | 0.121 | 0.117 | 0.090 |
| | 评价误差 | 0.252 | 0.163 | 0.126 | 0.109 | 0.101 | 0.095 |
| GBDT | 训练误差 | 0.053 | 0.062 | 0.049 | 0.050 | 0.031 | 0.028 |
| | 评价误差 | 0.067 | 0.068 | 0.045 | 0.057 | 0.049 | 0.030 |
| XGBoost | 训练误差 | 0.184 | 0.179 | 0.123 | 0.105 | 0.117 | 0.098 |
| | 评价误差 | 0.226 | 0.197 | 0.130 | 0.115 | 0.113 | 0.103 |
| 决策树 | 训练误差 | 0.284 | 0.272 | 0.231 | 0.245 | 0.221 | 0.256 |
| | 评价误差 | 0.290 | 0.284 | 0.265 | 0.271 | 0.231 | 0.204 |

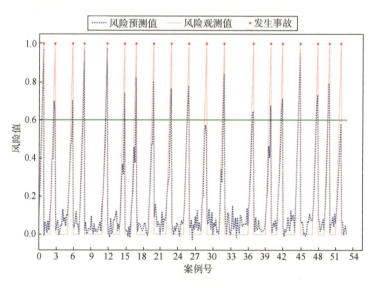

图 8.2-5　基于 GBDT 的风险评估模型的风险预测值与观测值

通过毫米波雷达获得的原始数据,对大桥上驾驶人的异常驾驶行为进行综合分析,根据车辆的速度值、速度正负情况以及速度变化过程中的加减速度的变化剧烈情况可以对异常行为[包括超速(表 8.2-2)、倒车、停车、急加速、急减速、急转弯]进行分类。针对相同的异常行为,按照其严重程度分为一级风险、二级风险和三级风险,其中数值越高代表的危险程度越高。根据异常驾驶行为的运行风险制定不同的预警策略,预警的对象主要包括路段内的事件车和受影响车。其中,对于车辆追尾和车辆剐蹭,可以根据车头时距、车头间距等指标进行判断。采用 K-Mean 聚类、Affinity Propagation 聚类方法对车头时距、车头间距等指标进行聚类分析,给出了追尾及剐蹭的预警分级标准(表 8.2-3)。

超速行为风险分级阈值　　　　　　　表 8.2-2

| 风险等级 | 三级风险 | 二级风险 | 一级风险 |
|---|---|---|---|
| 控制指标 | 速度超速 50% 及以上 | 速度超速 20% 及以上,50% 以下 | 速度超过限速值,但低于 20% |

追尾及剐蹭分级预警阈值分类　　　　　　　表 8.2-3

| 车头间距(m) | 车头时距(s) | 风险等级 |
|---|---|---|
| 60 | 4 | 高 |
| 90 | 6 | 次高 |
| 120 | 8 | 低 |
| >120 | >8 | 正常 |

基于轨迹分类标准、多源数据融合结果,采用神经网络、机器学习等方法,构建异常跨境交通行为短临预测模型,实现超速、倒车、违法停车等的预警;分析跨境异常交通行为的预警与管控需求,结合长周期云端累积数据,提出模型优化训练算法。基于风险管控目标,按照社会车辆和营运车辆的不同特性、不同车型划分类别,建立典型异常交通行为分级预警策略库,形成清单式预警与干预策略库。综合分析历史数据和干预策略有效性,采用数据挖掘算法提取预警与干预技术交通运行规律,动态优化防控策略。以多源数据融合的数据库系统为基础,开发具有车辆运行状态实时监控、典型异常交通行为短临预测、分级预警策略自动生成等功能的异常跨境交通行为智能预警系统。

## 8.2.4　交通运行风险分类分级预警

交通运行风险分类分级预警需综合考虑道路异常交通事件、天气环境、交通流状态、道路设施条件状态,通过分路段确定预警等级,进而实现道路全域差异化预警。首先确定针对异常交通事件、天气环境、交通流状态、道路设施条件各类状态内部的风险程度,其中异常交通行为风险程度的确定宜综合考虑冲卡事件、事故事件、违法停车事件等因素;天气环境风险程度的确定宜综合考虑风速、降水、能见度等因素;交通流状态风险程度的确定宜综合考虑车流平均车速、交通流量、大型车混行等因素;道路设施条件风险程度的确定宜综合考虑施工区域、桥隧连接路段、照明设施等因素。通过确定每个因素对风险产生演化机制与相应等级阈值,以及路段风险程度的划分阈值,最终实现交通运行风险分类分级预警技术构建。其次综合考虑路段内全部状态因素的风险程度,路段的交通运行风险预警等级可根据异常交通事件、天气环境等状态的风险程度累加表示,进而确定该路段的交通运行风险预警等级。交通运行风险分类分级预警框架概要如图 8.2-6 所示。

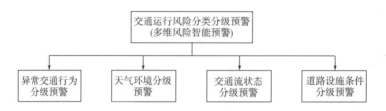

图 8.2-6　交通运行风险分类分级预警框架概要

## 8.2.5　交通运行平行仿真系统

随着交通数字孪生技术及传感技术的发展,通过布设雷达组群设备可获取车辆行驶轨迹,基于大量实时的车辆轨迹数据的交通微观仿真研究取得新突破,越来越多的交通领域研究可以基于交通数字孪生得到进一步发展。通过充分布置在系统各个部分的传感器,对车辆进行数据分析与建模,形成多物理量、多时间尺度、多概率的仿真模拟,将能够在物理实体层面观察到的信息虚拟映射至数字孪生平台。

基于数字孪生平台车辆轨迹数据,按照驾驶任务划分特征片段,获取跟驰片段数据集、变道片段数据集;利用交通仿真软件 SUMO 和遗传算法,对典型的跟驰模型、变道模型进行参数标定,通过对比模型评价指标,确定最优的跟驰模型、变道模型等微观交通流模型。针对多源交通运行感知数据,对交通运行态势大数据进行挖掘分析,构建运行管控情景库,并对比常态交通运行状态,分析各类交通事件影响下非常态交通运行状态的特。基于深度学习模型构建集群驾驶模拟器实验平台和面向主动管控的驾驶行为模型,最终实现交通运行的平行仿真。交通运行平行仿真系统总体架构,如图 8.2-7 所示。

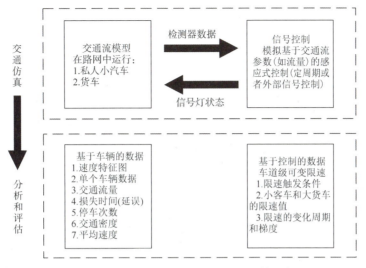

图 8.2-7　交通运行平行仿真系统总体架构

利用现场布置的毫米波雷达组群设备获取的实时轨迹数据,采用交通仿真软件 SUMO 和遗传算法,基于跟驰模型与变道模型,研发了港珠澳大桥交通数字孪生系统(图 8.2-8、图 8.2-9),实现了交通异常状态识别与风险车辆雷视追踪,提升了交通风险感知能力与效率。平台提供了实时车辆轨迹信息的接口,接口对接后可根据实时车辆轨迹数据对车辆位置进行可视化显示。同时根据用户需求,可以设置车道数量、车道类型、车道长度、车辆类型比例、车辆期望速度、车辆最大加减速等功能。通过交通数字孪生系统,对未来 5s 乃至 5min 时间交通运行状态进行仿真,仿真信息可被用于预警系统,实现风险预防。仿真信息可为科学的、全方位的、动态的、车道级综合道路交通安全态势评估与预警技术提供数据支撑。

图 8.2-8　港珠澳大桥交通数字孪生系统

图 8.2-9　港珠澳大桥交通数字孪生系统日常监控

### 8.2.6　交通运行风险前置主动管控

交通运行风险前置主动管控的主要挑战在于充分梳理复杂的交通及环境场景，制定合理全面的控制手段，在此基础上对驾驶行为和交通运行状态实现精准辨识与有效干预。首先基于车辆行驶轨迹、环境信息以及交通基础设施设计参数等准确的数据信息，利用数字孪生技术，构建能还原交通基础设施的实时平行数字孪生模型。基于数字孪生模型，针对现有交通、环境状况，综合考虑人-车-路-环境多要素动态交互作用机理，开发强化仿真与预案推演平台。基于深度和强化学习，推演各类动态场景，研判及优化各类场景下的应急管理措施，实现风险场景平行推演、应急管理措施平行推演、人机协同风险管控等。评估各类场景下的应急管控措施的效果，确定最优应急管控措施，建立风险前置主动管控技术方案。

交通运行风险控制综合考虑道路异常交通事件、天气环境、交通流状态、道路设施条件状态，通过分路段确定控制策略，实现道路全域差异化控制。首先确定异常交通事件、天气环境、交通流状态、道路设施条件各类状态内部的风险控制策略，其次综合考虑路段内全部因素的风险控制策略，使各类状态的内部风险因素与交通运行风险分级分类预警保持一致，进而建立该路段的风险控制策略。交通风险控制的主要策略包括车道级车速控制、车道级车道封闭、路侧预警信息提示系统。路段的限速程度、可变信息板发布信息、车道封闭程度通过综合各因素的风险控制策略综合表示,其中:限速程度为各因素对限速上限缩减程度的叠加,可变信息板的发布信息为各因素对应需发布警示内容的融合,车道封闭程度通过判断各因素是否需要该措施确定。

通过梳理现有的主要管控手段,基于交通运行数字孪生系统,建成了港珠澳大桥车道级车速控制和车道封闭控制系统、路侧预警信息提示系统,这些系统可服务于大桥全域交通运行风险前置主动管控。基于分类分级预警等级及具体风险来源,针对港珠澳大桥全域,考虑异常交通行为、天气环境、交通流状态、道路设施条件等多类因素,分路段确定风险管控方案,建立了港珠澳大桥风险管控的总体方案与专项方案。基于可变标志牌限速、可变信息板发布警示信息、车道封闭等手段,实现了港珠澳大桥全域风险控制。该方案通过评价实现风险状态,实现对风险场景进行判断以及管控方案的自动确定,提升了风险管控的效率。交通运行风险前置主动管控模块如图 8.2-10 所示。

图 8.2-10　港珠澳大桥交通运行风险前置主动管控模块

## 8.3　跨海交通基础设施作业区路段动态管控与装备

为减少因作业区引发的交通拥堵和交通事故,降低全线交通事故人员伤亡和财产损失,需研发作业区风险管控系统,通过准确识别运维作业责任风险,实施智能化管控。基于深度学习的检测算法,构建维养作业区内的警戒区域,实现作业区内越界行为监控、作业区外车辆闯入和合流抢行等风险预警预报和管控。保障大桥维养过程中路面上作业人员、车辆和物料的安全,提供致险因素预警,控制维养作业期间的安全风险,同时,通过报警功能为发生事故后作业人员提供宝贵逃生时间。

### 8.3.1 维养作业区内的警戒区域

基于深度学习的目标检测网络对监测设备采集的视频数据进行图像特征分析,检测施工区内的施工人员、施工车辆、物料、锥桶等目标物。通过人机交互,实现在视频图像中建立警戒区域。结合警戒区域,提取视频帧之间的运动信息,并通过形态学特征分析,实现越界监控,进而实现对预警区域(黄线)外的人员、工作车辆和物料通过预警装备进行提示预警报警,预警报警功能技术流程图如图 8.3-1 所示。

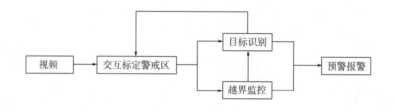

图 8.3-1　作业区内预警技术流程

为训练目标检测网络模型,收集了大量历史积累的施工区作业视频,进行了视频解析和图像标注。统计分析了标注数据进行,明确了不同类别样本数目存在样本不均衡性。

基于 Yolov5 基准目标检测网络模型,借助 Yolo 系列目标检测网络的将整张图作为网络输入的思想,利用一个端到端的网络,实现了直接在输出层输出目标物体的检测框位置以及检测框所属的类别等信息。

### 8.3.2 维养作业区风险评估

基于高速公路通行能力和服务水平研究成果,以及维养安全作业相关的规章制度和标准规范,考虑多方因素,梳理总结出施工作业前和施工作业期间的风险因素和风险值,并作为覆盖维养作业区风险管控系统关键核心算法建设的关键指标,作业风险值清单如表 8.3-1 所示。

作业风险值清单　　　　　　　　表 8.3-1

| 序号 | 风险因素 | | | 风险值 | 备注 |
|---|---|---|---|---|---|
| 1 | 作业前 | 通行能力 | | 7 | 超过四级服务水平 |
| 2 | 作业前 | 气候指标 | 高温 | 7 | 地表大于 40 度 |
| | | | 高温、高湿 | 5 | 温度大于 35 度,且湿度大于 80% |
| | | | 大风 | 8 | ①大于或等于 8 级 |
| | | | | 8 | ②高空作业:大于或等于 5 级 |
| 3 | 作业期间 | 人员越界 | 交通流量小 | 5 | 小于三级服务水平 |
| | | | 交通流量大 | 9 | 服务水平介于三级和四级之间 |
| 4 | 作业期间 | 物料溢出 | | 6 | 周界算法 |
| 5 | 作业期间 | 机械越界 | | 6 | 周界算法 |
| 6 | 作业期间 | 车辆闯入 | | 7 | 闯入渠化设施边界 |
| | | | | 6 | 二级预警风险 |
| | | | | 5 | 一级预警风险 |
| 7 | 作业期间 | 疲劳 | | 7 | |

注:单项风险值介于 0~10 之间,大于或等于 6 属于高风险,系统会报警,若同时存在两种或以上风险,风险值叠加。

## 8.3.3　维养作业区车辆闯入事件检测与预警

在车辆闯入检测算法研究方面,基于交通流基础理论,考虑车辆的加减速特性,以及作业区段临时交通安全设施的空间布局,构建了社会车辆闯入作业区的规则,构成维养作业区风险管控系统的社会车辆闯入核心算法。在车辆闯入预警技术发布方面,基于以速度、加速度等参数为指标的多目标关联车辆闯入程序算法和 5G 通信技术,借助设置于作业现场和监控中心的报警装置进行风险预报(图 8.3-2)。

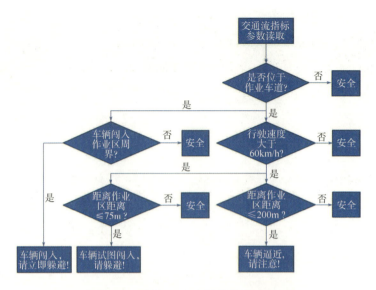

图 8.3-2 防闯入安全预警算法流程图

在过渡区上游200m处设置毫米波雷达,实现了对上游车辆闯入作业区的风险检测,采用内置速度和轨迹算法对存在闯入风险的车辆实时预警,采用4G/5G无线传输技术,实现了缓冲区可变情报板和作业人员佩戴手环的闯入信息发布和实时预警的功能;在作业控制区的缓冲区布设雷视一体机,通过标定作业区周界检测车辆闯入、人员越界和物料溢出的情况,结合闯入车辆车牌识别,实现了针对社会车辆实时报警、针对施工作业车辆不报警的动态预警功能,报警信息同时发布于可变情报板和作业人员佩戴的手环。

在真实道路环境下,测试了作业区的预警报警算法的运行的精度和时间延迟。选取了正面闯入作业区,躲避作业区,与作业区平行驾驶,侧面闯入作业区四种测试情景(图8.3-3),测试结果显示当预/报警频率为5Hz时,预警/报警的延误均值为55.5ms,延误最大值为210ms,延误最小值为2ms。

### 8.3.4 维养作业区过渡段汇合控制

交通基础设施的维养作业区过渡段车辆汇合控制技术可提高作业区交通安全性和交通效率。分析桥面维养作业区过渡段车辆汇合的特征和影响因素,建立车辆汇合的最优数学模型。车辆在施工区内运行时,道路交通具有未封闭车道上的车辆优先通过施工区以及车辆之间车头时距符合负指数分布的基本特征。

a) 正面闯入

b) 躲避

c) 平行驾驶

d) 侧面闯入

图 8.3-3　车辆闯入事件检测与预警技术测试

根据施工区车辆合流特性,并基于汇入间隙理论的最优合流车辆数配比,提出了不同车流情况下的汇合控制策略,如图 8.3-4 所示。当流量不大时,对合流进行控制的意义不大,因此,汇合控制需要定义一个初始的拥挤状态来启动智能汇合控制系统;当流量较大时,随着大车率的增加,通行车道的车辆比例也增加,即车辆在强制汇入点汇入的比例减小,尽量鼓励车辆在汇入点上游完成合流,即在图 8.3-4 中的第三、四、五块可变信息标志(最上游为第五块)处合流;而当上游车辆的到达率已经超过单车道的通行能力时,排队不可避免,那么就应该充分利用道路空间,并鼓励车辆在汇入点有序合流,即在图 8.3-4 中的第一、二块可变信息标志处合流,以达到通行效率最高的目的。

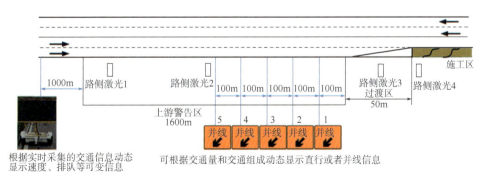

图 8.3-4　作业区车辆智能汇合控制策略示意图

对不同合流措施开展交通仿真分析，验证了作业区过渡段车辆智能汇合控制策略采用合流不可换道这一方式的合理性。分析结果表明，合流不可换道的合流控制策略方案的速度一致性都优于其他两种方案的情况，如图 8.3-5 所示，具体表现为合流不可换道的曲线斜率和速度值波动得更为平缓，速度一致性更好。通过采取合流控制策略，大大减轻了强制合流点的交通压力，合流车辆数和速度都明显增大，且小车对于合流策略的遵守程度更优。尽管现场实施的是静态车道控制，但对于合流过程中的通行效率依然起到了提高积极的作用。

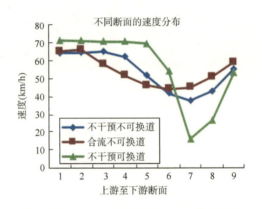

图 8.3-5　交通量为 1200pcu/h 时多断面速度对比

通过现场试验评估的方式，验证了桥面维养作业区过渡段车辆汇合控制技术的可行性和有效性，并建立基于动态情报板的智能控制汇合车流策略，可以有效引导车辆在最佳位置合流，达到车辆在作业区安全高效通行的目的。

### 8.3.5　维养作业区风险管控系统与装备研发

为更好发挥维养作业区警戒区域、作业区车辆闯入事件检测与预警技术、作业区过渡段汇合控制技术的协同作用，实现作业前风险预控和作业期间风险监控的功能，研发了维养作业区风险管控系统和预报预警装备。

按照风险发生的先后顺序，作业区风险管控系统分成作业前风险预控和作业期间风险监控模块，该系统由主体控制模块、软件算法、硬件设施和基础模块四部分构成，如图 8.3-6 所示，分别用不同的颜色进行了区分。其中，系统的主体控制模块由通行能力模块、作业条件判断模块、设施布局模块、生物特征识别模块、内部风险管控模块和外部风险管控模块六部分构成。

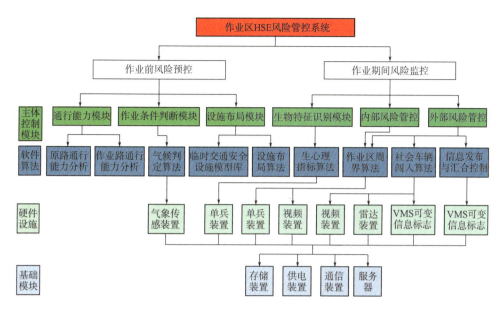

图 8.3-6　作业区风险管控系统框架

作业前风险预控模块包括通行能力模块、作业条件判断模块和设施布局模块，通行能力模块针对前期交通组织方案设计阶段，可量化计算作业前后道路的通行能力，用于确定作业车道封闭形式，对于作业前后交通拥堵进行预判；作业条件判断模块与气象传感器数据对接，读取温度、湿度和风速等气候特征指标，当指标超出系统预设阈值即将信息发送至评估与决策模块，由相关管理人员决定是否上岗作业；设施布局模块针对作业区交通组织方案设计阶段，可实现临时交通安全设施布局方案的高效、标准化动态生成。

作业期间风险监控模块包括生物特征识别模块、内部风险管控模块和外部风险管控模块。生物特征识别模块通过开发生理、心理指标界定算法针对具有较高安全风险的人员进行单兵报警提醒，实现安全作业的主动预测预警，作业人员生理、心理指标算法可判断适岗条件，作为作业安全管理的依据；内部风险管控模块针对作业区内的人员越界、机械越界和物料溢出风险开展预报和管控；外部风险管控模块基于作业区外车辆闯入和合流抢行等风险开展预报和管控，通过作业区周界算法和汇合控制算法，并借助单兵装置、声光报警装置进行风险的预报或者借助可变情报板进行交通诱导和车辆闯入等信息的发布。

上述六个主体控制模块通过软硬件系统的联调集成，构建形成了高速公路维养作业区风险管控系统，该系统作为一个服务于作业区交通组织设计、作业人员安全监管、交通运营管理的技术服务与管控平台,实现了道路作业区安全和管理水平的大幅提升。

港珠澳大桥目前已形成了作业人员单兵信息风险发布与预警装置样机30套(图8.3-7),实现了人员风险声、光、震动预/报警等功能,能够对运维作业人员进行准确定位和轨迹跟踪。形成维养与路政作业区风险智能管控系统外场装置样机2套(图8.3-8),实现作业人员单兵信息风险发布与预警、作业区临时设施布置方案生成、职业健康与现场作业组合复杂情形风险预控,初步检测表明车辆闯入作业区报警检测率99%,误报率0%;风险报警检测率100%,误报率0%。

图8.3-7　作业人员单兵装置样机　　图8.3-8　作业区风险管控系统样机

### 8.3.6　基于地理信息系统的作业区管理

信息模型在跨海集群设施运维阶段的应用主要体现在其与运维信息化系统的集成应用,可实现跨海集群设施运营阶段的数据整合及业务可视化管理,为跨海集群设施的维养与管理决策提供依据,提高项目的维养作业效率及信息化水平。通过与地理信息系统(GIS)技术结合,将UWB(超宽带技术)定位数据接入GIS管理平台实现定位数据的空间表达,进而实现现场信息与模型信息的双向传输,准确定位维养作业区人员、机械、物料等信息,实现作业区现场实时监测和作业区风险监测管控并辅助预警和报警。信息模型与地理信息系统融合的技术可以实现在信息模型上实时显示定位信息,有力发挥了UWB高精度定位的优势,以及地理信息系统的数据管理和可视化功能。可在以下几个方面助力维养作业区管理。

（1）方案核准审批，可由养护施工单位填表提交每次维养作业临时设施布设信息和人员、机械、物料信息，基于数字化模型，与H30等规则进行比对，生成自动审核结果和方案核准审批单。

（2）在作业区安全监管电子围栏和规则生成方面，基于养护施工单位上报路政队、养护部批准的维养作业方案（包括作业区临时设施布设信息和人员、机械、物料信息），基于数字化模型，生成作业区安全监管电子围栏和人员、机械、物料监管规则（车辆类型、牌照，人员身份信息，物料类型、数量等）。

（3）在维养作业前人员、机械、物料登记方面，通过系统终端登记发放人员定位卡（手环、UWB安全帽或工牌）、机械定位器（GNSS/UWB）、临时交通安全设施定位器（GNSS/UWB），录入物料的类型和数量信息，系统将登记信息与养护部批准的方案中相关人员、机械信息进行比对，存在出入时向养护部报警，确认无误时将人员、机械信息与定位卡/器信息绑定。

（4）在作业现场实时监测方面，作业区风险管控系统装备（含UWB定位子站等）在现场对作业区上游来车和作业区内部人员、机械、物料，以及临时交通安全设施位置实施实时检测，将定位信息通过移动公网/专网实时发送智联平台展示。

（5）在风险动态管控方面，作业区风险管控系统装备（含UWB定位子站等）在现场识别异常状况和风险事件，开展预/报警，通过声光报警器、可变情报板和手环，联动提醒作业人员及时避险或纠正越过作业区边界的行为。预/报警信息通过移动公网/专网即时发送智联平台向监控系统报告并展示，通过本系统向养护部报告。养护部根据情况调取作业区风险管控系统装备或监控系统视频，确认事件情况，根据情况向监控中心、路政、应急救援队等部门推送管控信息。

## 8.4 基于数字孪生的突发事件应急演练与处置一体化

为满足跨海集群工程中的应急演练与应急处置需求，提升应急演练与处置效率，降低应急演练和应急处置的成本及组织的难度，研发动态交互式应急演练系统(图8.4-1、图8.4-2),实现单体场景技能演练、多人动态交互式虚拟实景演练功能,实现虚拟现实技术与应急演练需求的深度融合;构建跨海大桥应急事件库、知识库(图8.4-3)、应急资源库三位一体应急架构,实现三大类12类异常风险事件及现场情景系统自动识别并生成应急处置方案。构建应急现场管控、应急资源调度、应急交通管控并行的典型应急场景集成指挥体系(图8.4-4),实现应急情景平行仿真和应急资源动态交互。

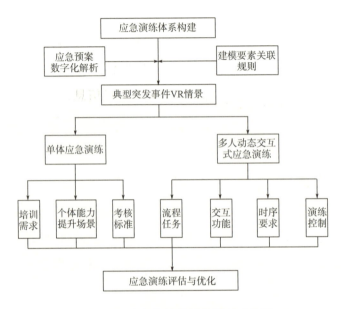

图8.4-1 应急演练体系构建技术流程

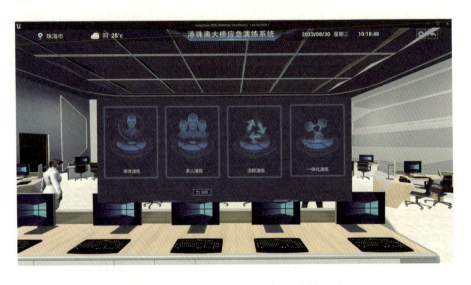

图8.4-2 动态交互式应急培训-演练系统

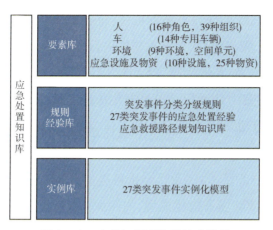

图 8.4-3　应急知识库构建技术流程

图 8.4-4　港珠澳大桥运行管理智联平台

## 8.4.1　基于 VR 技术的突发事件应急演练场景构建

构建 VR 应急演练场景可以为应急演练提供丰富逼真的演练环境。基于应急预案数字化解析，研发 VR 应急演练场景模型，结合应急预案解析的应急任务条目、评估模型生成的评估信息条目，两者按任务控制进行添加，形成应急演练任务信息条目；在 VR 场景基础要素属性分析的基础上，将应急任务条目中的各类要素与应急建模中的各类 VR 分类要素进行对应关系拆解及变化描述，形成 VR 应急要素随事件变化方案即要素的信息条目；最后按突发事件应急处置时序要求按规则将条目组合即形成突发事件 VR 场景脚本模型。

(1) 通过对 VR 场景开发时的要素分类分析，对 VR 场景中的十类基础要素进行属性描述，并对要素与要素之间可能的交互关系进行描述，形成了 VR 场景构建时随应急时序变化场景变化的要素变化基础关系库。

（2）以应急预案、现场处置方案为依据，进行数字化解析，提取突发事件应急要素，并对各要素、要素属性、要素关联性进行统一描述，形成了五大类应急数字结构库。

（3）通过应急预案中处置行动条目细化为应急演练场景中的动作，拆解分析应急预案中处置行动条目，明确动作的主体、客体、资源、装备、基础要素变化，作为应急演练任务条目，并添加相应的应急演练评估条目，在此基础上按照事件时序关系组合成完整条目，并逐条目分析各类应急 VR 场景要素的变化形式与结果，形成 VR 应急演练场景构建模型，如图 8.4-5 所示。基于 VR 技术的应急演练场景构建方法模型，可为后续的单体和多人动态交互应急技能培训和演练技术研发提供环境基础。

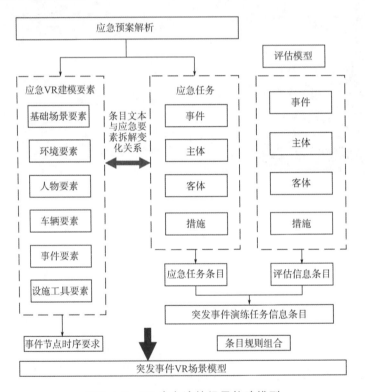

图 8.4-5　VR 应急演练场景构建模型

## 8.4.2　单体及多人动态交互应急技能与演练

动态交互式应急演练体系是系统构建的基础，基于重大交通基础设施应急管理机制、典型突发事件类别、不同用户需求，研究并构建深度平行的交通基础设施的动态交互式应急演练体系,明确系统功能、使用对象、演练模式、实施技术等,形成动态交互式应急演练体系设计方案。

基于应急管理组织、职责分工等,根据应急处置个体工作任务,结合现有应急资源、应急装备等,开展车辆碰撞护栏、车辆碰撞油箱泄漏着火、车辆自燃、多车追尾碰撞、货车可燃物着火、货车抛撒物这6类典型应急处置个体能力训练。根据应急预案中设定的应急处置程序,研究各应急小组人员在不同响应级别突发事件下的应急处置操作程序,明确了应急处置程序,形成了应急处置程序演练脚本。在此基础上开发了相应的单体应急演练VR场景,将单体技能应急培训与演练流程、训练或演练操作要点与场景任务关联,形成单体适用应急技能培训与操作演练方案。

根据典型突发事件特征及应急组织规则,研究突发事件下"人-人""人-机"动态交互需求、层级、算法。以应急预案解析模式为演练基础,设计多人应急演练流程以及控制方案,对多人动态交互操作关联处理技术开展研究,开发多人动态交互应急演练模型与方案,支持3类典型突发事件6个事件场景下多应急小组人员进行互动演练。

研发基于虚幻引擎的动态交互式应急演练系统(图 8.4-6、图 8.4-7),实现单体场景技能培训演练、多人动态交互式虚拟实景演练功能,通过多形式、多模式的组合实现虚拟现实技术与应急演练需求的深度融合。不同的演练功能模式依托合适的VR技术与装备、情景模型为受训者提供逼真的应急演练场景与操作体验,达到了提升应急演练人员"沉浸感",增强临场受训的感觉,提升应急处置能力。应急演练系统的研发成果明确了单体应急能力培训的要点、在VR系统环境下的多人动态交互式应急演练技术、在演练进程中的控制技术等,确保了在VR环境下能够满足应急演练的快速响应、动态交互、多人协同的需求,解决了传统实战应急演练跨部门多人员的组织与控制难度,切实提升应急演练系统实施效果与体验。

a)单体应急演练系统界面　　　　　　b)单体应急演练操作

图 8.4-6　单体应急演练系统

a)多人动态交互应急演练系统界面　　　　b)多人动态交互应急演练操作

图 8.4-7　多人动态交互应急演练系统

### 8.4.3　基于定量分析与定性判断"双视角"的 VR 应急演练评估模型

应急演练评估是检验应急预案质量和考察应急演练效果的关键。针对不同类型应急演练方案,从定量分析与定性判断"双视角",构建相匹配的应急演练专家评估与系统评价模型,为预案持续改进及应急能力建设提供技术支撑。

(1)基于改进二元语义的应急演练专家评估对 VR 应急演练方案进行分析

从应急预案科学性、应急演练组织合理性演练执行实效性及演练后评估优化有效性 4 个方面综合考虑,建立了应急演练综合评估指标体系(图 8.4-8);其次,应用网络层次分析法(ANP)和权法分别计算主、客观权重,并基于最小偏差理论求出了综合权重;随后,采用改进二元语义评估模型对应急演练进行了评估分析;最后对评估方法进行了应用实践及论证。

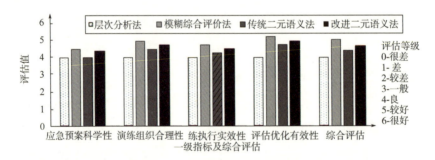

图 8.4-8　应急演练评估方法对比分析

(2)基于可拓云模型的应急演练专家评估

在应急演练综合评估指标体系构建及权重计算基础上,考虑应急演练评价过程的模糊性和随机性,提出了一种 VR 应急演练可拓云模型专家评估方法,采用浮动云算法实现评估指标云的有效综合。

(3)面向虚拟演练的 VR 应急演练系统评价

为实现准确全面地评价 VR 应急演练系统,设计了突发事件"情景-应对"应急演练方案,演练节点流程如图 8.4-9 所示,搭建了应急演练评估框架,研究给出了面向虚拟演练的应急演练综合评估指标体系构建、权重计算、评价分值与标准确定及综合评价等一系列方法。

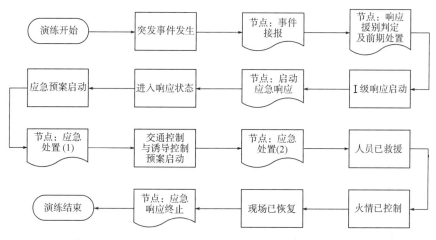

图 8.4-9 突发事故"情景-应对"应急演练方案

### 8.4.4 基于 VR 的应急演练系统

VR 应急演练是基于突发事件典型场景,采用虚幻引擎进行 VR 场景开发结合使用 VR 穿戴装备,为单体或多人提供虚拟场景交互式应急演练。由于应急演练是按照一定的程序要求和业务流程开展的,且响应流程存在逻辑顺序,故港珠澳大桥主要采用改良的指南向导式演练培训模式,以正确的响应程序及应急处置作业流程为向导,通过一定的操作提示,引导培训人员在虚拟 VR 场景中进行应急演练,但在应急处置中给予单体演练人员一定的自由度进行操作,对于多人演练中影响其他关键节点的操作给予向导提示以保证演练顺利开展。

根据演练主体的不同,其演练目标也存在差异。对于单体应急演练人员,目标在于提升个体应急处置能力与水平,故从其个体应急职责、定位、分工入手,设定契合单体应急演练需求的应急处置能力提升演练场景并进行 VR 开发,为其提供演练操作及评估功能。对于应急组织多人应急演练,目标在于提升在应急处置流程中的响应程序、交互流程衔接等方面的正确度、熟练度、协调度等,故从其应急组织定位、职责分工入手,设定涵盖Ⅰ级、Ⅱ级、Ⅲ级、Ⅳ级等不同突发事件响应级别的典型突发事件情境,实现多人在同一事件下动态交互开展应急处置全流程演练的功能。

由于虚幻引擎、场景染等开发需要,VR 演练功能可采用 C/S 架构开发实现。

(1) VR 基础场景构建开发

为支持 VR 应急动态演练,首先梳理并开发应急演练中的基础场景,具体包括:大桥主体工程及环境变化、基础设施、应急资源、人物形象与动作、车流模拟、车辆操作等,如图 8.4-10 所示。

a) 主体工程及环境变化(视角一)

b) 主体工程及环境变化(视角二)

c) 基础设施(视角一)

d) 基础设施(视角二)

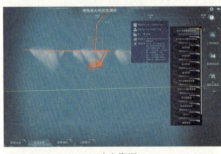
e) 应急资源

f) 人物形象与动作

g) 车流模拟

h) 车辆操作

图 8.4-10　典型突发事件基础场景

(2) VR 演练场景选取

针对单体应急演练,主要选取了面向三类不同需求人员的六个典型事件场景,如图 8.4-11 所示;针对多人动态交互式应急演练,预期目标是实现六个场景下的四级响应演练,选取交通事故、火灾事故、生产安全事故三类典型突发事件设定 6 个典型事件场景,涵盖Ⅰ级、Ⅱ级、Ⅲ级、Ⅳ级等不同突发事件响应级别,对应急演练系统拟提供的各类典型突发事件场景进行初步界定和场景内容描述,用于支持应急处置全过程演练。

a) 车辆碰撞护栏场景　　　　b) 车辆碰撞油箱泄漏着火

c) 车辆自燃　　　　d) 多车追尾碰撞

e) 货车可燃物着火　　　　f) 货车抛洒物

图 8.4-11　典型突发事件基础场景

(3) 典型突发事件演练场景开发

根据"应急演练场景构建方法模型",对确定的突发事件场景以及操作演练场景进行场景开发,VR 应急演练系统相关功能界面如图 8.4-12 所示。

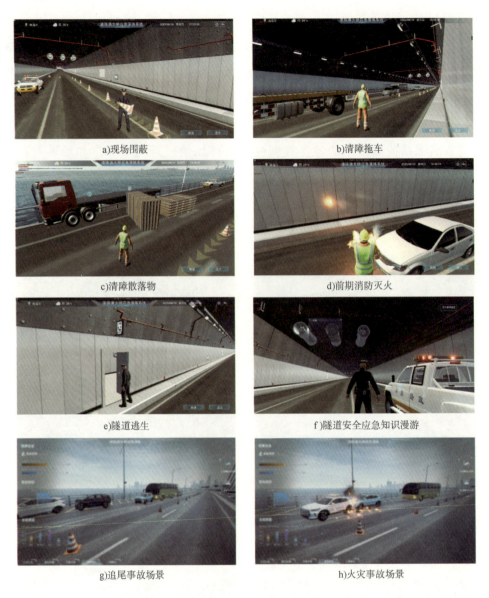

图 8.4-12 应急演练系统 VR 场景界面

## 8.4.5 应急一体化通用基础数据库

基于现有交通基础设施的应急预案及应急工作流程，结合应急现实世界与应急数字空间的映射关系，从应急处置系统运行的目标出发，对应急业务中的要素进行数字化解析，提取出了应急通用要素数据结构，主要包括基础库、事件库、指令库、资源调度库、应急处置程序库、现场处置方案库、救援资源成本预算库、逻辑库，并且满足应急要素修改或扩展延伸的需求。数据结构的构建可直接服务于应急处置、日常运维等应急相关业务，并作为应急处置系统的底层数据支撑，为系统业务功能的实现提供数据基础。

（1）基础库：包括基础设施、机构与人员、应急资源、车辆、环境要素等。

（2）事件库：各类突发事件的所属一级类型、二级类型、子类别、在接报时所需要获取的基础信息指标、在现场处置方案判定中所需的信息指标等，相关指标分为通用指标及各类单独指标。通用指标包括事件时间、地点、方向、桩号、人员伤亡情况等，单独指标包括交通事故车辆类型、车辆状态、自然灾害预警信号风速、能见度等。

（3）应急处置程序库：在应急响应程序库中存储各类突发事件在不同级别条件下、各应急小组的响应程序，主要是依据应急预案进行解析。

（4）现场处置方案库：各类现场处置方案的具体方案内容，如交通管控方案、异常气候情报板信息方案、消防设施启动方案、事件现场围蔽方案等。

（5）逻辑库：逻辑关系是在以上四类基础信息库、突发事件库、应急响应程序库、现场处置措施库的基础上，分析相互的逻辑及调用关系，形成逻辑关系库。

在数据结构构建的基础上，对各类应急要素库的基础元数据进行分析、归类、界定与完善，并在系统中完成了应急数据管理的功能。在数据结构构建的基础，对各类应急要素库的基础元数据进行分析、归类、界定与完善，并在系统中完成了应急数据管理的功能。

## 8.4.6 应急处置知识库

以人员、车辆、环境以及其他非实体事物等方面为出发点，对交通系统进行全面解析，构建包含各类静态、动态关键属性的要素库，该要素库可为应急系统的开发以及平行虚拟系统的建设提供基础。

根据每类灾害体的演化特征及灾情触发条件，分析构成不同类型突发事件的主要致灾因子和受灾因素，将应急处置过程分解成各种不同类型的任务，通过对任务的执行主体及所需物资的科学配置，形成针对每位项任务的处置规则和经验知识，构建了不同事件类型的应急处置规则经验库。

结合要素库和规则经验库，通过对历史突发事件应急处置过程进行分析，构建出应急处置实例库。从突发事件灾害体的演化、交通流的演化以及应急处置动作的推进三条线程,详细表现出灾害体、承灾体与抗灾体各种因素之间的交互作用,建立单要素独立变化及多要素相互影响的数字化模型,按照模型泛化事件演化实例知识库。实例库的构建为智能决策系统的学习以及应急演练提供样本和素材。

### 8.4.7 应急处置决策系统

根据应急处置过程业务需求,通过统筹收集跨海集群交通设施基础数据、机电设备、人员动态等重要数据,建立应急处置资源数据库。以应急处置资源数据库为基础,设计应急处置决策表达模型和基于平行推演的应急处置优化模型,提取应急演练经验知识数据,搭建用于测试应急处置决策支持系统的交通流态势构造实验台,并以从应急处置响应开始到应急处置结束为时间节点对应急处置各环节进行任务拆分,完成跨海交通基础设施应急处置系统功能设计、开发、部署。

港珠澳大桥构建了跨海大桥应急事件库、知识库、应急资源库三位一体应急架构,实现三大类12类异常风险事件及现场情景系统自动识别并生成应急处置方案。同时构建了应急现场管控、应急资源调度、应急交通管控并行的典型应急场景集成指挥体系,实现应急情景平行仿真和应急资源动态交互。

为统一执行指令,提高管理效能,通过划分并确立不同类别机电设备以及不同知识层次应急人员的应急处置作业级指令表达规则,建立人机混合应急处置指令体系。通过设计应急决策的解析算法和应急处置指令冲突检测算法,以实现应急决策系统依据现场不同的情况灵活地改变指令执行方式的功能。并通过结合多种通信方式,研究应急处置指令的分发规则与交互机制,开发应急调度指令分发管理系统。

研发了基于人机协同的应急处置系统,可动态生成应急处置方案,该系统主要包括四大模块:指挥总览模块(应急处置指挥沙盘)、现场管控模块(应急处置方案和疏散方案制定)、资源管控模块(为应急处置方案和疏散方案配置相应的应急资源)、交通管控模块(疏通救援通道,确保应急资源顺利抵达处置现场)。应急处置系统各模块关系,如图8.4-13所示。设计包含事件发生时刻、地点、事故类型、事故等级、处置时长、伤亡人数、经济损失等信息在内的应急处置报告格式,使每次推演结束后,系统将自动生成本次相关的应急处置报告。该系统将事件预警、事件告警、事故等级划分、响应等级确认、应急处置方案生成、作业指令下发、应急现场跟进、现场恢复、应急处置报告、事后评估评价等融合为一体,形成了应急处置闭环。同时,该系统可从人工成本、时间成本、直接经济成本3个纬度对该事件处置结果进行统计分析,对实际成本与额定成本进行对比,及时发现造成成本偏差较大的工作环节,为科学化、精细化管理提供数据支持。

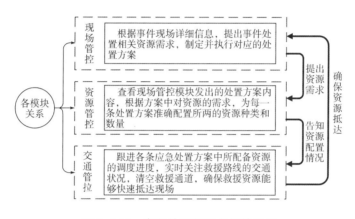

图 8.4-13　应急处置系统各模块关系

根据应急管理的需要,基于应急处置系统开发满足应急时所需的单兵系统。该系统具有任务接收、任务确认、实时定位、任务处置反馈、语音通话、视频通话等功能。同时,该系统在发生突发事件时,能够通过基于5G、北斗定位、人工智能等技术建立的信息化调度平台,进行现场疏散管控、救援资源调度以及交通管控与疏散等作业的指令组织、发送以及应急处置的进度管理,快速高效实施应急处置,将显著提高应急处置效率,同时实现科学决策、快速响应、全面调度、指令细化。

## 8.5　本章小结

本章针对跨海交通基础设施智能运行与应急处置需求,开展了跨境交通运行的危险行为与风险场景辨识、交通运行风险预测预警、维养作业区动态管控、动态交互式应急演练、基于人机协同的应急处置等关键技术研究,并在港珠澳大桥上进行了示范应用。主要包括：①构建面向港珠澳大桥的跨境异常交通行为分类分级策略，建立基于人工智能算法的异常交通行为预测技术，提出基于聚类算法的异常驾驶行为分级阈值，创新形成了路侧与车载多源融合的异常交通行为分类分级预警方法。②研发了面向作业前风险预控和作业现场风险动态防控的维养作业区风险管控系统，研发了作业区上游来车和作业区内部人员、车辆等致险因素的识别算法，实现风险要素的动态监测、风险态势的评估、风险预警和事件报警。③研发形成基于虚幻引擎技术实现典型突发事件的三维复现技术，建立单体、多人动态交互多模式高仿真多虚拟场景演练培训方法，突破应急演练在人员、时间、地点等方面的限制。构建了跨海大桥应急事件库、知识库、应急资源库三位一体应急数据库结构，实现三大类12类异常风险事件及现场情景系统自动识别并动态生成应急处置方案，显著提高了应急处置效率。构建应急现场管控、应急资源调度、应急交通管控并行的典型应急场景集成指挥体系，实现应急情景平行仿真和应急资源动态交互。

# 第 9 章

# 运维一体化管控平台的构建

## 9.1 概述

为了突破交通基础设施运维的设施监测感知能力弱、检测和维养作业风险和成本高、自动化程度低、运维数据管理粗放、可追溯性低、服役状态评估及服役性能退化机理不清晰、难以支持科学决策等技术瓶颈，国内外研究了传感设备和静态仿真模型共同构成的监测与评估预警系统，依托人工操控的检测与维养装备、人力识别决策的运行管理与应急处置系统及参与运维的各单位工作人员，进行调度协同。然而，目前传统的交通运维技术很难取得根本性的突破，亟待通过引入创新驱动力（如人工智能技术），结合相关基础理论和关键技术，研发新型运维重大装备和运维一体化管控平台。考虑跨海集群工程新型基础设施的智能化运维需求，本章探讨跨海集群工程基础设施运维一体化管控平台的构建及应用。

通过融合交通基础设施多源异构模型数据，统一数据访问接口，构建跨海集群工程基础设施运维的数据模型。基于集成微服务与服务网格等技术，实现交通基础设施各异构业务系统的集成与集中展示，通过构建面向多负载需求的协同调度平台，保障业务系统的高效运行；可引入无侵入监控与深度学习技术，构建自动化服务治理模型，并结合实时处理引擎，实现秒级服务故障发现与分钟级服务异常根源检测，从而大幅提升交通基础设施运维一体化管控平台的运维效率。采用主流大数据技术来构建数据中枢系统，建立去中心化的全分布式底层框架，实现大规模水平扩展和数据管理能力；通过数据湖融合技术，建立异构数据的统一存储和访问框架，汇聚数字交通基础设施海量多源异构数据；通过数据计算编排引擎技术，建立跨存储介质、跨存储结构的大规模数据交换管网，避免出现数据孤岛；通过数据统计、机器学习等技术建立数据平台智能化运维管理系统。针对以视频数据为代表的非结构化数据，采用自动机器学习、自纠递归聚类、胶囊网络等技术，实现低功耗的分布式智能视频分析，并结合数据热度分层与标签化技术，实现多维数据融合。基于三维数据模型、地理信息系统、维养数据可视化技术，构建交通基础设施运维数据可视化系统；通过打通多维数据信息在虚拟数字模型环境下的及时转换与接入瓶颈,建立交互式虚拟辅助决策系统;结合字节码探针、沙盒、动态信任库、安全容器技术等技术,保障运维一体化管控平台安全运行。

## 9.2 业务集成与协同调度系统

针对运维一体化管控平台建设中面临的运维业务类型繁多、业务逻辑复杂等难题,研究了面向多负载类型的异构服务协同调度技术,对不同业务系统的多种接口、消息通道、服务等进行统一管控,实现复杂异构业务系统的互联互通。业务集成与协同调度系统包括面向多负载类型的智能协同调度和基于容器与服务网格的服务集成支撑两大功能,其中面向多负载类型的智能协同调度具备系统协同调度、多系统下统一权限管理服务、统一门户Web(World Wide Web,万维网)服务、实时海量日志管理等能力;基于容器与服务网格的服务集成支撑具备多集群管理服务、监控应用日志服务、平台监控报警服务、负载均衡服务、中间件管理服务、弹性伸缩服务等能力。具体技术路线如图9.2-1所示。

### 9.2.1 统一权限服务框架

基于单点登录认证技术,构建统一权限服务管理系统。统一权限是指相关权限数据在统一权限系统中维护并正向同步到业务系统中的过程,常用同步范围有对用户、业务组织、业务角色分组、菜单的新增或删除,修改业务角色的权限分配、业务角色分配人员等。由统一权限系统提供统一的登录认证模块,访问业务系统若发现未登录则会跳转到统一权限的登录页面,登录认证后返回用户访问的业务系统的页面,用户登录后,可直接访问相关业务平台,在身份凭证有效期内无须再次进行认证,提高了系统的易用性、安全性和稳定性。在系统服务器上,通过部署单点登录认证包,实现即装即用,使之具有很强的灵活性,并可以精确记录用户日志等信息,对后续业务系统扩展有良好的兼容性。另外,通过角色同步规范,单点登录系统不仅可以控制业务系统访问,还可以进一步进行业务系统的权限分配,提升系统的安全性。

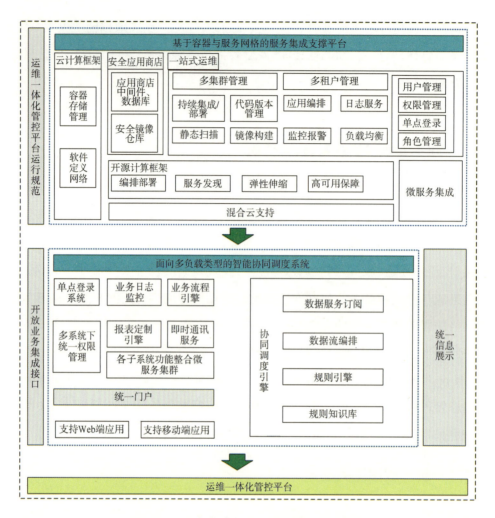

图 9.2-1 业务集成与协同调度系统技术路线

### 9.2.2 统一 API 网关

通过 API(Application Programming Interface,应用程序编程接口)网关,封装应用程序的内部架构,并为用户端提供 API。在该技术的支撑下,系统还可以进行身份验证、监控、负载均衡、缓存、请求分片与管理、静态响应处理。API 网关的核心功能是请求路由、API 组合和协议转换,来自外部客户端的所有 API 请求首先会先转到 API 网关,后者再将请求路由到相应的服务,所有的客户端和消费端都通过统一的网关接入微服务,在网关层处理所有的非业务功能。通过构建高性能的 API 网关,结合 API 网关动态、实时、高性能的优点,实现了负载均衡、动态上游、灰度发布(金丝雀发布)、服务熔断、身份认证、可观测性等流量管理功能。

### 9.2.3 服务治理容器云平台

基于容器与服务网格技术,构建统一的运维一体化管控平台技术架构,建设治理集成服务的容器云平台,实现业务系统轻量级、松耦合、规格化部署,形成业务模块可复用、可扩展和模块化插拔的区域交通业务中心,解决业务平滑升级和扩展问题。容器可封装业务应用到整个环境运行时,容器镜像可实现应用交付的一致性和标准化,可以很好地解决现阶段业务应用研发所面对的挑战。容器云平台通过容器编排,实现了自动化容器应用的部署、管理、扩展和联网等一系列管控操作,能够控制很多任务并使其自动化,包括调度和部署容器、在容器之间分配资源、在主机不可用或资源不足时将容器从一台主机迁移至其他主机、负载均衡、监视容器和主机的运行状况等。当容器云专注于资源共享与隔离、容器编排与部署时,它更接近传统的 IaaS(Infrastructure as a Service,基础设施即服务);当容器云渗透到应用支撑与运行时环境时,它更接近传统的 PaaS(Platform as a Service,平台即服务)。容器云平台在部署、存储、镜像、网络等方面已达到容器界先进的设计理念和服务水平,可实现云上迅速迁移和扩展、容器服务、存储、镜像等业务和功能。

### 9.2.4 服务监控和运维

随着应用服务架构的复杂程度越来越高,且具有逐渐往微服务方向发展的趋势,应用服务按不同维度进行拆分部署时,一次请求往往需要涉及多个服务。大量业务应用构建在不同的软件模块集上,而各软件模块的开发团队、编程语言、所处的数据中心及服务器内的分布情况均有差异,因此,当业务发生故障时,通过传统的排查手段往往很难快速定位到发生故障的服务。服务的监控和运维旨在构建一个帮助理解系统行为、用于分析性能问题的工具,以便在故障发生时进行快速定位,并解决问题。通过服务与监控运维技术,可实现对应用的全方位监控,包括事务监控、异常分析、慢方法定位、数据库事务、数据库连接池、NoSQL(Not only SQL,非关系型的数据库)、服务调用、消息队列、JVM(Java Virtual Machine,java 虚拟机)概况、线程剖析等。

### 9.2.5 面向多负载类型的智能协同调度平台

研发统一消息转发和规则编排服务,针对复杂事件处理采用智能规则引擎,实现交通基础设施多业务场景下数据转发、业务调用、场景联动等协同调度能力。智能协同调度平台的功能包括对子系统实时传入的遥测数据或属性数据进行数据验证和修改,根据定义的条件创建、更新或清除警报,并根据设备生命周期事件触发操作。通过领域驱动设计模式,构建运维一体化管控平台统一门户,对接智能运维各业务系统,实时展示交通基础设施内外运行状态及参数,使运维一体化管控平台成为一个面向用户交互的、多系统、多业务合一的系统集成平台,解决跨海集群工程多类型业务系统的统一管理问题,实现所有历史数据的查询和追溯。

### 9.2.6 系统应用

(1)研发统一权限服务框架

统一权限服务框架实现了用户的单点登录功能,避免反复登录,便于用户在不同业务系统之间自由切换。统一权限服务框架通过对外提供 API 接口,让业务系统在极少的改动下便可完成接入。统一权限服务框架不仅可以对业务系统的角色和权限进行统一管理,还可以对业务系统的 API 进行统一鉴权,大大提升了系统的安全性。统一权限框架配置页面如图 9.2-2 所示。

图 9.2-2　统一权限框架配置页面

(2)研发统一 API 管理网关

统一 API 管理网关将各业务系统分散的 API 和不同的 API 鉴权进行了统一,让业务系统可以更加专注于业务应用的开发,并在 API 网关中实现大量附加价值,如流量控制、黑白名单、监控管理、API 统计分析等,进一步提升了系统的可靠性和安全性。另外,统一 API 网关通过对 API 的统一管理,解耦了不同业务系统之间的相互调用,提供了系统扩展的可能性,其管理页面如图 9.2-3 所示。

图 9.2-3 统一 API 网关管理页面

(3)研发服务治理容器云平台

服务治理容器云平台通过 Docker(开源的应用容器引擎)镜像,实现应用交付的一致性和标准化,并在此基础上建设统一的容器编排平台,实现各业务服务的统一管理。为最大限度地利用可用资源、实现不同用户之间的资源共享,研发了多租户管理模式,实现了相同计算资源服务于不同用户,且保证了每个用户的数据独立安全。在部署策略方面,整个容器云平台提供了一站式服务部署,即全程只需要通过 web 界面的配置,即可完成镜像上传、服务部署并制定各种部署策略,极大地提高了服务治理的效率。容器云平台首页如图 9.2-4 所示。

(4)研发服务监控与运维平台

在容器云平台的基础上,研发服务监控和运维平台,融合多种先进技术(如智能感知探针、全链路信息追踪、机器学习和大数据分析)。服务监控与运维统计页面如图 9.2-5 所示。

图 9.2-4　容器云平台首页

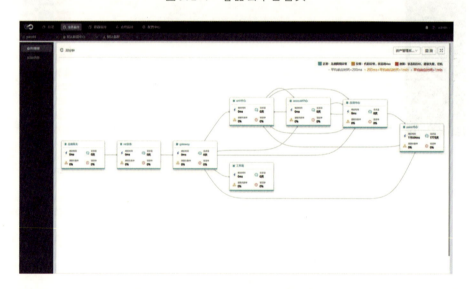

图 9.2-5　服务监控与运维统计页面

运维业务集成与协同调度系统研发的服务治理容器云平台，以及在此基础之上研发的服务监控与运维平台属于基础架构平台，与业务应用关联性较小，可以应用在各个主流的信息化系统中。目前，通过构建运维业务集成与协同调度系统解决了跨海集群工程基础设施建设中面临的运维业务种类繁多、业务逻辑复杂等情况。通过对不同业务系统的多种接口、消息通道、服务等的统一管控，实现了复杂异构系统的互联互通。

## 9.3 运维一体化管控平台海量多元异构数据中枢系统

运维一体化管控平台的海量多源数据中枢系统的基础是数据存储资源和计算资源的有效管理。在数据生命周期的不同阶段完成不同的任务,包括数据的汇集与访问、数据的交换与流通以及数据的治理和运维。在此基础之上,建立基于全生命周期数据标准体系的运维一体化管控平台海量多源异构数据一体化数据管理系统,统一管理项目公共数据、推动数据跨业务系统流通。采用去中心化的全分布式底层框架、异构数据高效统一存储和访问框架、跨存储介质和结构的大规模数据交换管网技术以及支持海量数据压缩和召回的数据处理技术,构建数据平台智能化运维管理系统。

### 9.3.1 统一数据接口

跨海集群工程的运维业务数据类型众多、数据格式差异大,且多源异构数据需要统一的数据标准进行规范,才能确保数据在不同业务系统中的流通、交换和融合。因此,构建一套完整的数据标准体系是开展数据标准管理工作的基础,而数据标准的制定、更新、审批、发布、应用、下线等,是实现多源异构数据一体化管理的重要前提。另一方面,不同类型的数据需采用不同的存储引擎,以实现资源占用和访问性能的平衡和优化。针对跨海集群工程的静态数据、检测类数据、监测类数据、实时数据、离线数据等异构数据,进行统一标准化,符合标准的数据可以发布为数据表,利用数据交换管网导入数据实体,并提供数据实体的访问接口。

### 9.3.2 统一协调存储与计算资源的全分布式架构

为了提高系统的容量,将资源水平切分,由不同的节点管理,即为资源分片。采用资源分片、资源路由等技术,将不同存储引擎拆分为基础资源,建立大规模数据存储及计算的水平扩展基础能力。DHT(Distributed Hash Table,分布式哈希表网络)中的每个节点均负责一小部分资源路由和资源信息存储,在没有中心服务器的情况下,实现了整个 DHT 的寻址和存储。分布式系统的规模越大,资源节点发生故障的情况越普遍,因此需要利用资源冗余来保障分布式系统的可靠性。然而,资源存在多个拷贝的情况下,在不同时机,各个拷贝均存在不同外部交互和故障的可能,导致差异,而分布式共识算法能够保证分布式系统中多个资源节点的信息或状态一致,以便对外提供确定性服务,并在故障发生时快速进行备份资源切换。

基础资源路由是指通过统一资源标识符定位到对应的基础资源,并以此对基础资源进行有效的访问和管理。基础资源路由是资源开放、共享和统一调度的基础。通过建立 RNS(Resource Naming System),可以存储资源标识符与资源访问地址的映射信息。RNS 本身也可以作为一种基础资源,建立 RNS 资源环和 RNS 备份组,提供映射信息的分布式存储和高可用访问。

### 9.3.3 高性能海量数据压缩

对象存储 OSS(Object Storage Service)能够提供海量、安全、低成本、高可靠的云存储服务,其数据设计持久性不低于 99%,服务可用性(或业务连续性)不低于 99.995%。OSS 具有与平台无关的 API 接口,用户可以在任何时间、任何地点、任何应用存储和访问任意类型的数据。用户可以使用 OSS 的 API、SDK(Software Development Kit,软件开发工具包)接口或者 OSS 迁移工具轻松地将海量数据移入或移出 OSS。数据存储到 OSS 后,用户可以选择标准存储作为移动应用、大型网站、图片分享或热点音频视频的主要存储方式,也可以选择成本更低、存储期限更长的低频访问存储、归档存储作为不经常访问数据的存储方式。针对跨海集群工程,运维数据中枢的压缩存档数据可选择统一存储在 OSS 中,文档、图片、音视频等数据备份后,也可以存储在 OSS 中。Parquet 是大数据生态圈中主流的支持嵌套结构的列式存储格式,非常适用于 OLAP(Online Analytical Processing,联机分析处理)场景,可采用 Parquet 格式存储压缩存档,离线后计算文件大小。

### 9.3.4 统一管理内部数据流动的计算引擎编排管理体系

数据中枢的交换管网作为平台的关键,采用高并发、低内存消耗的 Go 编程语言来完成,以满足大规模数据交换管网的建设需求。200T 数据压缩能力及 PB (Petabytes,拍字节)数据计算能力的成功验证,证明了大规模交换管网基础框架的有效性。在实际应用过程中,建立交换管网首先需通过数据探索模块连接各种数据源,获取并理解样例数据,然后结合业务需求和数据标准规定,建立数据处理流水线,最后通过界面调试数据处理的每个过程,确保处理逻辑的正确性。将测试验证通过的处理逻辑发布为计算逻辑,作为算法资产统一管理。

### 9.3.5 系统应用

基于运维业务互联的数据中枢,为交通基础设施立体化智能运行感知系统、数据-模型双向驱动的交通基础设施智能评估预警与维养、深度平行与自学习的交通基础设施交通运行风险主动管控与应急处置等创新应用提供了数据集成的支持。同时,数据中枢也是交通基础设施智能运维的集成化数字体系与数字孪生运维一体化管控平台的主要承载系统之一,该系统主要应用于面向智能运维业务的全链条数据标准,多模态、多源数据的传感协同机制与实时计算技术和面向多负载类型的数字交通基础设施异构服务协同调度技术。

数据中枢针对全生命周期数据标准体系,研究建立数据标准的数字化管理平台,提供数据标准的制定、审批和维护等功能,同时将数据标准与多源异构数据的一体化管理结合起来,贯穿数据模型设计、数据汇集、清洗、质量评估、转换、计算、存储、接口服务的全流程;数据中枢汇集多模态、多源感知的数据,集成实时计算引擎,提供计算逻辑编排服务,建立数据交换管网,为数据融合和传感协同提供数据处理能力;数据中枢还建立了跨存储引擎的数据访问接口,并提供标准告警、坐标转换、指标计算等公共数据服务,这些接口和服务通过统一的异构服务协同调度平台,向运维一体化管控平台集成的各业务子系统提供服务。

## 9.4 分布式 AI 视频处理系统

针对维养业务涉及的摄像头、无人机、车载设备等视频数据,构建基于边缘计算的分布式 AI(人工智能)关键技术及业务处理系统,并考虑集成既有监控系统,将已布置的摄像头进行智能化升级。研究分布式容器化弹性架构技术,针对视频监控数据进行训练模型移植和共存。研究包括自动机器学习、胶囊网络、自纠递归聚类等神经网络在分布式 AI 上的关键技术,提升对海量视频数据的高性能并行处理能力。

基于边缘计算的分布式 AI 视频处理系统涵盖了视频流获取、分布式计算协调模块、分布式存储、视频结构化引擎、特征值提取引擎、百万级消息队列、特征值规则引擎、特征值数据库、微服务、API 网关等关键技术,如图 9.4-1 所示,从前端视频数据获取开始,提供了业务逻辑和关键技术路线。其中,分布式计算协调模块、分布式存储为主要分布式技术,根据专为本系统研制的嵌入式芯片集群的性能及系统环境开发优化,所采用的视频结构化引擎、特征值提取引擎和特征值规则引擎都需要根据最终的算法模型计算得出的数据进行不断调整。最终的 API 网关模块开发是集成接入其他子系统的重要组成部分,根据讨论规划按照约定的数据结构、消息体等开发并调试优化。

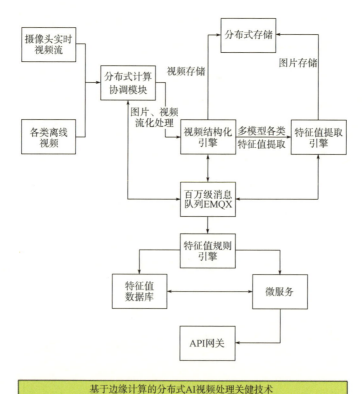

图 9.4-1　基于边缘计算的分布式 AI 视频处理关键技术

### 9.4.1 基于嵌入式芯片的算法模型构建

基于多模态交互的智能设备资源计算模型的轻量化部署需求,以及大量小数据或少量标注数据场景对 AI 算法模型学习精度的需求。首先采用自动机器学习、胶囊网络、自纠递归聚类、知识蒸馏、量化剪枝等方法,构建轻量化 AI 算法模型;其次,基于动态学习率的模型微调方法、网络的数据增强方法和元学习的小样本学习方法,可以在小样本数据场景下实现轻量化 AI 算法模型的高效学习,建立面向元宇宙多样化场景的轻量化 AI 算法模型库。

### 9.4.2 分布式 AI 处理系统构建

最新的分布式计算框架主要是为了解决以嵌入式芯片为算力单位下的 AI 算法服务的监管和协同问题,达成方便部署、方便监管、方便协同的目的。以 80 块嵌入式芯片为一个集群、多个集群横向扩展的方式,提供多视频流接入、分布式 AI 服务协同、高并发图像处理的系统级框架能力。同时,80 块嵌入式芯片还搭载了 4 块高速网络交换芯片,且每块嵌入式芯片都部署了视频拉流服务和 AI 算法服务,各个服务都相对独立,实现了 AI 模型版本可控;每块芯片上均设有监管服务,监管服务与服务器保持 TCP(Transmission Control Protocol,传输控制协议)长链接,同时管理自身芯片上的拉流和 AI 算法服务,形成服务器-芯片监管服务-芯片 AI 服务三层网络通信关系,通过私有协议实现指令通信、状态同步、任务同步和服务启停等功能。同时,每块芯片上的监管服务由其他芯片的监管服务通过 Gossip 协议相互组建形成分布式集群网络,借此同步各自的服务分布和服务任务负荷。

分布式 AI 处理系统的整体框架主要分为服务端指令集、本地指令集、分布式集群三个部分。服务端指令集主要完成嵌入式芯片上的监管服务与服务器之间的长链接通信,主要分为协议通信实现与协议指令集两大功能模块。本地指令集主要应用于芯片内部,实现客户端监护程序与各算法服务之间的数据通信。客户端监护程序和芯片内部其余算法服务均采用 socket 通信,使用相同的 tcp 私有协议进行状态收集、服务管理、任务调度、数据接收等。本地指令集采用本地 127 连接和二段式数据,即指令编码 + 指令数据的形式,而不采用签名机制。为了保障集群内任务负载均衡，集群内部 80 块芯片之间采用 Gossip 协议进行任务队列状态数据的同步，芯片与芯片之间建立集群通信，同步自己的服务状态和任务数量。集群通过 Gossip 协议组建集群，对摄像头突发图像处理激增的需求进行分布式计算处理，消化局部摄像头图像或视频处理高峰，缓解图像帧处理压力，提高系统响应，减少延迟。芯片在处理分布式计算需求时，采用本地优先、集群内分发、跨集群分发的三级处理方式，自动判断升降级策略，在高并发低延迟的基础上，实现高可用的状态，最终构建分布式 AI 智能视频系统，接入大量非结构化的视频数据并进行人工智能分析，实现单台服务器并发 80 路的视频结构化数据输出。分布式 AI 视频处理系统框架如图 9.4-2 所示。

图 9.4-2　分布式 AI 视频处理系统框架

### 9.4.3　系统应用

基于计算机视觉的人工智能技术已逐渐兴起，通过大数据的采集、标注和训练，最终以推理的方式将非结构化数据转换为视频结构化数据。基于嵌入式芯片、业务板、交换板和集成主板，研制了低功耗嵌入式芯片集群，并研发了适合嵌入式芯片的分布式 AI 视频处理系统，结合多模态应用场景，选择合适的 AI 模型训练及推理框架，可满足多场景视频处理需求，分布式 AI 视频处理系统集群管理界面如图 9.4-3 所示。

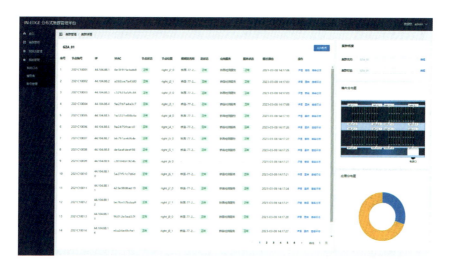

图 9.4-3　分布式 AI 视频处理系统集群管理界面

## 9.5　交互式虚拟辅助决策系统

针对交通基础设施智能维养及交通应急处置信息的全方位立体认知及快速辅助决策业务需求,开展基于虚拟现实环境的交通基础设施维养与交通应急数字模型、数字孪生应用技术等研究,构建交互式虚拟现实辅助决策软硬件环境,建立交通基础设施结构、维养和应急典型装备 VR 模型、设施病害缺陷点云可视化模型,开发多源异构数据模型处理、转换和融合呈现功能软件,形成设施维养与应急典型业务场景数字孪生技术应用能力,为智能运维过程中虚拟辅助决策的目标提供技术与平台支撑。交互式辅助决策系统构建总体方案如图 9.5-1 所示。

### 9.5.1　超大规模 3D 沉浸交互式虚拟辅助决策系统基础软硬件平台构建

由于跨海集群工程 3D(三维)结构模型数据量巨大,维养及应急业务过程涉及众多不同类型、不同维度的数据。因此,虚拟辅助决策系统构建的首要目标是构建具备超大模型数据处理、计算、渲染能力的基础软硬件支撑平台。预期可视化引擎能够满足 1 亿顶点以上的实时渲染需求,在此基础上针对海量数据模型的导入进行数据轻量化处理,适应实际业务的工程应用需求。

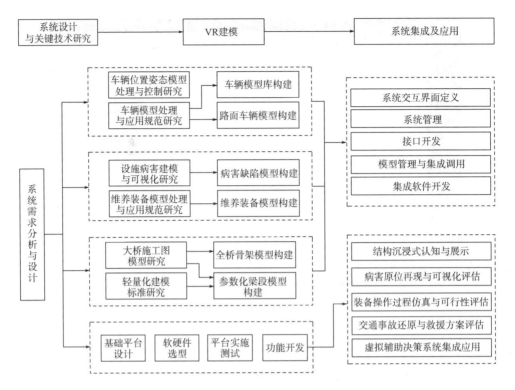

图 9.5-1　交互式辅助决策系统构建总体方案

交互式辅助决策系统基础平台硬件系统组成包括虚拟现实软件支撑环境、工作站集群、LED显示系统、红外跟踪系统、辅助系统。VR支撑软件提供沉浸式集群管理控制、静态大模型显示、高级渲染、光学反射分析、多交互设备支持、自然交互支持、刚体仿真分析、弹性体仿真分析、人机工程仿真分析、点云数据显示支持、二次开发脚本支持、基本管理等功能;整个工作站集群由图形工作站和网络交换机组成,由主控计算机进行控制并进行分析计算,把要进行沉浸式3D显示处理的数据通过交换机传输给各通道渲染计算机,由渲染计算机分别实时完成各路渲染输出信号,传递给视频拼接处理器进行处理;LED显示系统主要由视频拼接处理器、LED控制器、LED显示单元等组成,视频拼接处理器首先对渲染计算机提供的3D视频信号进行拼接处理,形成各显示单元的整体显示画面,后对其按照各显示单元的位置和显示像素对整体画面进行分割,并将各显示画面提供给各LED显示单元,由LED显示单元配合3D发射器和3D眼镜实现3D立体图像显示效果;红外跟踪系统主要由控制器、红外跟踪摄像头、系统校准标记、立体眼镜跟踪标记及交互操作设备等组成,用于实时捕获人机交互设备产生的真实操作位置信息,并通过网络交换机实时反馈给主控计算机,由软件系统对各项软件功能及虚拟样机展示视角等进行实时控制;辅助中控系统由控制主机、触摸控制终端等设备组成,用于实现对各设备的开关机集中控制、2D/3D 显示功能切换、LED 屏幕显示模式切换等控制功能。此外,还需同时配备必要的音响设备,为临时性视频播放等提供现场扩音功能。虚拟辅助决策系统基础平台功能架构如图 9.5-2 所示。

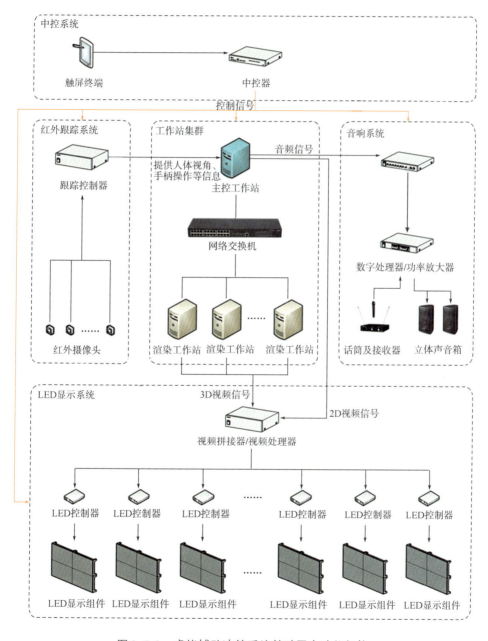

图 9.5-2　虚拟辅助决策系统基础平台功能架构

### 9.5.2 维养多源异构数据可视化处理、转换和融合呈现

跨海集群工程维养与应急业务数据及其数字模型包括交通基础设施结构模型与数据、维养及应急装备模型与数据、交通车辆及其控制模型与数据、各类病害缺陷模型与数据等,数据来源多、数量巨大、格式多样。为此,应构建数字孪生配套可视化结构模型,研发维养信息点云可视化模型转换及接入软件、交通应急数字孪生信息接入及控制软件、基于沉浸式3D环境的多维信息同步呈现及操控软件。其中,数字孪生配套可视化结构模型的构建,主要完成了所有静态模型的导入、转换、轻量化、渲染等,并将其存储于数据库中,供后续虚拟场景及仿真时的模型加载使用;维养信息点云可视化模型转换及接入软件主要实现了定期从运维一体化管控平台中获取各类病害缺陷结构化数据,并将其转换为三维可视化模型,最终将模型、缺陷图片、缺陷属性等存储于数据库中,供后续虚拟场景及仿真使用;交通应急数字孪生信息接入及控制软件实现了实时从运维一体化管控平台中获取交通事故现场或交通模拟软件的车辆位置等信息数据,并将其实时提供给多维信息同步呈现及操控软件,供其在虚拟场景中实现现场车辆状态的实时数字孪生再现;多维信息同步呈现及操控软件主要实现了对虚拟现实3D呈现软硬件环境的场景切换、模型调用、车辆控制等功能,并提供模型管理、系统管理等后台数据库及系统设置的维护功能,具体技术方案如图9.5-3所示。

### 9.5.3 维养和交通应急数字孪生

针对维养和交通应急典型业务场景,构建相关维养装备和应急车辆等数字孪生模型,采用信息接入与控制等技术,研发接口软件,使维养装备所采集的信息能在系统中以点云形式与维养数字孪生模型同时虚拟现实再现,以及交通应急场景下车辆等模型对象在虚拟现实环境中的数字孪生外部控制场景的再现。同时,通过配备不同场景的虚拟仿真能力,为设施维养、交通应急方案评估和辅助决策提供支撑。针对模型数据量大、3D虚拟呈现精度要求高以及维养设备的模拟仿真等实际需求,采用多通道并行渲染处理技术,实现模型的流畅呈现。交互式虚拟辅助决策系统研究内容及数字孪生应用模式示意如图9.5-4~图9.5-5所示。

第9章 运维一体化管控平台的构建

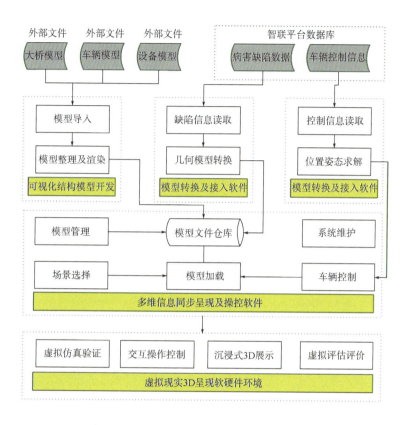

图 9.5-3 多源异构数据可视化处理、转换和融合呈现技术方案

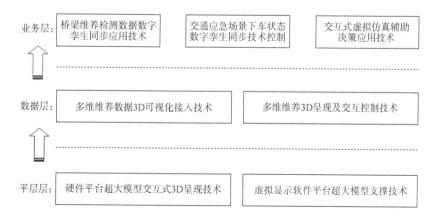

图 9.5-4 交互式虚拟辅助决策系统研究内容示意图

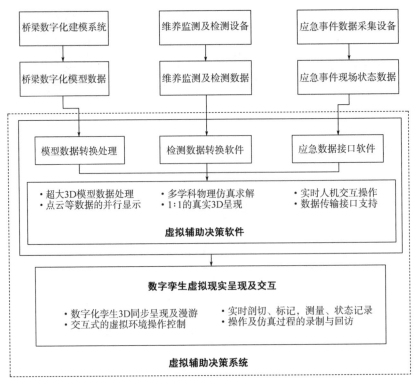

图 9.5-5　基于虚拟现实环境的交通基础设施维养及应急数字孪生应用模式示意图

## 9.5.4　系统应用

针对跨海集群工程基础设施结构 3D 超大规模数字模型及维养和交通应急数字孪生可视化需求,研究设计并构建了交互式虚拟辅助决策系统基础软硬件支撑平台。基于预先拟定的系统基础平台功能和性能测试方法及用例,测试各项功能运行正常。针对跨海集群工程基础设施复杂结构沉浸式多尺度认知与展示、设施维养与应急数字孪生虚拟辅助决策支持应用需求,在充分研究跨海集群工程基础设施施工图和信息模型的基础上研究构建了整个跨海集群工程基础设施精确基准骨架模型,为各段跨海集群工程基础设施模型定位提供基础;研究构建了全参数化等宽段标准钢箱梁模型,为 VR 模型轻量化提供基础;研究开发了跨海集群工程基础设施全三维结构信息模型导入、VR 模型转换和轻量化处理软件,为信息模型批量导入、处理和构建 VR 模型奠定基础。针对智能维养检测、设施病害缺陷 3D 可视化呈现、维养设备现场操作过程仿真和可行性评估等业务需求,研究完成常见点、线、面、体等各类病害缺陷的 3D 云可视化模型定义,包括所支持的数据范围、模型和信息构建需求、模型应用模式和几何描述信息的输入内容等;研究开发了病害缺陷和维养装备等模型的导入、转换及接入调用等软件功能;基于巡检及维养装备 CAD(Computer Aided Design,计算机辅助设计)模型,研究构建了常用巡检及维养装备 VR 模型 8 套,制定出跨海集群工程基础设施维养装备模型处理与应用规范;针对维养检测及病害缺陷数字孪生再现等业务场景,对所构建的 VR 模型和开发的软件进行功能性技术验证,表明功能性能满足设计要求。

## 9.6 多技术融合可视化系统

针对重大交通基础设施维养及处置方案信息的全方位可视化业务需求,基于三维环境的交通基础设施维养可视化交互应用展示技术,实现运维工作可视化 95% 的覆盖率。多技术融合可视化系统包含大数据图表可视化、视频信息标签可视化、GIS+三维可视化、语音手势识别应用可视化等功能模块。其中,GIS+三维可视化基于信息模型服务,实现可视化"一张图",日常运行中交通数据和维养数据通过大数据图表可视化模块展示各类数据的汇总信息,视频信息标签可视化利用智能 AI 技术自动识别图像关键信息,语音手势识别可视化辅助工作人员操作可视化平台。四类可视化技术最终形成融合,在业务场景中同时使用并联动展示,以大大提升工作人员的交通基础设施管理效率,如图 9.6-1 所示。

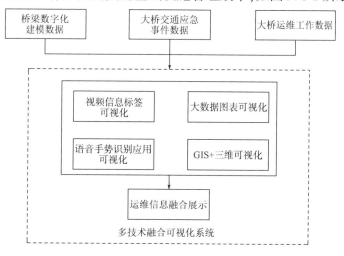

图 9.6-1 多技术融合可视化系统组成

### 9.6.1 实时云渲染

利用软件从三维模型生成图像的过程称为渲染,渲染广泛应用在仿真模拟、动画视频和电影电视制作等领域。渲染业务场景需要 GPU 显卡实现图形加速及实时渲染,同时需要大量计算、内存或存储。云渲染则是指将执行渲染任务的应用程序放在云端服务器运行,利用云服务器的高性能计算能力及图形渲染能力,缩短制作周期,提升整体效率。云渲染技术的应用按照数据反馈时效的不同可以分为离线云渲染和实时云渲染两种。离线云渲染将 3D 程序放在远程的服务器中,用户通过相关软件将三维模型资源传送到服务器,服务器根据指令执行对应的渲染任务,任务结束后用户下载渲染结果进行查看,且离线云渲染往往为了呈现高真实的画质而不计成本。实时云渲染技术是一种以云渲染(云计算)和网络串流技术为基础的云应用,将三维应用程序放在云端服务器运行,并将实时计算获得的渲染结果(视频流+音频流)压缩后通过网络传输给用户,在用户终端进行解码、显示,同时再将用户操作(控制流)传回渲染服务器,最终实现用户和虚拟世界的实时互动,其效果如图 9.6-2 所示。基于 WebRTC(Web Real-Time Communications)的实时云渲染技术,可以在算力设备(如移动设备和轻量级网页浏览器)上借此显示原本无法显示的高质量画面,借助拥有强大 GPU 的本地桌面应用程序中可用的渲染功能,以高分辨率显示复杂场景。用户不需要提前下载大型可执行文件或内容文件,也不需要安装任何内容,Window 打包应用程序后,用户使用任意平台均可体验项目。

### 9.6.2 基于 Hlod 的海量模型加载

三维场景渲染想要实现更好的用户体验,就必须考虑实时性和流畅性。但在目前的计算机硬件和网络条件下,大规模三维场景的渲染仍难以满足实时和流畅的需求。为此,国内外学者进行了多项相关技术研究,利用 LOD(Level of Details)的概念,即层次细节模型,减少物体的复杂度,从而减轻对场景的负担,物体处于较远距离时,会比近距离采用更少的几何模型和更低分辨率的纹理。

图 9.6-2　云渲染效果

随着计算机硬件和软件技术的发展,衍生出了许多符合现代 CPU 性能、适用于不同场景的 LOD。其中,离散 LOD 可创建几个不同层级和等级的独立版本模型,这些模型可以通过人为创建或多边形简化算法自动创建;而在连续 LOD 方法中,一个模型的细节可以进行精度控制。通常情况下,模型由一个基础几何网格及一系列由精细到粗糙的转换过程构成。因此,每两个连续细节等级几何网格之间仅有几个三角形的差别,这些三角形块有时也被称为 patches 或者瓦片。而 Hlod(Hierarchical Level of Detail),又叫多层次 LOD,能对三角形块进行操作,逼近与连续 LOD 实现的视点无关的简化网格。从某些方面来说,Hlod 混合了离散 LOD 和连续 LOD。采用 Nanite 的 Hlod 可以突破显卡渲染的性能瓶颈,实现对超大规模三角面的渲染支持,再配合基于四叉树的模型动态加载技术,可提供大场景高精度模型的实时渲染支撑,如图 9.6-3 所示。

图 9.6-3　基于 Hlod 的渲染

### 9.6.3 可视化组件

将大量的业务数据通过指数抽象化、折线图、饼图、三维图表等形式表达，基于图形语法理论，以视觉通道为基础，建立高扩展易配置的可视化组件。图形语法是一套用来描述所有统计图形深层特性的语法规则，以自底向上的方式组织最基本的元素，形成更高级的元素。图形语法包括需要展现的原始数据、数据处理、度量变换、坐标系、图形元素等。通过 GIS + 三维可视化组件，将地理信息系统和三维融合，无缝分级加载至对应场景，直观化展现各类业务。构建地理信息引擎，基于 WebGL（Web Graphics Library）+ OpenGL（Open Graphics Library）图形库，采用地图发布服务实现模型轻量化展示。搭建维养信息多技术融合可视化系统的基础运行平台，提升系统海量信息数据的综合支持可视化响应能力，确保可视化系统的长期流畅、稳定运行；同时对可视化系统数据输入输出接口进行接口说明，并开发各检测、监测系统与维养可视化系统的标准化数据接口，实现各检测、监测结果数据的快速动态导入，达到系统多维度、全信息的运行支撑能力。

### 9.6.4 系统应用

数字驾驶舱将统计类信息以大数据图表的形式进行呈现，并为不同的业务人员提供不同的图表查看权限。数据图表还能与三维交通基础设施模型进行交互，通过点击图表的数据，即可移动视口到三维模型的相关位置上，并能在模型上展示点击的数据内容，方便运维人员更直观地了解业务情况，各业务系统之间还可配合梳理业务数据，并进行图表展示。数字驾驶舱提供了大量的快速导航入口来帮助业务用户快速进入业务页面操作，如语音导航、搜索导航、菜单导航等。需要导航的页面和关键信息需要业务系统进行梳理和开发，并由展示集成统一进行调用。数字驾驶舱界面如图 9.6-4 所示。

图 9.6-4　大数据图表展示

## 9.7　基于可信系统管控的整体安全防御系统

基于可信系统管控的整体安全防御系统用于保障运维一体化管控平台各系统的安全,提供包括操作系统、运行平台、应用在内的整体安全解决方案。运维一体化管控平台集成了跨海集群工程基础设施运维数据和各业务系统,构成孪生数字交通基础设施,其信息安全关乎交通基础设施的运维安全,构建运维一体化管控平台整体安全防御系统将提供对运维一体化管控平台、各业务系统以及维养业务移动设备的全方位安全防御。针对运维一体化管控平台中复杂异构网络的应用场景,结合设备指纹、字节码探针、沙盒、动态信任库等技术,多层次保障运维一体化管控平台各子系统的安全。保障操作系统层的安全,研究二进制文件的实时采集及拦截方法,通过对二进制文件安全性的判断,实时更新、维护二进制文件动态可信任库。采用基于机器人行为分析的流式技术和设备指纹技术,阻止内部人员通过自动化手段抓取数据,使内部机器受到攻击。应用层还采用了基于字节码探针的分析技术,实时阻断威胁攻击,保证应用层的安全,通过对字节码插入探针的方式,对攻击行为进行监控。除此之外,还可通过使用该类方法,在一个心跳周期内,实现对服务器的状态检测以及报文加固等数据处理粒度为字节流的各类安全防护和监控操作,综合各层次的安全防御技术,最后形成一套统一的安全集成展示与管理平台,提供安全威胁警告、安全漏洞提示、安全设备监控、安全管理配置等管理功能。整体安全防御系统通过基于动态可信任库的系统防御和阻断技术、轻量级虚拟化的容器安全技术、多平台设备指纹技术和基于字节码探针的 RASP(Runtime Application Self-protection)技术协同安全管控,建立了基于可信管控的整体安全防御系统,如图 9.7-1 所示。

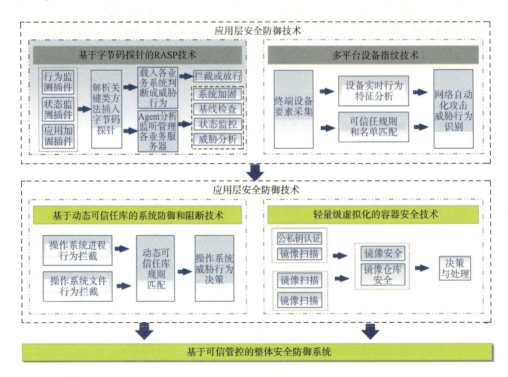

图 9.7-1　基于可信系统管控的整体安全防御系统技术路线

## 9.7.1　基于动态可信库的系统防御和阻断技术

基于动态可信库的系统防御和阻断技术的实现由服务端、客户端和管理端三部分组成。其中安全控制器为系统服务端,对各节点进行统一管控;客户端安装在受保护的各个阶段中,用以上报信息;另有一管理端用于管理员对系统进行配置和安全管理。在此系统中,安全控制器为核心控制设备。安全控制器安装于服务端,用于管理客户端和存储、管理、校验信任库,对客户端发送命令,如图9.7-2所示。

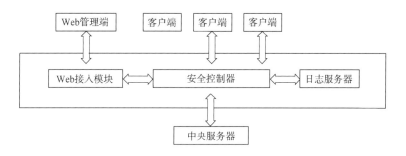

图 9.7-2　基于动态可信库的系统防御和阻断技术架构

### 9.7.2　轻量级虚拟化的容器安全技术

轻量级虚拟化的容器安全技术基于 CVE(Common Vulnerabilities and Exposures)扫描,实现镜像安全管理。目前,全球共有 77 个机构参与维护不同软件的 CVE 库,保证 CVE 库的及时全面更新。以 CVE 库为参考,全面扫描容器中镜像的安全漏洞。CVE 扫描采用 CoreOS 官方提供的容器静态安全漏洞扫描工具 Clair。Clair 会定期从配置源获取漏洞元数据并存进数据库,客户端使用 Clair API 处理镜像,获取镜像的特征并存进数据库,再在客户端使用 Clair API,从数据库查询特定镜像的漏洞情况,为每个请求关联漏洞和特征,避免重复扫描镜像,更新漏洞元数据时,会产生相应的系统通知。此外,还配置了 webhook(网络钩子),将受影响的镜像记录下来或者直接拦截。

### 9.7.3　基于字节码探针的 RASP 技术

RASP 技术是当前比较先进的防御技术,未来可能会替代传统的 WAF(Web Application Firewall,网络应用防火墙)防御方法。传统的 WAF 防御是事后行为,即只有触发了当前的 WAF 规则才会产生警报进行阻断,往往这时候系统已经遭到了入侵。不同于 WAF,RASP 不依赖于分析网络流量寻找问题,除了发现漏洞或发现攻击行为,它对业务层是完全透明的,能极大地减少误报率,它的优势在于可以在攻击发生时及时阻断攻击行为,防止攻击行为给系统带来危害。RASP 能非常精确地区分攻击和合法输入,而 WAF 很多时候无法做到,这大大减少了请专员分析结果的成本,也不需要扫描修复的过程。

基于字节码探针的 RASP 技术主要通过四个技术层面实现对 Web 平台的安全防御,分别是采集层、分析层、管理层、展示层,如图 9.7-3 所示。在运维一体化管控平台大型复杂异构网络的环境下,使用基于字节码探针的 RASP 技术进行防御是应用层防御的最佳选择。同时,若采用此防御技术,应用层能和其他层次的防御产生联动,即可与操作系统层互为补充,解决其应用层探知不足的弊端;也能作为网络层的前哨,提高其行为识别的准确性。

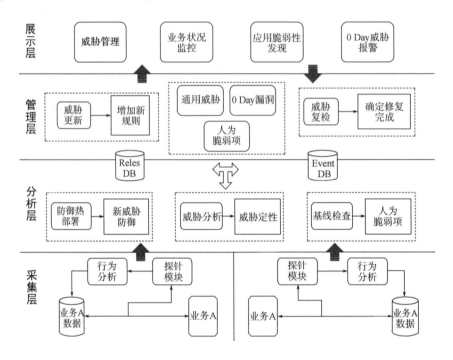

图 9.7-3　基于字节码探针的 RASP 技术层级关系图

### 9.7.4　系统应用

根据基于动态可信库的系统防御和阻断技术的研究成果,开发了操作系统动态可信库子系统;根据轻量级虚拟化的容器安全技术的研究成果,开发了容器镜像安全管理子系统;根据基于字节码探针的 RASP 技术的研究成果,开发了应用防护子系统;根据多平台设备指纹技术的研究成果,开发了机器行为防御子系统,并集成了四个安全子系统,开发了安全集成展示与管理平台,用于对各个层面的安全威胁进行展示、警告、处理与管理,如图 9.7-4 所示。

第9章 运维一体化管控平台的构建

图 9.7-4　安全集成展示与管理平台安全总览图

在安全集成展示与管理平台安全总览图中,可对威胁拦截次数、应用攻击趋势、二进制文件统计、异常信息记录、主机与容器安全概要、镜像威胁统计等信息进行直观化的展示,如图 9.7-5 所示。

图 9.7-5　安全集成展示与管理平台实时威胁界面图

## 9.8　本章小结

运维一体化管控平台是落实交通运输领域跨海集群工程新型基础设施建设的具体体现,运维一体化管控平台集成了跨海集群工程智能运维涉及的各业务系统,提供了统一权限、统一 API 网关、服务治理、服务监控和运维以及面向多负载类型的智能协同调度等服务。运维一体化管控平台衔接了物联网,通过集成各类异构数据打造数据中枢系统,提供统一数据接口、统一协调存储与计算资源的全分布式架构、高性能海量数据压缩以及统一管理内部数据流动的计算引擎编排管理等服务。运维一体化管控平台基于嵌入式芯片的算法模型,构建分布式 AI 处理系统,实现智能运维涉及视频数据的高效治理。面向跨海集群工程基础设施的大规模海量模型虚拟化渲染、交互、运维决策等需要,平台构建了交互式虚拟辅助决策系统及可视化系统,实现了运维多源异构数据的综合呈现。运维一体化管控平台集成跨海集群工程基础设施运维、应急、评估、数据管理、安全等多个子系统,融合多种可视化手段,使得海量数据"可见、可听、可想、可控"。

# CHAPTER 10 第 10 章

# 新基建的运行维护管理

## 10.1 新基建运行管理模式的新需求

交通运输是新型基础设施与传统基础设施融合发展的重要领域。交通运输领域新型基础设施建设以先进技术赋能,使传统基础设施融入新要素、具备新功能、呈现新形态,促进交通基础设施网、运输服务网、能源网与信息网络融合发展。为贯彻落实党中央、国务院决策部署,加快建设交通强国,推动交通运输领域新型基础设施建设,2020年8月,交通运输部印发了《关于推动交通运输领域新型基础设施建设的指导意见》(以下简称《指导意见》),提出了服务人民,提升效能;统筹并进,集约共享;政府引导,市场主导;跨界融合,协调联动;积极稳妥,远近结合共五项原则。到2035年,交通运输领域新型基础设施建设应取得显著成效。泛在感知设施、先进传输网络、北斗时空信息服务在交通运输行业深度覆盖,行业数据中心和网络安全体系基本建立,智能列车、自动驾驶汽车、智能船舶等逐步应用。先进信息技术深度赋能交通基础设施,使精准感知、精确分析、精细管理和精心服务能力全面提升,基础设施建设运营能耗水平得到有效控制,成为加快建设交通强国的有力支撑。

数字港珠澳大桥工程是围绕落实习近平总书记用好管好大桥的重要指示,响应《指导意见》,深入分析我国跨海公路交通基础设施运维的不足和需求,以国家、行业和广东省多项科技研发项目成果为基础,融合新一代信息技术,对跨海桥岛隧基础设施运维在基本理念、体系架构、底层技术、成套设施装备、平台集成模式等方面进行的一次全面探索和体系化创新。数字港珠澳大桥的打造,必将推动跨海桥岛隧基础设施运营管理向深度信息化、数字化、智能化、无人化转型。

技术系统的全面创新,必然要求管理创新与之适应。在打造数字港珠澳大桥的同时,以传统"人工巡检 + 设备辅助"为监测手段、以设施病害和事件"发现、检测、分析、处置"为管理维护流程,所建立的交通基础设施运维管理模式无法适应体系化技术创新下的新特点。这些新特点包括:

(1)跨海集群工程结构类型多、结构复杂多样、运管难度大;
(2)跨专业领域技术多,依托高度信息集成的智联平台;

(3) 运用多种自动化无人装备进行巡检、检测、维养；

(4) 以海量大数据分析、预测、预警、预控为决策手段；

(5) 基于人工智能和多元数据融合挖掘的持续能力提升等。

因此，为了适应跨海桥岛隧集群基础设施运维管理体系化技术创新的特点，需要在新基建管理上进行创新，建立一套具有高度适应性、敏捷性、包容性的运营管理模式，吸纳国内外优势高等院校、科研院所、科技研创企业及全社会和全行业人才，共同开展科技信息共享、学术成果交流、关键技术攻关，并不断进行更新迭代，进而确保数字港珠澳大桥管理运营模式长期发挥作用。

## 10.2 运行管理主体

面向数字港珠澳大桥运行管理模式创新需求，借鉴先进科技创新企业"生态组织"模式，建立"生态型"运行管理主体，如图10.2-1所示。

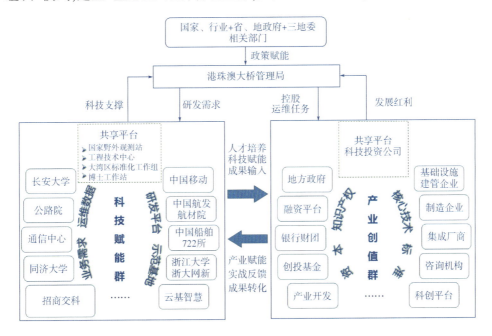

图 10.2-1 数字港珠澳大桥"生态型"运行管理主体架构

注：公路院-交通运输部公路科学研究院；通信中心-中国交通通信信息中心；招商交科-招商局重庆交通科研设计院有限公司；中国航发航材院-中国航空发动机集团公司北京航空材料研究院；中国船舶722所-中国船舶集团有限公司第七二二研究所；浙大网新-浙大网新科技股份有限公司；云基智慧-云基智慧工程股份有限公司。

在数字港珠澳大桥"生态型"运行管理主体中，政策赋能方基于数字港珠澳大桥政企合作机制，以部、省协调机制和粤港澳三地合作机制为基础，在三地委直接领导，地方政府、相关主管部门指导下，形成对数字港珠澳大桥创新技术持续研发、运用、成果推广转化的政策赋能；港珠澳大桥管理局作为数字港珠澳大桥运维的直接管理单位，接受上级领导，依据上级政策要求，指导大桥科技赋能群开展技术研发活动，控股科技投资公司，下达运维任务，协调运维管理主体各部分，保障运维业务有效开展；科技赋能群，以国家野外观测站、工程技术中心、大湾区标准化工作组和博士工作站等科技资源为基础，整合形成科技创新共享平台，以业务需求、运维数据、研发平台、示范基地为纽带，联结数字港珠澳大桥主要建设方、国内外优秀的高等院校、科研院所和科技研创企业，建立以大桥数字化管理为核心的技术信息共享平台，开展科技信息共享、学术成果交流、联合研究开发、人才实训培养，为大桥数字化运维提供技术支撑；产业创值群以港珠澳大桥投资公司为共享平台，在科技赋能群的人才队伍、科技咨询、成果输入基础上，开展数字港珠澳大桥运维。同时，以资本、知识产权、服务为纽带，与多元投资方和多领域产业企业建立合作关系，吸引社会资本，形成产业联盟，服务各方用户，开展产业化经营。通过产业化创值，对数字港珠澳大桥运维和科技研发进行资金反哺。

## 10.3 运行管理配套支撑

在人员队伍方面，在港珠澳大桥管理局人才队伍的基础上，依托数字港珠澳大桥"科技赋能群"，持续开展智能化运维和数字化业务培训；建立国家野外观测站、工程技术中心、博士工作站等构成的"共享平台"，联合数字港珠澳大桥"科技合作伙伴"，整合智力资源，形成联合专家组、专项技术研发指导组等，开展专业技术人员的培训与指导。同时依托"产业创值群"，在业务运行管理和科技研发、转化实践中，锻炼人员队伍，做好内部人才孵化、外部人才引进、人才培养输出，以促进人才良性流动和伍持续壮大，确保对数字港珠澳大桥提供持续人力支持。

在运维和技术研发条件方面，以港珠澳大桥为技术集成应用平台和观测、验证基地，有机整合科技赋能群各合作伙伴自有的各级各类重点实验室、研发中心等的实验、测试、开发基础条件,形成涵盖各领域的顶级研发装备、平台实验室群,支撑数字港珠澳大桥运维技术研发、测试、分析需要。

在资金筹措方面,数字化港珠澳大桥的建设运维以大桥通行费收入、循环贷款、专项维护费用为主体,以国家及省科研平台运行费和学研成果转化收益为辅助,多渠道筹集资金,共同保障数字化大桥运维投入。其中,"科技赋能群"依托港珠澳大桥管理局,以国家野外科学观测站、省工程技术研究中心、大湾区标准化工作组为平台,围绕跨海集群工程基础设施智能维养与安全运行开展"四新"技术产学研联合研发,实现科技成果持续输出。"产业创值群"以港珠澳大桥科技投资公司为核心,多方吸引社会资本,开展联合产业开发,树立港珠澳大桥科技服务品牌,大力开展先进技术研发成果在国内外行业推广,并开展实验验证平台经营、数据产品与服务、科研条件租赁经营等多种业务。成果推广、转化与经营的收益结余,反哺数字化大桥运维,形成重要的运维资金补充。

在制度建设方面,港珠澳大桥管理局配套出台了数字港珠澳大桥管理制度,颁发给各部门遵照执行;各本部门、群组完成自身数字化管理制度的编制,结合实际情况在体制上不断改进和迭代。

在标准规范方面,港珠澳大桥管理局依托广东省政府和国家标准委员会共建的粤港澳大湾区标准化研究中心,成立粤港澳大湾区交通基础设施智能化运维标准工作组,基于数字港珠澳大桥工程科技研发成果和工程建设与运行实践,研究规划跨海桥岛隧工程智能运维标准化路径、创新数字大桥等新型基础设施标准规制模式、构建交通基础设施智能运维标准体系,从而推动我国交通基础设施建设、运维、管理标准的全面升级。在此基础上,总结凝练数字港珠澳大桥工程重点标准化领域和技术要点,制定、打造一批具有影响力的世界级标准,助力交通强国建设,提升交通基础设施运维国际话语权。

## 10.4　运行管理迭代升级长效机制

通过建立运维数据和研发资源共享平台,依托科技"共享平台",整合合作伙伴智力资源,开展联合研讨分析、协同创新立项、专项联合攻关等研究,通过对技术攻关成果产业转化和运维过程中出现的新问题、新需求的研发,持续更新大桥运维技术方法和装备能力。

## 10.5 政企合作机制

数字化港珠澳大桥工程已纳入交通强国战略实施项目,是广东交通"十四五"规划的重点项目和"新基建"建设的代表性项目。通过港珠澳大桥建设期和近3年运维期的运行,港珠澳大桥"专责小组—三地委—大桥管理局"三层法人治理结构已经形成成熟的决策链条;港珠澳大桥管理局与发改、交通、市场监督、科技等部门建立了良好的沟通协调机制,建设、管理和科技研发始终获得各部门的有力支持。下一步,港珠澳大桥管理局将在部、省协调支持与管理联动机制和多部门沟通协调机制的基础上,基于港珠澳大桥三层法人治理结构,建立科技投资公司,进一步强化、创新政企合作机制。

统筹并进,集约共享。以数字港珠澳大桥运维生态为科技共享平台,吸引整合三地乃至全国优势高校、科研院所、科技企业合作伙伴,在政府引导下统筹共建联合生态链,开展科技创新孵化,汇聚多学科、跨领域科技资源,开创交通基础设施运维科技发展新局面。

政府引导,市场主导。通过政府统筹引导数字港珠澳大桥技术生态的产品化、产业化、市场化,充分发挥企业主体作用,以成品和服务的形式,促进产业链创新创建和上下游紧密协作,激发市场活力;通过形成可复制、可推广、可拓展的标准体系,以及技术领先的示范工程引领,扩展提升我国跨海公路交通运维服务功能和服务水平,不断增强人民的获得感、幸福感、安全感。

## 10.6 本章小结

面向数字港珠澳大桥新基建工程技术体系的全面系统革新,港珠澳大桥运行维护管理模式的创新规划响应了《指导意见》。创新运行维护管理主要基于港珠澳大桥良好的政企协调机制条件,以数字港珠澳大桥运维生态科技研发资源和整合能力优势为依托,通过与相关部门开展跨领域、跨行业合作,推动关联产业发展,带动运维业态转型升级和相关产业发展,打造行业科学技术产品与服务扩展提升新业态,激发市场活力动能。通过数字港珠澳大桥新基建示范工程,立足大湾区、辐射全世界,为行业和各地政府提供支持。

# CHAPTER 11 | 第 11 章

# 结论与展望

跨海交通基础设施具有工程规模大、复杂程度高等特点,传统运维工作尚存在成本高、效率低、精度差和外海作业安全风险较大等瓶颈性问题。为了实现港珠澳大桥的安全、可靠、高效运维,总结出跨海交通基础设施存在服役状态感知能力低、监测信息利用率低、交通风险主动管控效率低、运维管理信息化和养护决策智能化程度低等四大共性难题,结合工程实践,系统梳理了跨海交通基础设施集群运维管理所面临的共性技术难题,分析了港珠澳大桥智能化运维的关键技术,提出了港珠澳大桥智能运维的总体技术架构,提炼出港珠澳大桥智能化运维的工程建设内容,总结了智能化运维的主要技术特色,形成了交通基础设施智能运维理论框架。

针对交通基础设施在服役状态感知、监测信息利用、交通风险主动管控、运维管理信息化和养护决策智能化方面的不足,依托跨海集群工程,提出了港珠澳大桥智能化运维方案。该方案在提升基础设施运维自动化、智能化管理水平,延长基础设施服役年限、降低运行成本、提高运行效率、减少事故风险、提升服务品质等方面有巨大的社会与经济价值。

通过各项建设内容的实施,建立了桥岛隧立体化智能运行感知体系,构建了数据模型双向驱动的桥岛隧智能评估预警与维养体系,提出了桥岛隧交通运行风险主动管控与应急处置方法,最终研发了桥岛隧智能运维的集成化数字体系与数字孪生智联平台这些理论或技术,将有利于推动港珠澳大桥运维工作的数字化转型和智能化升级,同时为交通基础设施的智能运维提供了新的思路。

在港珠澳大桥智能化运维的实践过程中,积极总结经验,制定了桥岛隧智能运维数据系列标准,有利于保证运维全链条数据在存储、交换等应用中的完整性和一致性,为跨海交通基础设施的运维业务数字化提供技术、流程及数据的标准化支撑,实现智能化运维全过程的标准化实施。

港珠澳大桥智能化运维是成体系地融合先进信息技术,实现了跨海集群工程运营养护信息化、自动化和智能化的有益探索,后续还需要长久的实践检验,在实践反馈中,持续完善。未来,还将建立港珠澳大桥数字资源共享平台,促成更多成果的落地应用,提升中国交通基础设施智能化运维的整体水平。

# 参 考 文 献

[1] 暴景阳,翟国君,许军.海洋垂直基准及转换的技术途径分析[J].武汉大学学报(信息科学版),2016,41(1):52-57.

[2] 丁继胜,周兴华,唐秋华,等.多波束勘测声速剖面场的EOF表示方法[J].武汉大学学报(信息科学版),2007,32(5):446-449.

[3] 丁军.大数据与云计算环境下的地铁车辆智能运维模式[J].中国新通信,2020,22(22):19-20.

[4] 杜豫川,师钰鹏,都州扬,等.智能网联环境下路侧感知单元数据质量在线监测框架[J].中国公路学报,2022,35(3):273.

[5] 高剑客,刘涵,蒲进菁,等.无人船声学探测设备集成设计优化方法研究[J].海洋测绘,2019,39(2):71-74.

[6] 关永贤,屈小娟.多波束测深中声速剖面的横向加密方法[J].海洋测绘,2009,29(5):54-56.

[7] 郭春杨.堤坝检测水下机器人运动控制技术的研究[D].哈尔滨:哈尔滨工程大学,2008.

[8] 韩冬辰.面向数字孪生建筑的"信息-物理"交互策略研究[D].北京:清华大学,2020.

[9] 贺拴海,王安华,朱钊,等.公路桥梁智能检测技术研究进展[J].中国公路学报,2021,34(12):12.

[10] 黄辰虎,卫国兵,翟国君,等.海道测量中余水位分离方法的研究[J].海洋测绘,2013,33(6):5-10.

[11] 黄谟涛,翟国君,王瑞,等.海洋测量中异常数据的定位研究[J].海洋测绘,1999,(2):10-19.

[12] 景强,郑顺潮,梁鹏,等.港珠澳大桥智能化运维技术与工程实践[J].中国公路学报,2023,36(6):143-156.

[13] 李家彪.多波束勘测原理技术与方法[M].北京:海洋出版社,1999.

[14] 李烨,闫翀.基于数字新基建的城市运行管理中心建设思路和实践[J].计

算机时代,2021,(01):120-123.

[15] 牛晓威.无人艇控制与路径规划算法研究[D].哈尔滨:哈尔滨工业大学,2019.

[16] 邵帅,周志祥,邓国军,等.基于非接触远程智能感知的桥梁形态监测试验[J].中国公路学报,2019,32(11):91-102.

[17] 沈远海,马远良,屠庆平,等.浅水声速剖面用经验正交函数(EOF)表示的可行性研究[J].应用声学,1999,18(2):21-25.

[18] 孙利民,尚志强,夏烨.大数据背景下的桥梁结构健康监测研究现状与展望[J].中国公路学报,2019,32(11):1-20.

[19] 王保明.一种水面无人艇艇型概念设计及综合性能优化分析[D].镇江:江苏科技大学,2014.

[20] 王建伟,高超,董是,等.道路基础设施数字化研究进展与展望[J].中国公路学报,2020,33(11):101-124.

[21] 王凌波,王秋玲,朱钊,等.桥梁健康监测技术研究现状及展望[J].中国公路学报,2021,34(12):25-45.

[22] 王笑京,杨文丽,杨蕴,等.智能交通领域无线通信技术新型应用场景[J].长安大学学报(自然科学版),2015,35(S1):17-20,31.

[23] 王亚飞,钟继卫,李成,等.桥梁智慧管理系统的探索与实践[J].武汉理工大学学报(信息与管理工程版),2020,42(4):298-304.

[24] 伍曼,孔蕊.探索智能化运维新路径、提升精细化运维管理水平——2018年商业银行IT运维管理策略研讨会成功召开[J].中国金融电脑,2018,(9):88-92.

[25] 夏子立,高文博,景强.BIM技术在桥梁运维阶段的应用及展望[J].广东公路交通,2022,48(1):32-37.

[26] 夏子立,景强,李书亮.港珠澳大桥专有云平台规划及实现[J].中国交通信息化,2021,(11):121-124.

[27] 杨李东,钱志坚.基于物联网与GIS的城市桥梁健康监测系统设计[J].测绘地理信息,2019,44(4):19-22,26.

[28] 余加勇,李锋,薛现凯,等.基于无人机及Mask R-CNN的桥梁结构裂缝智能识别[J].中国公路学报,2021,34(12):80-90.

[29] 赵建虎,董江,柯灏,等.远距离高精度GPS潮汐观测及垂直基准转换研究[J].武汉大学学报(信息科学版),2015,40(6):761-766.

[30] 赵建虎,刘经南.多波束测深系统的归位问题研究[J].海洋测绘,2003,23(1):6-7.

[31] 赵建虎,刘经南.精密多波束测深系统位置修正方法研究[J].武汉大学学报(信息科学版),2002,(5):473-477.

[32] 赵建虎,周丰年,张红梅,等.局域空间声速模型的建立方法研究[J].武汉大学学报(信息科学版),2008,33(2):199-202.

[33] 张贵忠,赵维刚,张浩.沪通长江大桥数字化运维系统的设计研发[J].铁道学报,2019,41(5):16-26.

[34] 钟继卫,史雪峰,吴巨峰.基于无线网络的桥梁在线监测系统研究[J].桥梁建设,2009,(S2):93-96.

[35] 周杰.无人艇布局优化方法研究与探索[D].哈尔滨:哈尔滨工程大学,2012.

[36] 周欣弘.桥梁集群智能化运维技术探讨[J].中国公路,2020,(11):154-155.

[37] 朱庆,李德仁.多波束测深数据的误差分析与处理[J].武汉大学学报(信息科学版),1998,23(1):1-4.

[38] Azzeri M N,Adnan F A,Adi M,et al. A concept design of three rudders-shaped like body in columns for low-drag USV[C]//IOP Conference Series:Materials Science and Engineering. IOP Publishing,2016,133(1):012062.

[39] Beaudoin J,Clarke J E H,Bartlett J. Retracing (and re-raytracing) Amundsen's Journey through the Northwest Passage[C]// Proc. Can. Hydrograph. Conf. 2004:1-35.

[40] Calder B R, Mayer L A. Automatic processing of high-rate, high-density multibeam echosounder data[J]. Geochemistry, Geophysics, Geosystems, 2003, 4(6).

[41] Hughes Clarke J E. Multibeam Training Course[J]. Ocean Mapping Group of University of New Brunswick,Canada,1996.

[42] Beaudoin J D,Clarke J E H,Bartlett J E. Application of surface sound speed

measurements in post-processing for multi-sector multibeam echosounders[J]. The International hydrographic review,2004.

[43] Zielinski X G A. Precise multibeam acoustic bathymetry[J]. Marine Geodesy, 1999,22(3):157-167.

[44] Guenther G C, Green J E. Improved depth selection in the bathymetric swath survey system(BS3) combined offline processing(COP) algorithm[J]. National Oceanic and Atmospheric Administration, Dept. of Commerce, Rockville, MD, Tech. Rep. OTES-10, 1982.

[45] DeVault J E. Robotic system for underwater inspection of bridge piers[J]. IEEE Instrumentation & Measurement Magazine,2000,3(3):32-37.

[46] Kammerer E,Clarke J E H. A new method for the removal of refraction artifacts in multibeam echosounder systems[D]. University of New Brunswick,2000.

[47] LeBlanc L R,Middleton F H. An underwater acoustic sound velocity data model [J]. The journal of the acoustical society of America,1980,67(6):2055-2062.

[48] Gutierrez L B,Zuluaga C A,Ramirez J A,et al. Development of an underwater remotely operated vehicle(ROV) for surveillance and inspection of port facilities[C]//ASME International Mechanical Engineering Congress and Exposition. 2010,44489:631-640.

[49] Qi J,Peng Y,Wang H,et al. Design and implement of a trimaran unmanned surface vehicle system[C]//2007 International Conference on Information Acquisition. IEEE,2007:361-365.

[50] von Ellenrieder K D. Development of a USV-based bridge inspection system [C]//OCEANS 2015-MTS/IEEE Washington. IEEE,2015:1-10.

[51] Ware C,Slipp L,Wong K W,et al. A system for cleaning high volume bathymetry[J]. The International Hydrographic Review,1992.

[52] Yang F,Li J,Wu Z,et al. A post-processing method for the removal of refraction artifacts in multibeam bathymetry data[J]. Marine Geodesy,2007,30(3):235-247.

[53] Zaghi S,Leotardi C,Muscari R,et al. Rans hydrodynamic characterization of a usv swath configuration including design optimization[C]//18th Numerical Towing Tank Symposium(NuTTS'15),Cortona,Italy. 2015.

# 索 引

## B

边缘计算　edge computing ················· 88,138-139

## F

风险管控　risk management ············ 194-195,200-202

## J

结构健康监测　structural health monitoring ············ 135

## L

流式计算　stream-oriented computation ············ 135-137

## M

模型轻量化　model lightweight ························ 53

## Q

桥岛隧一体化评估　bridge island tunnel integrated evaluation ······ 145-147

## S

数据标准体系　data standard system ····················· 26

## X

新型基础设施建设　new infrastructure construction ············ 2
信息模型　information model ························ 48-49
虚拟辅助　virtual assistance ························ 231-233

## Y

应急演练　emergency exercise ·················································· 205-211

运维一体化管控　Integrated management of operation and

　　　　　　　maintenance ·················································· 218

## Z

智能检测装备　intelligent monitoring equipment ·························· 116,141